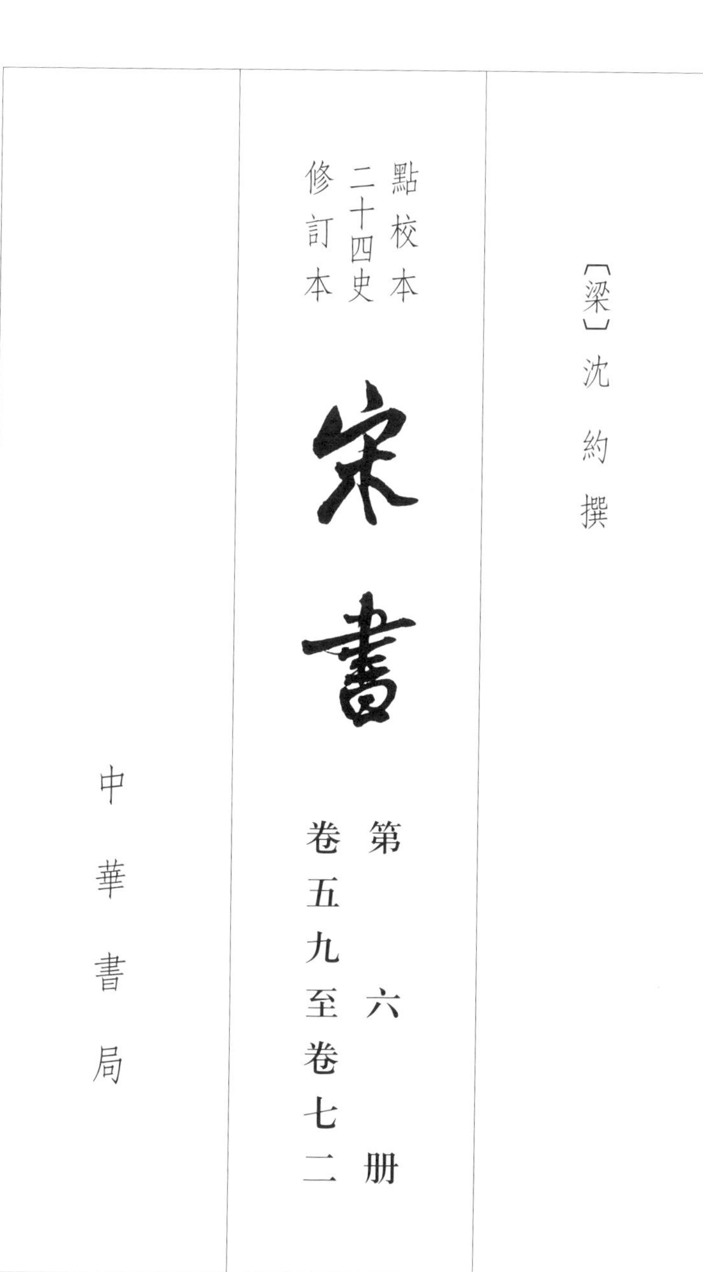

〔梁〕沈約撰

點校本二十四史修訂本

宋書

第六册

卷五九至卷七二

中華書局

宋書卷五十九

列傳第十九

殷淳　張暢　何偃　江智淵

殷淳字粹遠，陳郡長平人也。曾祖融，祖允，並晉太常。父穆，以和謹致稱，歷顯官，自五兵尚書爲高祖相國左長史。及受禪，轉散騎常侍，國子祭酒，復爲五兵尚書，吴郡太守。太祖即位，爲金紫光禄大夫，領竟陵王師，遷護軍，又遷特進、右光禄大夫，領始興王師。元嘉十五年卒官，時年六十，謚曰元子。

淳少好學，有美名。少帝景平初，爲祕書郎。衡陽王文學，祕書丞，中書、黄門侍郎。淳居黄門爲清切，下直應留下省，以父老特聽還家。高簡寡慾，早有清尚，愛好文義，未嘗違捨。在祕書閣撰四部書目凡四十卷，行於世。元嘉十一年卒，時年三十二，朝廷痛惜之。

子孚，有父風。世祖大明末，爲始興相。官至尚書吏部郎，順帝撫軍長史。

淳弟沖字希遠，歷中書黄門郎，坐議事不當免。復爲太子中庶子，尚書吏部郎，御史中丞，有司直之稱。出爲吴興太守，入爲度支尚書。元凶妃即淳女，而沖在東宫爲劭所知遇，劭弑立，以爲侍中、護軍，遷司隸校尉。沖有學義文辭，劭使爲尚書符，罪狀世祖，亦爲劭盡力。世祖剋京邑，賜死。

沖弟淡字夷遠，亦歷黄門吏部郎，太子中庶子，領步兵校尉。大明世，以文章見知，爲當時才士。

張暢字少微，吴郡吴人，吴興太守邵兄子也〔一〕。父禕〔二〕，少有孝行，歷宦州府，爲琅邪王國郎中令。從琅邪王至洛。還京都，高祖封藥酒一罌付禕，使密加酖毒。禕受命，既還，於道自飲而卒。

暢少與從兄敷、演、鏡齊名〔三〕，爲後進之秀。起家爲太守徐佩之主簿，佩之被誅，暢馳出奔赴，制服盡哀，爲論者所美。弟牧嘗爲猘犬所傷，醫云宜食蝦蟆膾，牧甚難之，暢含笑先嘗，牧因此乃食，創亦即愈。州辟從事，衡陽王義季征虜行參軍，彭城王義康平北主簿，司徒祭酒，尚書主客郎。未拜，又除度支、左民郎，江夏王義恭征北記室參軍、晉安太守。又爲義季安西記室參軍、南義陽太守，臨川王義慶衞軍從事中郎，揚州治中别駕從事史，太子中庶子。

世祖鎮彭城，暢爲安北長史、沛郡太守。元嘉二十七年，索虜托跋燾南侵，太尉江夏王義恭總統諸軍，出鎮彭、泗。時燾親率大衆，已至蕭城，去彭城十數里。彭城衆力雖多，而軍食不足，義恭欲棄彭城南歸，計議彌日不定。時歷城衆少食多，安北中兵參軍沈慶之建議，欲以車營爲函箱陣，精兵爲外翼，奉二王及妃媛直趨歷城；分兵配護軍蕭思話留守。太尉長史何勗不同，欲席卷奔鬱洲，自海道還京都。義恭去意已判，唯二議未決，更集羣僚謀之。衆咸遑擾，莫有異議。暢曰：「若歷城、鬱洲有可致之理，下官敢不高讚〔四〕。今城内乏食，百姓咸有走情，但以關扃嚴固，欲去莫從耳。若一旦動脚，則各自散走，欲至所在，何由可得。今軍食雖寡，朝夕猶未窘罄，量其欲盡，臨時更爲諸宜，豈有捨萬安之術，而就危亡之道。若此計必用，下官請以頸血汙公馬蹄！」世祖既聞暢議，謂義恭曰：「阿父既爲總統，去留非所敢干。道民忝爲城主，而損威延寇，其爲愧恧，亦已深矣。委鎮奔逃，實無顔復奉朝廷〔五〕，期與此城共其存没，張長史言不可異也。」暢言既堅，世祖又贊成其議，義恭乃止。

時太祖遣員外散騎侍郎徐爰乘驛至彭城取米穀定最，爰既去，城内遣騎送之。燾聞知，即遣數百騎急追，爰已過淮，僅得免。初爰去，城内聞虜遣追，慮爰見禽，失米最，虜知城内食少〔六〕，義恭憂懼無計，猶欲奔走。爰既免，其日虜大衆亦至彭城。

燾始至，仍登城南亞父冢，於戲馬臺立氈屋。先是，燾未至，世祖遣將馬文恭向蕭城，爲虜所破，文恭走得免，隊主蒯應見執。至小市門曰：「魏主致意安北，遠來疲乏，若有甘蔗及酒，可見分。」時防城隊主梁法念答曰：「當爲啓聞。」應乃自陳蕭城之敗。又問應：「虜主自來不？」曰：「來。」問：「今何在？」應舉手指西南。又曰：「士馬多少？」答云：「四十餘萬。」法念以燾語白世祖，世祖遣人答曰：「知行路多乏，今付酒二器，甘蔗百挺。聞彼有駱駞，可遣送。」

明旦，燾又自上戲馬臺，復遣使至小市門曰：「魏主致意安北，安北可暫出門，欲與安北相見。我亦不攻此城，安北何勞苦將士在城上。又騾、驢、駱駞，是北國所出，今遣送，并致雜物。」又語小市門隊主曰：「既有餉物，君可移度南門受之。」燾送駱駞、騾、馬及貂裘、雜飲食，既至南門，門先閉，請籥未出。暢於城上視之，虜使問：「是張長史邪？」暢曰：「君何得見識？」虜使答云：「君聲名遠聞，足使我知。」暢因問虜使姓，答云：「我是鮮卑，無姓。且道亦不可。」暢又問：「君居何任？」答云：「鮮卑官位不同，不可輒道，然亦足與君相敵耳。」虜使復問：「何爲怱怱杜門絶橋？」暢答曰：「二王以魏主營壘未立，將士疲勞，此精甲十萬，人思致命，恐輕相凌踐，故且閉城耳。待彼休息士馬，然後共治戰場，剋日交戲。」虜使曰：「君當以法令裁物，何用發橋，復何足以十萬誇人。我亦有良馬逸足，若雲騎四集，亦可以相拒。」暢曰：「侯王設嶮，何但法令而已邪。我若誇君，當言百萬。所以言十萬者，政二王左右素所畜養者耳。此城内有數州士庶，二徒營伍〔七〕，猶所未論。我本鬭智，不鬭馬足。且冀之北土，馬之所生，君復何以逸足見誇邪。」虜使曰：「不爾。城守，君之所長；野戰，我之所長。我之恃馬，猶如君之恃城耳。」城内有具思者〔八〕，嘗在北國，義恭遣視之，思識是虜尚書李孝伯。思因問：「李尚書，苦行塗，有勞。」孝伯曰：「此事應相與共知。」思答：「緣共知，所以有勞。」孝伯曰：「感君至意。」

既開門，暢屏却人仗，出對孝伯，并進餉物。虜使云：「貂裘與太尉，駱駞、騾與安北，蒲陶酒雜飲，叔姪共嘗。」燾又乞酒并甘橘。暢宣世祖問：「致意魏主，知欲相見，常遲面寫。但受命本朝，過蒙藩任，人臣無境外之交，恨不暫悉。且城守備防，邊鎮之常，但悦以使之，故勞而無怨耳。太尉、鎮軍得所送物，魏主意，知復須甘橘，今並付如別。太尉以北土寒鄉，皮袴褶脱是所須，今致魏主。螺杯、雜粽，南土所珍，鎮軍今以相致。」此信未去，燾復遣使令孝伯傳語曰：「魏主有詔語太尉、安北，近以騎至，車兩在後，今端坐無爲，有博具可見借。」暢曰：「博具當爲申啓。但向語二王，已非遜辭，且有詔之言，政可施於彼國，何得稱之於此。」孝伯曰：「詔之與語，朕之與我，並有何異。」暢曰：「若辭以通，可如來談；既言有所施，則貴賤有等。向所稱詔，非所敢聞。」孝伯又曰：「太尉、安北是人臣與非？」暢曰：「是也。」孝伯曰：「隣國之君，何爲不稱詔於隣國之臣？」暢曰：「君之此稱，尚不可聞於中華，況在諸王之貴，而猶曰隣國之君邪。」孝伯曰：「魏主言太尉、鎮軍並皆年少，分闊南信〔九〕，殊當憂邑。若欲遣信者，當爲護送；脱須騎者，亦當以馬送之。」暢曰：「此方間路甚多，使命日夕往來，不復以此勞魏主。」孝伯曰：「亦知有水路，似爲白賊所斷。」暢曰：「君著白衣，故稱白賊邪？」孝伯大笑曰：「今之白賊，亦不異黃巾、赤眉。」暢曰：「黃巾、赤眉，似不在江南。」孝伯曰：「雖不在江南，亦不在青、徐也〔一〇〕。」暢曰：「今者青、徐，實爲有賊，但非白賊耳。」虜使云：「向借博具，何故不出？」暢曰：「二王貴遠，啓聞難徹。」孝伯曰：「周公握髮吐哺，二王何獨貴遠？」暢曰：「握髮吐飡，本施中國耳。」孝伯曰：「賓有禮，主則擇之。」暢曰：「昨見衆賓至門，未爲有禮。」俄頃送博具出，因以與之。

燾又遣人云：「魏主致意安北，程天祚一介常人，誠知非宋朝之美，近於汝陽身被九創，落在溵水[一一]，我手牽而出之。凡人骨肉分張，並思集聚，輒已語之，但其弟苦辭。今令與來使相見。」程天福謂使人曰：「兄受命汝陽，不能死節，各在一國，何煩相見。」燾又送氈各一領，鹽各九種，并胡豉：「凡此諸鹽，各有所宜。白鹽是魏主自所食[一二]。黑鹽治腹脹氣懣，細刮取六銖，以酒服之。胡鹽治目痛。柔鹽不食[一三]，治馬脊創。赤鹽、駮鹽、臭鹽、馬齒鹽四種，並不中食。胡豉亦中噉。黃甘幸彼所豐，可更見分。」又云：「魏主致意太尉、安北，何不遣人來至我間。彼此之情，雖不可盡，要須見我小大，知我老少，觀我爲人。若諸佐不可遣，亦可使僮幹來。」暢又宣旨答曰：「魏主形狀才力，久爲來往所具[一四]。李尚書親自銜命，不患彼此不盡，故不復遣使信。」又云：「魏主恨向所送馬，殊不稱意。安北若須大馬，當更送之，脫須蜀馬，亦有佳者。」暢曰：「安北不乏良駟，送自彼意，非此所求。」義恭餉燾炬燭十挺，世祖亦致錦一匹，曰：「知更須黃甘，誠非所吝。但送不足周彼一軍，向給魏主，未應便乏，故不復重付。」燾復求甘蔗、安石留，暢曰：「石留出自鄴下，亦當非彼所乏。」孝伯又曰：「君南土膏粱，何爲著屩。君而著此，使將士云何？」暢曰：「膏粱之言，誠爲多愧。但以不武，受命統軍，戎陣之間，不容緩服。」孝伯又曰：「長史，我是中州人，久處北國，自隔華風，相去步武，不得致盡，邊皆是北人聽我語者，長史當深得我。」孝伯又曰：「永昌王，魏主從弟，自頃常鎮長安〔一五〕，今領精騎八萬，直造淮南，壽春久閉門自固，不敢相禦。向送劉康祖頭，彼之所見。王玄謨甚是所悉，亦是常才耳。南國何意作如此任使，以致奔敗。自入此境七百餘里，主人竟不能一相拒逆。鄒山之險，君家所憑，前鋒始得接手，崔邪利便藏入穴，我間諸將倒曳脚而出之，魏主賜其生命，今從在此。復何以輕脱遣馬文恭至蕭縣，使望風退撓邪。君家民人甚相忿怨，云清平之時，賦我租帛，至有急難，不能相拯。」暢曰：「知永昌已過淮南，康祖爲其所破，比有信使，無此消息。王玄謨南土偏將，不謂爲才，但以其北人，故爲前驅引導耳〔一六〕。大軍未至而河冰向合，玄謨量宜反旆，未爲失機，但因夜回師，致戎馬小亂耳。我家懸瓠斗城〔一七〕，陳憲小將，魏主傾國，累旬不剋。胡盛之偏裨小帥，衆無一旅，始濟融水〔一八〕，魏國君臣奔迸，僅得免脱，滑臺之師，無所多愧。鄒山小戍，雖有微險，河畔之民，多是新附，始慕聖化，姦盜未息，亦使崔邪利撫之而已，今没虜手，何損於國。魏主自以十萬師而制一崔邪利，乃復足言邪〔一九〕。聞蕭、相百姓，並依山險，聊遣馬文恭以十隊示之耳。文恭謂前以三隊出，還走後，大營嵇玄敬以百騎至留城，魏軍奔敗。輕敵致此，亦非所衂。王境人民，列居河畔，二國交兵，當平加撫養〔二〇〕，而魏師入境，肆行殘虐，事生意外，由彼無道。官不負民，民何怨人。知入境土，百無相拒〔二一〕，此自上由太尉神筭，次在鎮軍聖略。經國之要，雖不豫聞，然用兵有機，間亦不容相語。」孝伯曰：「魏主當不圍此城，自率衆軍，直造瓜步。南事若辦，彭城不待攻圍〔二二〕；若不捷，彭城亦非所須也。我今當南飲江湖以療渴耳。」暢曰：「去留之事，自適彼懷。若虜馬遂得飲江，便爲無復天道。各應反命，遲復更悉。」暢便回還，孝伯追曰：「長史深自愛敬，相去步武，恨不執手。」暢因復謂曰：「善將愛，冀蕩定有期，相見無遠。君若得還宋朝，今爲相識之始。」孝伯曰：「待此未期。」燾又遣就二王借箜篌、琵琶、箏、笛等器及棊子，義恭答曰：「受任戎行，不齎樂具。在此燕會，政使鎮府命妓，有弦百條，是江南之美，今以相致。」世祖曰：「任居方岳，初不此經慮，且樂人常器，又觀前來諸王贈別，有此琵琶，今以相與。棊子亦付。」孝伯言辭辯贍，亦北土之美也。暢隨宜應答，吐屬如流，音韻詳雅，風儀華潤，孝伯及左右人並相視歎息。

虜尋攻彭城南門，并放火，暢躬自前戰，身先士卒。及燾自瓜步北走，經彭城下過，遣人語城内：「食盡且去，須麥熟更來。」義恭大懼，閉門不敢追。虜期又至，議欲芟剪麥苗〔二三〕，移民堡聚，衆論並不同，復更會議。鎮軍録事參軍王孝孫獨曰：「虜不能復來，既自可保，如其更至，此議亦不可立。百姓閉在内城，饑饉日久，方春之月，野採自資，一入堡聚，餓死立至。民知必死，何可制邪？虜若必來，芟麥無晚。」四坐默然，莫之敢對。暢曰：「孝孫之議，實有可尋。」鎮軍府典籤董元嗣侍世祖側，進曰：「王録事議不可奪，實如來論。」別駕王子夏因曰：「此論誠然。」暢斂板白世祖曰：「下官欲命孝孫彈子夏。」世祖曰：「王別駕有何事邪？」暢曰：「芟麥移民，可謂大議，一方安危，事係於此。子夏親爲州端，曾無同異，及聞元嗣之言，則懽笑酬答，阿意左右，何以事君。」子夏大慙，元嗣亦有慙色。義恭之議遂寢。太祖聞暢屢有正議，甚嘉之。世祖猶停彭城，召暢先反，并使履行盱眙城，欲立大鎮。

時虜聲云當出襄陽，故以暢爲南譙王義宣司空長史、南郡太守。又欲暢代劉興祖爲青州及彭城都督，並不果。

三十年，元凶弒逆，義宣發哀之日，即便舉兵，暢爲元佐，位居僚首〔二四〕，哀容俯仰，廕映當時。舉哀畢，改服，著黄韋袴褶，出射堂簡人，音姿容止，莫不矚目，見之者皆願爲盡命。事平，徵爲吏部尚書，夷道縣侯，食邑千户。義宣既有異圖，蔡超等以暢民望，勸義宣留之，乃解南蠻校尉以授暢，加冠軍將軍，領丞相長史。暢遣門生荀僧寶下都〔二五〕，因顔竣陳義宣釁狀。僧寶有私貨停巴陵，不時下，會義宣起兵，津徑斷絶，僧寶遂不得去。義宣將爲逆，遣嬖人翟靈寶謂暢：「朝廷簡練舟甲，意在西討，今欲發兵自衛。」暢曰：「必無此理，請以死保之。」靈寶知暢不回，勸義宣殺以殉衆。即遣召暢，止于東齊，彌日不與相見，賴司馬竺超民保持，故獲全免。既而進號撫軍，別立軍部，以收民望。暢雖署文檄，而飲酒常醉，不省文書。隨義宣東下，梁山戰敗，義宣奔走，暢於兵亂自歸，爲軍人所掠，衣服都盡。值右將軍王玄謨乘輿出營，暢已得敗衣，排玄謨上轝，玄謨意甚不說，諸將欲殺之，隊主張世營救得免。送京師，下廷尉，削爵土，配左右尚方。尋見原。

復起爲都官尚書，轉侍中，代子淹領太子右衛率。孝建二年，出爲會稽太守。大明元年，卒官，時年五十。顔竣表世祖：「張暢遂不救疾。東南之秀，蚤樹風範，聞問悽愴，深切常懷。」謚曰宣子。暢愛弟子輯，臨終遺命與輯合墳。

子浩，官至義陽王昶征北諮議參軍。

浩弟淹，世祖南中郎主簿。世祖即位，爲黄門郎，封廣晉縣子，食邑五百户。太子右衛率，東陽太守。逼郡吏燒臂照佛，民有辠使禮佛，動至數千拜。免官禁錮。起爲光禄勳，臨川内史。太宗泰始初，與晉安王子勛同逆，率衆至鄱陽，軍敗見殺。

暢弟悦〔二六〕，亦有美稱。歷中書、吏部郎，侍中，臨海王子頊前軍長史、南郡太守。晉安王子勛建僞號於尋陽，召爲吏部尚書，與鄧琬共輔僞政。事敗，殺琬歸降，事在琬傳。

復爲太子庶子〔二七〕，仍除巴陵王休若衞軍長史、襄陽太守。四年，即代休若爲雍州刺史、寧遠將軍。復爲休若征西長史、南郡太守。六年，太宗於巴郡置三巴校尉，以悦補之〔二八〕，加持節、輔師將軍，領巴郡太守。未拜，卒。

何偃字仲弘，廬江灊人，司空尚之中子也。州辟議曹從事，舉秀才，除中軍參軍，臨川王義慶平西府主簿。召爲太子洗馬，不拜。元嘉十九年，爲丹陽丞。除廬陵王友，太子中舍人，中書郎，太子中庶子。時義陽王昶任東官，使偃行義陽國事。

二十九年，太祖欲更北伐，訪之羣臣，偃議曰：「内幹胡法宗宣詔，逮問北伐。伏計賊審有殘禍〔二九〕，犬羊易亂，殲殄非難，誠如天旨。今雖廟筭無遺，而士未精習。緣邊鎮戍〔三〇〕，充實者寡，邊民流散，多未附業。控引所資，取給根本。虧根本以殉邊患，宜動必萬剋？無虞往歲挫傷，續以内釁，侮亡取亂，誠爲沛然。然淮、泗數州，實亦彫耗，流傭未歸，創痍未起。且攻守不等，客主形異，薄之則勢艱，圍之則曠日，進退之間，姦虞互起。竊謂當今之弊易衂，方來之寇不深，宜含垢藏疾，以齊天道。」遷始興王濬征北長史、南東海太守。

元凶弒立，以偃爲侍中，掌詔誥。時尚之爲司空、尚書令，偃居門下，父子並處權要，時爲寒心；而尚之及偃善攝機宜，曲得時譽。會世祖即位，任遇無改，除大司馬長史，遷侍中，領太子中庶子。時責百官讜言，偃以爲：「宜重農卹本，并官省事，考課以知能否，增俸以除吏姦。責成良守，久於其職。都督刺史，宜別其任。」

改領驍騎將軍，親遇隆密，有加舊臣。轉吏部尚書。尚之去選未五載，偃復襲其迹，世以爲榮。侍中顏竣至是始貴，與偃俱在門下，以文義賞會，相得甚歡。竣自謂任遇隆密，宜居重大，而位次與偃等未殊，意稍不悅。及偃代竣領選，竣愈憤懣，與偃遂有隙。竣時勢傾朝野，偃不自安，遂發心悸病，意慮乖僻，上表解職，告醫不仕〔三二〕。世祖遇偃既深，備加治療，名醫上藥，隨所宜須，乃得瘥。

時上長女山陰公主愛傾一時，配偃子戢。素好談玄，注莊子消搖篇傳於世。

大明二年，卒官，時年四十六。世祖與顏竣詔曰：「何偃遂成異世，美志長往。與之周旋，重以姻媾，臨哭傷怨，良不能已。往矣如何！宜贈散騎常侍、金紫光禄大夫，本官如故。」謚曰靖子。子戢，昇明末，爲相國左長史。

江智淵，濟陽考城人，湘州刺史夷弟子。父僧安，太子中庶子。

智淵初爲著作郎，江夏王義恭太尉行參軍，太子太傅主簿，隨王誕後軍參軍。世父夷有盛名，夷子湛又有清譽，父子並貴達，智淵父少無名問，湛禮敬甚簡，智淵常以爲恨，自非節歲，不入湛門。及爲隨王誕佐，在襄陽，誕待之甚厚。時諮議參軍謝莊、府主簿沈懷文並與智淵友善。懷文每稱之曰：「人所應有盡有，人所應無盡無者，其江智淵乎。」元嘉末，除尚書庫部郎。時高流官序，不爲臺郎，智淵門孤援寡，獨有此選，意甚不說，固辭不肯拜。竟陵王誕復版爲驃騎參軍[二]，轉主簿，隨府轉司空主簿、記室參軍，領南濮陽太守，遷從事中郎。誕將爲逆，智淵悟其機，請假先反。誕事發，即除中書侍郎。

智淵愛好文雅，詞采清贍，世祖深相知待，恩禮冠朝。上燕私甚數，多命羣臣五三人游集，智淵常爲其首。同侶未及前，輒獨蒙引進，智淵每以越衆爲慙，未嘗有喜色。每從游幸，與羣僚相隨，見傳詔馳來，知當呼己，聳動愧恧[三]，形於容皃，論者以此多之。

遷驍騎將軍，尚書吏部郎。上每酣宴，輒詬辱羣臣，并使自相嘲訐，以爲歡笑。智淵素方退，漸不會旨。嘗使以王僧朗嘲戲其子景文，智淵正色曰：「恐不宜有此戲。」上怒曰：「江僧安癡人，癡人自相惜。」智淵伏席流涕，由此恩寵大衰。出爲新安王子鸞北中郎長史、南東海太守，加拜寧朔將軍，行南徐州事。初，上寵姬宣貴妃殷氏卒，使羣臣議謚，智淵上議曰「懷」。上以不盡嘉號，甚銜之。後車駕幸南山，乘馬至殷氏墓，羣臣皆騎從，上以馬鞭指墓石柱謂智淵曰：「此上不容有懷字！」智淵益惶懼。大明七年，以憂卒，時年四十六。

子季筠，太子洗馬，早卒。後廢帝即位，以后父，追贈金紫光禄大夫。季筠妻王，平望鄉君。

智淵兄子概早孤，養之如子。概歷黄門、吏部郎，侍中，武陵王北中郎長史、南東海太守，行南徐州事。後廢帝元徽中卒。

史臣曰：夫將帥者，御衆之名；士卒者，一夫之用。坐談兵機，制勝千里，安在乎蒙楯前驅，履腸涉血而已哉。山濤之稱羊祜曰：「大將雖不須筋力，軍中猶宜彊健。」以此爲言，則叔子之幹力弱矣。杜預文士儒生，射不能穿札，身未嘗跨馬，一朝統大衆二十餘萬，爲平吴都督〔三四〕。王戎把臂入林，亦受專征之寄。何必山西猛士，六郡良家，然後可受脤於朝堂，荷推轂之重。及虜兵深入，徐服恇震，非張暢正言，則彭、汴危矣。豈其身扞飛鏑，手折雲衝，方足使窮堞假命〔三五〕，危城載安乎。仁者之有勇，非爲臆説。

校勘記

〔一〕吴興太守邵兄子也　「邵」，原作「劭」，據北監本、殿本改。按，本書卷四六有張邵傳。

〔二〕父禕　「禕」，殿本、局本、晉書卷八九忠義傳、南史卷三二張邵傳附張暢傳作「禕」，本書卷四六張邵傳附張暢傳作「偉」。

〔三〕暢少與從兄敷演鏡齊名　「鏡」，本書卷四六張邵傳附張暢傳作「敬」。李慈銘札記：「蓋趙宋避太祖之祖諱敬，故改爲『鏡』。」

〔四〕下官敢不高讚　「讚」，原作「談」，據北監本、殿本、局本、本書卷四六張邵傳附張暢傳、南史卷三二張邵傳附張暢傳改。

〔五〕實無顔復奉朝廷　「奉」，原作「奏」，據册府卷七一七、通鑑卷一二五宋紀元嘉二十七年改。

〔六〕虜知城内食少　「虜」，原作「慮」。孫虨考論卷三：「『慮』當作『虜』。」按孫説是，今據改。

〔七〕二徒營伍　「二徒」，魏書卷五三李孝伯傳、册府卷八三四作「工徒」。

〔八〕城内有具思者　「具思」，原作「其思」，南監本作「貝思」，册府卷八三四作「且思」，注云「且音雎」，今據北監本、汲本、殿本、局本、南史卷三二張邵傳附張暢傳改。

〔九〕分閫南信　「分閫」，北監本、殿本、局本作「久閫」，南史卷三二張邵傳附張暢傳作「久闕」，魏書卷五三李孝伯傳作「久絶」。

〔一〇〕孝伯曰雖不在江南亦不在青徐也　「不在青徐」，南史卷三二張邵傳附張暢傳作「不離青徐」，魏書卷五三李孝伯傳作「不離徐方」。孫虨考論卷三：「據南史，當作『不離青徐』。」

〔一二〕落在溵水　「溵水」，原作「殿外」，據魏書卷五三李孝伯傳改。孫虨考論卷三：「魏書李孝伯傳云『落在溵水』，當據改。」

〔一三〕白鹽是魏主自所食　「白鹽」下，魏書卷五三李孝伯傳有「食鹽」二字。按上云「鹽各九種」，數之祇有八種，似脱「食鹽」二字。

〔一四〕柔鹽不食　「柔鹽」，魏書卷五三李孝伯傳作「戎鹽」。

〔一五〕久爲來往所具　「具」，原作「見」，據三朝本改。按魏書卷五三李孝伯傳、南史卷三二張邵傳附張暢傳、册府卷八三四、通鑑卷一二五宋紀元嘉二十七年並作「具」。

〔一六〕自頃常鎮長安　「頃」，原作「復」，據魏書卷五三李孝伯傳改。

〔一七〕但以其北人故爲前驅引導耳　「其北」及「故」三字原闕，據魏書卷五三李孝伯傳補。

〔一八〕我家懸瓠斗城　「懸瓠」，原作「玄謨」，據魏書卷五三李孝伯傳改。按本書卷五文帝紀云：「索虜攻懸瓠城，行汝南郡事陳憲拒之。」「斗」，魏書李孝伯傳作「小」。

〔一九〕始濟融水　「融水」，魏書卷五三李孝伯傳作「翮水」。

〔二〇〕乃復足言邪　「乃」，原作「方」，據魏書卷五三李孝伯傳、通鑑卷一二五宋紀元嘉二十七年改。

〔二一〕當平加撫養　魏書卷五三李孝伯傳作「當互加撫養」。

〔二一〕知入境土百無相拒　「土」，原作「士」，據三朝本、北監本、汲本、殿本、局本改。按册府卷八三四作「知入境七百無復相拒」。

〔二二〕彭城不待攻圍　「攻」字原闕，據魏書卷五三李孝伯傳補。

〔二三〕議欲芟翦麥苗　「麥」字原闕，據南監本、北監本、汲本、殿本、局本補。按册府卷七一七、通鑑卷一二六宋紀元嘉二十八年作「芟麥翦苗」。

〔二四〕位居僚首　「位」字原闕，據南史卷三二張邵傳附張暢傳、御覽卷三八九引沈約宋書、卷六九五引宋書補。

〔二五〕暢遣門生苟僧寶下都　「苟僧寶」，局本、本書卷四六張邵傳附張暢傳、南史卷三二張邵傳附張暢傳、册府卷七一九作「荀僧寶」。

〔二六〕暢弟悦　「悦」，原作「説」，據局本、本書卷四六張邵傳附張暢傳、南史卷三二張邵傳附張暢傳改。

〔二七〕復爲太子庶子　「太子庶子」，局本、本書卷四六張邵傳附張暢傳、南史卷三二張邵傳附張暢傳作「太子中庶子」。

〔二八〕以悦補之　「悦」字原闕，據局本、本書卷四六張邵傳附張暢傳、南史卷三二張邵傳附張暢傳補。

〔二九〕伏計賊審有殘禍　「禍」，原作「福」，據南監本、北監本、汲本、殿本、局本改。

〔二〇〕緣邊鎮戍　「邊」字原闕，據南監本、殿本、局本、册府卷五二九補。

〔二一〕告醫不仕　南史卷三〇何尚之傳附何偃傳作「告靈不仕」。

〔二二〕竟陵王誕復版爲驃騎參軍　「驃騎參軍」，原作「騎軍」。孫彪考論卷三：「誕時爲驃騎大將軍，當云『復版爲驃騎參軍』。」按孫説是，今訂補。

〔二三〕聳動愧恧　「聳」，原作「聲」，據北監本、殿本、局本、南史卷三六江夷傳附江智深傳、册府卷四六三改。

〔二四〕爲平吳都督　「平吳」，原作「平原」。李慈銘札記：「『平原』當作『平吳』。」按李説是，今據改。

〔二五〕方足使窮堞假命　「堞」，原作「揲」，據殿本改。按孫彪考論卷三：「『揲』當作『堞』。」

宋書卷六十

列傳第二十

范泰　王准之　王韶之　荀伯子

范泰字伯倫，順陽山陰人也〔一〕。祖汪，安北將軍、徐兖二州刺史〔二〕。父甯，豫章太守。

泰初爲太學博士，衞將軍謝安、驃騎將軍會稽王道子二府參軍。荆州刺史王忱，泰外弟也，請爲天門太守。忱嗜酒，醉輒累旬，及醒，則儼然端肅。泰謂忱曰：「酒雖會性，亦所以傷生。游處以來，常欲有以相戒，當卿沈湎，措言莫由，及今之遇，又無假陳説。」忱嗟嘆久之〔三〕，曰：「見規者衆矣，未有若此者也。」或問忱曰：「范泰何如謝邈？」忱曰：「茂度慢。」又問：「何如殷覬？」忱曰：「伯通易〔四〕。」忱常有意立功，謂泰曰：「今城池既立，軍甲亦充，將欲埽除中原，以申宿昔之志。伯通意銳〔五〕，當令擁戈前驅。以君持重，欲相委留事，何如？」泰曰：「百年逋寇，前賢挫屈者多矣。功名雖貴，鄙生所不敢謀。」會忱病卒。召泰爲驃騎諮議參軍，遷中書侍郎。時會稽王世子元顯專權，內外百官請假，不復表聞，唯籤元顯而已。泰建言以爲非宜，元顯不納。父憂去職，襲爵陽遂鄉侯。桓玄輔晉，使御史中丞祖台之奏泰及前司徒左長史王準之、輔國將軍司馬珣之並居喪無禮，泰坐廢徙丹徒。

義旗建，國子博士。司馬休之爲冠軍將軍、荆州刺史，以泰爲長史、南郡太守。又除長沙相，散騎常侍，並不拜。入爲黃門郎，御史中丞。坐議殷祠事謬，白衣領職。出爲東陽太守。盧循之難，泰預發兵千人，開倉給稟，高祖加泰振武將軍。明年，遷侍中，尋轉度支尚書。時僕射陳郡謝混，後進知名，高祖嘗從容問混：「泰名輩可以比誰？」對曰：「王元太一流人也。」徙爲太常。初，司徒道規無子，養太祖，及薨，以兄道憐第二子義慶爲嗣。高祖以道規素愛太祖，又令居重。道規追封南郡公，應以先華容縣公賜太祖。泰議曰：「公之友愛，即心過厚。禮無二嗣，義隆宜還本屬〔六〕。」從之。轉大司馬左長史，右衞將軍，加散騎常侍。復爲尚書，常侍如故。兼司空，與右僕射袁湛授宋公九錫，隨軍到洛陽。高祖還彭城，與共登城，泰有足疾，特命乘轝。泰好酒，不拘小節，通率任心，雖在公坐〔七〕，不異私室，高祖甚賞愛之。然拙於爲治，故不得在政事之官。遷護軍將軍，以公事免。

高祖受命，拜金紫光禄大夫，加散騎常侍。明年，議建國學，以泰領國子祭酒。泰上表曰：

臣聞風化興於哲王，教訓表於至世。至説莫先講習，甚樂必寄朋來。古人成童入學，易子而教，尋師無遠，負糧忘艱，安親光國，莫不由此。若能出不由户，則斯道莫從。是以明詔爰發，已成涣汗，學制既下，遠近遵承。臣之愚懷，少有未達。今惟新告始，盛業初基，天下改觀，有志景慕。而置生之制，取少停多，開不來之端，非一塗而已。臣以家推國，則知所聚不多，恐不足以宣大宋之風，弘濟濟之美。臣謂合選之家，雖制所未達，父兄欲其入學，理合開通，雖小違晨昏，所以大弘孝道。不知春秋，則所陷或大，故趙盾忠而書弑，許止孝而得辠，以斯爲戒，可不懼哉。十五志學，誠有其文，若年降無幾，而深有志尚者，何必限以一格，而不許其進邪。揚烏豫玄，實在弱齒；五十學易，乃無大過。

昔中朝助教，亦用二品。潁川陳載已辟太保掾，而國子取爲助教，即太尉准之弟〔八〕。所貴在於得才，無繫於定品。教學不明，奬厲不著，今有職閑而學優者，可以本官領之，門地二品〔九〕，宜以朝請領助教，既可以甄其名品，斯亦敦學之一隅〔一〇〕。其二品才堪，自依舊從事。

會今生到有期，而學校未立。覆簣實望其速，回轍已淹其遲。事有似賒而宜急者，殆此之謂。古人重寸陰而賤尺璧，其道然也。

時學竟不立。

時言事者多以錢貨減少，國用不足，欲悉市民銅，更造五銖錢。泰又諫曰：

流聞將禁私銅，以充官銅，民雖失器，終於獲直，國用不足，其利實多。臣愚意異，不寧寢默。臣聞治國若亨小鮮，拯敝莫若務本。百姓不足，君孰與足。未有民貧而國富，本不足而末有餘者也。故囊漏貯中，識者不吝；反裘負薪，存毛實難。王者不言有無，諸侯不言多少，食禄之家，不與百姓爭利。故拔葵所以明治，織蒲謂之不仁，是以貴賤有章，職分無爽。

今之所憂，在農民尚寡，倉廩未充，轉運無已，資食者衆，家無私積，難以禦荒耳。夫貨存貿易，不在少多，昔日之貴，今者之賤，彼此共之，其揆一也。但令官民均通，則無患不足。若使必資貨廣以收國用者，則龜貝之屬，自古所行。尋銅之爲器，在用也博矣。鍾律所通者遠，機衡所揆者大。夏鼎負圖，實冠衆瑞，晉鐸呈象，亦啓休徵。

器有要用，則貴賤同資；物有適宜，則家國共急。今毀必資之器，而爲無施之錢，於貨則功不補勞，在用則君民俱困，校之以實，損多益少。陛下勞謙終日，無倦庶務，以身率物，勤素成風，而頌聲不作，板、渭不至者，良由基根未固，意在遠略。伏願思可久之道，賒欲速之情，弘山海之納，擇芻牧之説，則嘉謀日陳，聖慮可廣。其亡存心，然後苞桑可繫。愚誠一至，用忘寢食。

景平初，加位特進。明年致仕，解國子祭酒。少帝在位，多諸愆失，上封事極諫，曰：

伏聞陛下時在後園，頗習武備，鼓鞞在宮，聲聞于外，黷武掖庭之内，諠譁省闥之間，不聞將帥之臣，統御之主，非徒不足以威四夷，祇生遠近之怪。近者東寇紛擾，皆欲伺國瑕隙，今之吴會，寧過二漢關、河，根本既摇，于何不有。如水旱成災，役夫不息，無寇而戒，爲費漸多。河南非復國有，羯虜難以理期，此臣所以用忘寢食，而干非其位者也。陛下踐阼，委政宰臣，實同高宗諒闇之美。而更親狎小人，不免近習，懼非社稷至計，經世之道。王言如絲，其出如綸，下觀而化，疾於影響。伏願陛下思弘古道，式遵遺訓，從理無滯，任賢勿疑，如此則天下歸德，宗社惟永。書云：「一人有慶，兆民賴之〔一二〕。」天高聽卑，無幽不察，興衰在人，成敗易曉，未有政治在於上而人亂於下者也。

臣蒙先朝過遇，陛下殊私，實欲盡心竭誠，少報萬分，而惛耄已及，百疾互生，便爲永違聖顔，無復自盡之路，貪及視息，陳其狂瞽。陛下若能哀其所請，留心覽察，則臣夕殞于地，無恨九泉。

少帝雖不能納，亦不加譴。

徐羡之、傅亮等與泰素不平，及廬陵王義真、少帝見害，泰謂所親曰：「吾觀古今多矣，未有受遺顧託，而嗣君見殺，賢王嬰戮者也。」

元嘉二年，表賀元正，并陳旱災，曰：

元正改律，品物惟新。陛下藉日新以畜德，仰乾元以履祚，吉祥集室，百福來庭。頃旱魃爲虐，亢陽愆度，通川燥流，異井同竭。老弱不堪遠汲，貧寡單於負水。租輸既重，賦税無降，百姓怨咨。臣年過七十，未見此旱。陰陽并隔，則和氣不交，豈惟凶荒，必生疾疫，其爲憂虞，不可備序。

雩禜之典[二]，以誠會事，巫祝常祈，罕能有感，上天之譴，不可不察。漢東海枉殺孝婦，亢旱三年，及祭其墓，澍雨立降，歲以有年。是以衞人伐邢，師興而雨。伏願陛下式遵遠猷，思隆高構，推忠恕之愛，矜冤枉之獄，遊心下民之瘼，厝思幽冥之紀。令謗木竪闕，諫鼓鳴朝，察芻牧之言，總統御之要。如此，則苞桑可繫，危幾無兆。斯而災害不消，未之有也。故夏禹引百姓之罪，殷湯甘萬方之過，太戊資桑穀以進德，宋景籍熒惑以脩善，斯皆因敗以轉成，往事之昭晰也。循末俗者難爲風，就正路者易爲雅。臣疾患日篤，夕不謀朝，會及歲慶，得一聞達，微誠少亮，無恨泉壤，永違聖顏，拜表悲咽。

遂輕舟遊東陽，任心行止，不關朝廷。有司劾奏之，太祖不問也。

時太祖雖當陽親覽，而羨之等猶秉重權，復上表曰：「伏承廬陵王已復封爵，猶未加贈。陛下孝慈天至，友于過隆，伏揆聖心，已自有在。但司契以不唱爲高，冕旒以因寄成用。臣雖言不足採，誠不亮時，但猥蒙先朝忘醜之眷，復沾廬陵矜顧之末，息晏委質，有兼常欵，契闊戎陣，顛狽艱危，厚德無報，授令路絶，此老臣兼不能自已者也。朽謝越局，無所逃刑。」泰諸子禁之，表竟不奏。

三年，羨之等伏誅，進位侍中、左光禄大夫、國子祭酒，領江夏王師，特進如故。上以泰先朝舊臣，恩禮甚重，以有脚疾，起居艱難，宴見之日，特聽乘轝到坐。累陳時事，上每優容之。

其年秋旱蝗，又上表曰：

陛下昧旦丕顯，求民之瘼，明斷庶獄，無倦政事，理出羣心，澤謠民口，百姓翕然，皆自以爲遇其時也。災變雖小，要有以致之。守宰之失，臣所不能究，上天之譴，臣所不敢誣。有蝗之處，縣官多課民捕之，無益於枯苗，有傷於殺害。臣聞桑穀時亡，無假斤斧，楚昭仁愛，不禜自瘳，卓茂去無知之虫，宋均囚有異之虎，蝗生有由，非所宜殺。石不能言，星不自隕，春秋之旨，所宜詳察。

禮婦人有三從之義，而無自專之道，周書父子兄弟，罪不相及，女人被宥，由來上矣。謝晦婦女，猶在尚方，始貴後賤，物情之所甚苦，匹婦一至〔三〕，亦能有所感激。臣於謝氏，不容有情，蒙國重恩，寢處思報，伏度聖心，已當有在。

禮春夏教詩，無一而闕也。臣近侍坐，聞立學當在入年。陛下經略粗建，意存民食，入年則農功興，農功興則田里闢，入秋治庠序，入冬集遠生，二塗並行，事不相害。夫事多以淹稽爲戒，不遠爲患，任臣學官，竟無微績，徒墜天施，無情自處。臣之區區，不望目覩盛化，竊慕子囊城郢之心，庶免苟偃不瞑之恨。臣比陳愚見，便是都無可採，徒煩天聽，愧怍反側。

書奏，上乃原謝晦婦女。

時司徒王弘輔政，泰謂弘曰：「天下務廣，而權要難居，卿兄弟盛滿，當深存降挹。彭城王，帝之次弟，宜徵還入朝，共參朝政。」弘納其言。

時旱災未已，加以疾疫，泰又上表曰：「頃亢旱歷時，疾疫未已，方之常災，實爲過差，古以爲王澤不流之徵。陛下昧旦臨朝，無懈治道，躬自菲薄，勞心民庶，以理而言，不應致此。意以爲上天之於賢君，正自殷懃無已。陛下同規禹、湯引百姓之過，言動于心，道敷自遠。桑穀生朝而殞，熒惑犯心而退，非唯消災弭患，乃所以大啓聖明，靈雨立降，百姓改瞻，應感之來，有同影響。陛下近當仰推天意，俯察人謀，升平之化，尚存舊典，顧思與不思，行與不行耳。大宋雖揖讓受終，未積有虞之道，先帝登遐之日，便是道消之初。至乃嗣主被殺，哲藩嬰禍，九服徘徊，有心喪氣，佐命託孤之臣，俄爲戎首。天下蕩蕩，王道已淪，自非神英，撥亂反正，則宗社非復宋有。革命之與隨時，其義尤大。是以古今異用，循方必壅，大道隱於小成，欲速或未必達。深根固蔕之術，未洽於愚心，是用猖狂妄作而不能緘默者也。臣既頑且鄙，不達治宜，加之以篤疾，重之以惛耄，言或非言而復不能無言，陛下録其一毫之誠，則臣不知厝身之所。」

泰博覽篇籍，好爲文章，愛奬後生，孜孜無倦。撰古今善言二十四篇及文集傳於世。暮年事佛甚精，於宅西立祇洹精舍。五年，卒，時年七十四。追贈車騎將軍，侍中、特進、王師如故。謚曰宣侯。

長子昂，早卒。次子暠，宜都太守。次晏，侍中、光禄大夫。次曄，太子詹事，謀反伏誅，自有傳。少子廣淵，善屬文，世祖撫軍諮議參軍，領記室，坐畔事從誅。

王准之字元曾〔一四〕，琅邪臨沂人。高祖彬，尚書僕射。曾祖彪之，尚書令。祖臨之，父訥之〔一五〕，並御史中丞。彪之博聞多識，練悉朝儀，自是家世相傳，並諳江左舊事，緘之青箱，世人謂之「王氏青箱學」。

准之兼明禮傳，贍於文辭。起家爲本國右常侍，桓玄大將軍行參軍。玄篡位，以爲尚書祠部郎。義熙初，又爲尚書中兵郎，遷參高祖車騎中軍軍事，丹陽丞，中軍太尉主簿，出爲山陰令，有能名。預討盧循功，封都亭侯。又爲高祖鎮西、平北、太尉參軍，尚書左丞，本郡大中正。宋臺建，除御史中丞，爲僚友所憚。准之父訥之、祖臨之、曾祖彪之至准之，四世居此職。准之嘗作五言，范泰嘲之曰：「卿唯解彈事耳。」准之正色答：「猶差卿世載雄狐。」坐世子右衞率謝靈運殺人不舉免官〔一六〕。

高祖受命，拜黄門侍郎。永初二年〔一七〕，奏曰：「鄭玄注禮，三年之喪，二十七月而吉，古今學者多謂得禮之宜。晉初用王肅議，祥禫共月，故二十五月而除，遂以爲制。江左以來，唯晉朝施用；縉紳之士，多遵玄義。夫先王制禮，以大順羣心。喪也寧戚，著自前訓。

今大宋開泰，品物遂理。愚謂宜同即物情，以玄義爲制，朝野一禮，則家無殊俗。」從之。

遷司徒左長史，出爲始興太守。元嘉二年，爲江夏王義恭撫軍長史、歷陽太守，行州府之任，綏懷得理，軍民便之。尋入爲侍中。明年，徙爲都官尚書，改領吏部。性峭急，頗失縉紳之望。出爲丹陽尹。准之究識舊儀，問無不對，時大將軍彭城王義康録尚書事，每歎曰：「何須高論玄虛，正得如王准之兩三人，天下便治矣。」然寡乏風素，不爲時流所重。撰儀注，朝廷至今遵用之。十年，卒，時年五十六。追贈太常。子興之〔一八〕，征虜主簿。

王韶之字休泰，琅邪臨沂人也。曾祖廙，晉驃騎將軍。祖羨之，鎮軍掾。父偉之，本國郎中令。

韶之家貧，父爲烏程令，因居縣境。好史籍，博涉多聞。初爲衞將軍謝琰行參軍。偉之少有志尚，當世詔命表奏，輒自書寫，太元、隆安時事，小大悉撰録之，韶之因此私撰晉安帝陽秋。既成，時人謂宜居史職，即除著作佐郎，使續後事，訖義熙九年。善敍事，辭論可觀，爲後代佳史。遷尚書祠部郎。晉帝自孝武以來，常居内殿，武官主書於中通呈，以省官一人管司詔誥，任在西省〔一九〕，因謂之西省郎。傅亮、羊徽相代在職，義熙十一年，高祖以韶之博學有文辭，補通直郎，領西省事〔二〇〕。轉中書侍郎。安帝之崩也，高祖使韶之與帝左右密加酖毒。恭帝即位，遷黄門侍郎，領著作郎，西省如故。凡諸詔黄〔二一〕，皆其辭也。

高祖受禪，加驍騎將軍、本郡中正，黄門如故，西省職解，復掌宋書。有司奏東冶士朱道民禽三叛士，依例放遣，韶之啓曰：「尚書金部奏事如右，斯誠檢忘一時權制〔二二〕，懼非經國弘本之令典。臣尋舊制，以罪補士，凡有十餘條，雖同異不紊，而輕重實殊。至於詐列父母死，誣罔父母淫亂，破義反逆，此四條，寔窮亂抵逆，人理必盡，雖復殊刑過制，猶不足以塞莫大之罪。既獲全首領，大造已隆，寧可復遂拔徒隸，緩帶當年，自同編户，列齒齊民乎。臣懼此制永行，所虧實大。方今聖化惟新，崇本棄末，一切之令，宜加詳改。愚謂此四條不合加贖罪之恩。」侍中褚淡之同韶之三條，却宜仍舊。詔可。又駮員外散騎侍郎王寔之請假事曰：「伏尋舊制，羣臣家有情事，聽併急六十日。太元中改制，年賜假百日。又居在千里外，聽併請來年限，合爲二百日。此蓋一時之令，非經通之旨。會稽雖塗盈千里，未足爲難，百日歸休，於事自足。若私理不同，便應自表陳解，豈宜名班朝列，而久淹私門。臣等參議，謂不合開許。或家在河、洛及嶺、沔、漢者，道阻且長，猶宜別有條品，請付尚書詳爲其制。」從之。坐璽封謬誤，免黄門，事在謝晦傳。

韶之爲晉史，序王珣貨殖，王廞作亂。珣子弘，廞子華，並貴顯，韶之懼爲所陷，深結徐羨之、傅亮等。少帝即位，遷侍中，驍騎如故。景平元年〔二三〕，出爲吴興太守。羨之被誅，王弘入爲相，領揚州刺史。弘雖與韶之不絶，諸弟未相識者，皆不復往來。韶之在郡，常慮爲弘所繩，夙夜勤厲，政績甚美，弘亦抑其私憾。太祖兩嘉之。在任積年，稱爲良守，加秩中二千石。十年，徵爲祠部尚書，加給事中。坐去郡長取送故，免官。十二年，又出爲吴興太守。其年卒，時年五十六。七廟歌辭，韶之制也。文集行於世。子曄，尚書駕部外兵郎，臨賀太守。

荀伯子，潁川潁陰人也。祖羨，驃騎將軍。父猗，祕書郎。

伯子少好學，博覽經傳，而通率好爲雜戲，遨遊閭里，故以此失清塗。解褐爲駙馬都尉，奉朝請，員外散騎侍郎。著作郎徐廣重其才學〔二四〕，舉伯子及王韶之並爲佐郎，助撰晉史及著桓玄等傳。遷尚書祠部郎。

義熙九年，上表曰：「臣聞咎繇亡後，臧文以爲深歎；伯氏奪邑，管仲所以稱仁。功高可百世不泯，濫賞無崇朝宜許。故太傅鉅平侯祜，明德通賢，宗臣莫二，勳參佐命，功成平吴，而後嗣闕然，烝嘗莫寄。漢以蕭何元功，故絶世輒紹。愚謂鉅平之封，宜同酇國。故太尉廣陵公陳准，黨翼孫秀，禍加淮南，竊饗大國，因罪爲利。值西朝政刑失裁，中興復因而不奪〔二五〕。今王道惟新，豈可不大判臧否，謂廣陵之國，宜在削除。故太保衞瓘本爵蕭陽縣公〔二六〕，既被横禍，乃進弟秩，始贈蘭陵，又轉江夏。中朝公輔，多非理終，瓘功德不殊，亦無緣獨受偏賞，宜復本封，以正國章。」詔付門下。

前散騎常侍江夏公衞璵上表自陳曰：「臣乃祖故太保瓘，於魏咸熙之中，太祖文皇帝爲元輔之日，封蕭陽侯，大晉受禪，進爵爲公，歷位太保，總録朝政。于時賈庶人及諸王用事，忌瓘忠節，故楚王瑋矯詔致禍。前朝以瓘秉心忠正，加以伐蜀之勳，故追封蘭陵郡公。永嘉之中，東海王越食蘭陵，换封江夏，户邑如舊。臣高祖散騎侍郎璪，瓘之嫡孫〔二七〕，纂承封爵。中宗元皇帝以曾祖故右衞將軍崇承襲，逮于臣身。伏聞祠部郎荀伯子表，欲貶降復封蕭陽。夫趙氏之忠，寵延累葉，漢祖開封，誓以山河。伏願陛下録既往之勳，垂罔極之施，乞出臣表，付外參詳。」潁川陳茂先亦上表曰：「祠部郎荀伯子表臣七世祖太尉淮禍加淮南，不應濫賞。尋先臣以剪除賈謐，封海陵公，事在淮南遇禍之前。後廣陵雖在擾攘之際，臣祖乃始蒙殊遇，歷位元、凱。後被遠外，乃作平州，而猶不至除國。良以先勳深重，百世不泯故也。聖明御世，英輔係興，曾無疑議，以爲濫賞。臣以微弱，未齒人倫，加始勉視息，封爵兼嗣。伏願陛下遠録舊勳，特垂矜察。」詔皆付門下，並不施行。

伯子爲世子征虜功曹，國子博士。妻弟謝晦薦達之，入爲尚書左丞，出補臨川内史。車騎將軍王弘稱之曰〔二八〕：「沈重不華，有平陽侯之風。」伯子常自矜蔭籍之美，謂弘曰：「天下膏粱，唯使君與下官耳。宣明之徒，不足數也。」遷散騎常侍，本邑大中正。又上表曰：「伏見百官位次，陳留王在零陵王上，臣愚竊以爲疑。昔武王剋殷，封神農之後於焦，黄帝之後於祝，帝堯之後於薊，帝舜之後於陳，夏後於杞，殷後於宋。杞、陳並爲列國，而薊、祝、焦無聞焉。斯則襃崇所承，優於遠代之顯驗也。是以春秋次序諸侯，宋居杞、陳之上。考之近世，事亦有徵。晉泰始元年〔二九〕，詔賜山陽公劉康子弟一人爵關内侯，衛公姬署、宋侯孔紹子一人駙馬都尉。又泰始三年，太常上博士劉憙等議，稱衛公署於大晉在三恪之數，應降稱侯。臣以零陵王位宜在陳留之上。」從之。

遷太子僕，御史中丞，莅職勤恪，有匪躬之稱，立朝正色，外内憚之。凡所奏劾，莫不深相謗毁，或延及祖禰，示其切直，又頗雜嘲戲，故世人以此非之。出補司徒左長史，東陽太守。元嘉十五年，卒官，時年六十一。文集傳於世。

子赤松，爲尚書左丞〔三〇〕，以徐湛之黨，爲元凶所殺。

伯子族弟昶字茂祖，與伯子絶服五世。元嘉初，以文義至中書郎。昶子萬秋字元寶，亦用才學自顯。世祖初，爲晉陵太守。坐於郡立華林閣，置主書、主衣，下獄免。前廢帝末，爲御史中丞，卒官。

史臣曰：夫令問令望，詩人所以作詠；有禮有法，前謨以之垂美。荀、范、二王，雖以學義自顯，而在朝之譽不弘，蓋由才有餘而智未足也，惜矣哉。

校勘記

〔一〕順陽山陰人也　錢大昕考異卷二四：「按州郡志，順陽無山陰縣。梁書范雲、范縝傳並云南鄉舞陰人。南鄉與順陽本一郡，似山陰當爲舞陰之訛。而州郡志舞陰屬南陽，未詳其故。」李慈銘札記：「『山陰』字有誤。晉書范晷傳，南陽順陽人。南史泰傳但作順陽人。」

〔二〕祖汪安北將軍徐兗二州刺史　「汪」下，北監本、汲本、殿本、局本有「晉」字。

〔三〕忱嗟嘆久之　「嘆」字原闕，據北監本、殿本、局本、南史卷三三范泰傳、御覽卷八四六引宋書、册府卷八四九補。

〔四〕伯通易　「伯通」，原作「伯道」，按晉書卷八三殷覬傳云：「覬字伯通。」今據改。

〔五〕伯通意鋭　「伯通」，原作「伯道」，據册府卷七八八改。

〔六〕義隆宜還本屬　「義隆」，原作「諱」，蓋避諱宋文帝名，今改回。

〔七〕雖在公坐　「坐」，原作「言」，據南史卷三三范泰傳改。

〔八〕即太尉淮之弟　「淮」，原作「湋」。錢大昕考異卷二四：「『淮』當作『準』。史家避順帝諱，改『準』爲『淮』，因訛爲『湋』耳。」錢說是，今據改。按孫虨考論卷三：「太尉陳準也。今世通行淮字，說者以爲自寇萊公作相始。錢氏謂自宋順帝，皆非也。魏書長孫肥傳，中山太守仇儒推羣盜趙淮爲主，造妖言云：『燕東傾，趙當續。欲知其名，淮水不足。』時晉安帝隆安間也。則知此字俗用已久。」

〔九〕門地二品　「門地」下，册府卷六〇三有「堪」字。

〔一〇〕斯亦敦學之一隅　「隅」，原作「偶」，據殿本、局本、册府卷六〇三改。

〔一一〕書云一人有慶兆民賴之　「書云」，原作「詩云」，據册府卷五四一改。按「一人有慶，兆民賴之」，語見書呂刑。

〔一二〕雩禜之典　「禜」，原作「禜」，據南監本、汲本、殿本、局本、册府卷五二八改。下文「不禜自瘳」並改。

〔一三〕匹婦一至　「至」，原作「室」，據殿本、南史卷三三范泰傳改。

〔一四〕王淮之字元曾　「王淮之」，三朝本、南監本、北監本、汲本、殿本、局本、太平廣記卷九九引冥祥記、御覽卷六〇一引宋書作「王淮之」，殿本南史考證云：「淮即準之減畫，實一字也。范泰傳前司徒長史王準之，當是一人。」按殿本南史考證誤，范泰傳之王準之，爲王雅之子。晉書卷八三王雅傳：「長子準之，散騎侍郎。」與此王准之非一人。「元曾」，南史卷二四王准之傳、御覽引宋書作「元魯」。

〔一五〕父訥之　「訥之」，原作「納之」，據世説新語文學劉孝標注改。世説新語文學注引王氏譜曰：「訥之字永言，琅邪人。祖彪之，光禄大夫。父臨之，東陽太守。訥之歷尚書左丞，御史中丞。」古人名字相應，既字永言，則作「訥之」是。下文並改。

〔一六〕坐世子右衛率謝靈運殺人不舉免官　「世子右衛率」，南史卷二四王准之傳作「世子左衛率」，疑是。按本書卷六七謝靈運傳、南史卷一九謝靈運傳，靈運於晉時未嘗有世子右衛率之任，其所任乃世子左衛率。本書卷四二王弘傳、卷五七蔡廓傳亦云謝靈運是時所任爲世子左衛率。

〔一七〕永初二年　此事本書卷一五禮志二繫於永初元年。晉宋書故謂作「元年」是。

〔一八〕子興之　「興之」，南史卷二四王准之傳作「輿之」。

〔一九〕任在西省　「任」，南史卷二四王韶之傳作「住」。

〔二〇〕傅亮羊徽相代在職義熙十一年高祖以韶之博學有文辭補通直郎領西省事　「在職」至「補通直郎」二十一字原闕，據南史卷二四王韶之傳補。「高祖」，南史王韶之傳作「宋武帝」，據本書文例改。

〔二一〕凡諸詔黄　「詔黄」，原作「詔奏」，據南史卷二四王韶之傳改。按古時帝命不稱奏，作「黄」是。

〔二二〕斯誠檢忘一時權制　張森楷校勘記：「『檢忘』當作『檢亡』，猶捕亡也。正謂上文『禽三叛士』耳。」

〔二三〕景平元年　「元年」，原作「之年」。孫虨考論卷三：「當爲景平元年。」按孫説是，今據改。

〔二四〕著作郎徐廣重其才學　「徐廣」，原作「徐度」，據局本改。按南史卷三三荀伯子傳、册府卷五五四、卷六二三、御覽卷六三一引宋書皆作「徐廣」。

〔二五〕中興復因而不奪　「因」，原作「同」，據北監本、汲本、殿本、局本改。

〔二六〕故太保衛瓘本爵蕭陽縣公　「蕭陽」，南史卷三三荀伯子傳、晉書卷三四羊祜傳、卷三六衛瓘傳並作「菑陽」。錢大昕考異卷二四：「蕭陽，晉書作菑陽。考晉書地理志不見此二縣名。」

〔二七〕臣高祖散騎侍郎璪瓘之嫡孫　「瓘」字原闕。孫虨考論卷三：「『璪』下當脱『瓘』字。」孫説是，今據補。按晉書卷三六衛瓘傳，璪爲瓘之孫。

〔二八〕車騎將軍王弘稱之曰　按王弘未嘗任車騎將軍。據本書卷五文帝紀、卷四二王弘傳，王弘元嘉二年八月至三年正月爲車騎大將軍。疑「車騎」下佚「大」字。

〔二九〕晉泰始元年　「元年」，原作「九年」，據局本、南史卷三三荀伯子傳改。

〔三〇〕子赤松爲尚書左丞　「左丞」，殿本、局本、南史卷三三荀伯子傳作「右丞」。按本書卷九九二凶元凶劭傳記此事云：「殺徐湛之、江湛親黨新除始興内史荀赤松、新除尚書左丞臧凝之。」通鑑卷一二七宋紀元嘉三十年云：「殺江、徐親黨尚書左丞荀赤松、右丞臧凝之等。」蓋荀赤松原任左丞，至是遷始興内史。二凶傳敍其新職，通鑑乃記其原任耳。疑作「左丞」不誤。

宋書卷六十一

列傳第二十一

武三王

廬陵孝獻王義真　江夏文獻王義恭　衡陽文王義季

武帝七男：張夫人生少帝，孫脩華生廬陵孝獻王義真，胡婕妤生文皇帝，王脩容生彭城王義康，袁美人生江夏文獻王義恭〔一〕，孫美人生南郡王義宣，吕美人生衡陽文王義季。義康、義宣別有傳〔二〕。

廬陵孝獻王義真〔三〕，美儀貌，神情秀徹。初封桂陽縣公，食邑千户。年十二，從北征大軍進長安，留守柏谷塢，除員外散騎常侍，不拜。及關中平定，高祖議欲東還，而諸將行役既久，咸有歸願，止留偏將，不足鎮固人心，乃以義真行都督雍涼秦三州司州之河東平陽河北三郡諸軍事、安西將軍、領護西戎校尉、雍州刺史〔四〕。太尉諮議參軍京兆王脩爲長史，委以關中之任。高祖將還，三秦父老詣門流涕訴曰：「殘民不沾王化，於今百年矣。始覩衣冠，方仰聖澤。長安十陵，是公家墳墓，咸陽宮殿數千間，是公家屋宅，捨此欲何之？」高祖爲之愍然，慰譬曰：「受命朝廷，不得擅留。感諸君戀本之意，今留第二兒，令文武賢才共鎮此境。」臨還，自執義真手以授王脩，令脩執其子孝孫手以授高祖。義真尋除正，加節，又進督并東秦二州、司州之東安定新平二郡諸軍事，領東秦州刺史〔五〕。時隴上流人，多在關中，望因大威，復得歸本。及置東秦州，父老知無復經略隴右、固關中之意，咸共歎息。而佛佛虜寇逼交至。

沈田子既殺王鎮惡，王脩又殺田子。義真年少，賜與左右不節，脩常裁減之，左右並怨。因是白義真曰：「鎮惡欲反，故田子殺之。脩今殺田子，是又欲反也。」義真乃使左右劉乞等殺脩。脩字叔治，京兆灞城人也。初南渡見桓玄，玄知之，謂曰：「君平世吏部郎才。」脩既死，人情離駭，無相統一。高祖遣將軍朱齡石替義真鎮關中〔六〕，使義真輕兵疾歸。諸將競斂財貨，多載子女，方軌徐行。虜追騎且至，建威將軍傅弘之曰：「公處分亟進，恐虜追擊人也。今多將輜重，一日行不過十里，虜騎追至，何以待之。宜棄車輕行，乃可以免。」不從。賊追兵果至，騎數萬匹。輔國將軍蒯恩斷後不能禁，至青泥，後軍大敗，諸將及府功曹王賜悉被俘虜。義真在前，故得與數百人奔散，日暮，虜不復窮追。義真與左右相失，獨逃草中。中兵參軍段宏單騎追尋，緣道叫喚，義真識其聲，出就之，曰：「君非段中兵邪？身在此。」宏大喜，負之而歸。義真謂宏曰：「今日之事，誠無筭略。然丈夫不經此，何以知艱難。」初，高祖聞青泥敗，未得義真審問，有前至者訪之，並云「闇夜奔敗，無以知存亡」。高祖怒甚，剋日北伐，謝晦諫不從。及得宏啓事，知義真已免，乃止。

義真尋都督司雍秦并涼五州諸軍、建威將軍、司州刺史，持節如故。以段宏爲義真諮議參軍，尋遷宋臺黄門郎，領太子右衛率。宏，鮮卑人也，爲慕容超尚書左僕射，徐州刺史，高祖伐廣固，歸降。太祖元嘉中，爲征虜將軍、青冀二州刺史。追贈左將軍。時義真將鎮洛陽，而河南蕭條，未及脩理，改除揚州刺史，鎮石頭。

永初元年，封廬陵王，食邑三千户，移鎮東城。高祖始踐阼，義真意色不悦，侍讀博士蔡茂之問其故〔七〕，義真曰：「安不忘危，休泰何可恃。」明年，遷司徒。高祖不豫，以爲使持節、侍中、都督南豫豫雍司秦并六州諸軍事、車騎將軍、開府儀同三司、南豫州刺史，出鎮歷陽。未之任而高祖崩。

義真聰明愛文義，而輕動無德業。與陳郡謝靈運、琅邪顔延之、慧琳道人並周旋異常，云得志之日，以靈運、延之爲宰相，慧琳爲西豫州都督。徐羡之等嫌義真與靈運、延之暱狎過甚，故使范晏從容戒之，義真曰：「靈運空疎，延之隘薄，魏文帝云鮮能以名節自立者。但性情所得，未能忘言於悟賞，故與之遊耳。」將之鎮，列部伍於東府前，既有國哀，義真所乘舫單素，不及母孫脩儀所乘者〔八〕。義真與靈運、延之、慧琳等共視部伍，因宴舫内，使左右剔母舫函道以施己舫，而取其勝者。及至歷陽，多所求索，羡之等每裁量不盡與，深怨執政，表求還都。而少帝失德，羡之等密謀廢立，則次第應在義真，以義真輕訬，不任主社稷，因其與少帝不協，乃奏廢之，曰：

臣聞二叔不咸，難結隆周，淮南悖縱，禍興盛漢，莫不義以斷恩，情爲法屈。二代之事，殷鑒無遠，仁厚之主，行之不疑。故共叔不斷，幾傾鄭國，劉英容養，釁廣難深，前事之不忘，後王之成鑒也。

案車騎將軍義真，凶忍之性，爰自稚弱，咸陽之酷，醜聲遠播。先朝猶以年在紈綺，冀能改厲，天屬之愛，想聞革心。自聖體不豫，以及大漸，臣庶憂惶，内外屏氣。而縱博酣酒，日夜無輟，肆口縱言，多行無禮。先帝貽厥之謀，圖慮經固，親敕陛下，面詔臣等，若遂不悛，必加放黜，至言苦厲，猶在紙翰。而自茲迄今，日月增甚，至乃委棄藩屏，志還京邑，潛懷異圖，希幸非冀，轉聚甲卒，徵召車馬。陵墳未乾，情事猶昨，遂蔑棄遺旨，顯違成規，整棹浮舟，以示歸志，肆心專己，無復諮承。聖恩低徊，深垂隱忍，屢遣中使，苦相敦釋。而親對散騎侍郎邢安泰、廣武將軍茅仲思，縱其悖駡，訕主謗朝，此久播于遠近，暴於人聽。

臣聞原火不撲，蔓草難除，青青不伐，終致尋斧，況憂深患著，社稷慮切。請一遵晉朝武陵舊典，使顧懷之旨，不墜於武廟，全宥之德，獲申於昵親。仰尋感慟，臨啓悲咽。

乃廢義真爲庶人，徙新安郡。前吉陽令堂邑張約之上疏諫曰：

臣聞仁義之在天下，若中原之有菽，理感之被萬物，故不繫於貴賤。是以考叔反悔誓於及泉，壺關復冤魂於湖邑。當斯之時，豈無尊卿賢輔，或以事迫心違，或以道壅謀屈，何嘗不願聞善於輿隸，藥石於阿氏哉[九]。臣雖草芥，備充黔首，少不量力，頗高殉義之風，謂蹈善於朝聞，愈徒生於白首。用敢干禁忘戮，披敍丹愚。

伏惟高祖武皇帝誕茲神武，撫運龍興，仰清天步，則齊德有虞，俯廓九州，則侔功大夏，故虔順天人，享有萬國。雖靈祚脩長，聖躬弗永，陛下繼明紹統，遐邇一心，藩王哲茂，四維寧謐，傾耳康哉之詠，企踵升平之風。

竊念廬陵王少蒙先皇優慈之遇，長受陛下睦愛之恩。故在心必言，所懷必亮，容犯臣子之道，致招驕恣之愆。至於天姿夙成，實有卓然之美，宜在容養，録善掩瑕，訓盡義方，進退以漸。今猥加剥辱，幽徙遠郡，上傷陛下棠棣之篤，下令遠近恇然失圖，士庶杜口，人爲身計。臣伏思大宋之興，雖協應符緯，而開基造次，根條未繁，宜廣樹藩戚，敦睦以道，使兄弟之美，比煇魯、衞，龜策告同，胙均七百，豈不善哉！陛下富於春秋，慮未重複，忽安危之遠筭，肆不忍於一朝。特願留神九思，重加詢采。上考前代興亡之由，中存武皇締構之業，下顧蒼生顒顒之望，時開曲宥〔一〇〕，反王都邑。選保傅於舊老，求四友於髦俊，引誘情性，導達聰明。凡人在苦，皆能自厲，況王質朗心聰，易加訓範。且中賢之人，未能無過，過貴自改，罪願自新。以武皇之愛子，陛下之懿弟，豈可以其一眚，長致淪棄哉。謹昧死詣闕，伏地以聞，惟願丹誠，一經天聽，退就斧鑊〔一一〕，無愧地下矣。

書奏，以約之爲梁州府參軍，尋又見殺。

景平二年六月癸未〔一二〕，羨之等遣使殺義真於徙所，時年十八〔一三〕。

元嘉元年八月，詔曰：「前廬陵王靈柩在遠，國封墮替，感惟抽慟〔一四〕，情若貫割。王體自至極，地戚屬尊，豈可令情禮永淪，終始無寄。可追復先封，特遣奉迎，并孫脩華、謝妃一時俱還。言增摧哽。」三年正月誅徐羨之、傅亮等，是日詔曰：「故廬陵王含章履正，英哲自然，道心内昭，徽風遐被。遭時多難，志匡權逼，天未悔禍〔一五〕，運鍾屯險，羣凶肆醜，專竊國柄，禍心潛構，釁生不圖。朕每永念讎恥，含痛内結，遵養姦慝，情禮未申。今王道既孚〔一六〕，政刑始判，宣昭國體〔一七〕，於是乎在。可追崇侍中、大將軍，王如故〔一八〕。爲慰冤魂，少申悲憤。」又詔曰：「乃者權臣陵縱，兆亂基禍，故吉陽令張約之抗疏矢言，至誠慷慨，遂事屈羣醜，殞命遐疆，志節不申，感焉兼至。昔關老奏書，見紀漢策，閻纂獻規，荷榮晉代。考其忠概，參迹前蹤，宜加旌顯，式揚義烈。可贈以一郡，賜錢十萬，布百匹。」

義真無子，太祖以第五子紹字休胤爲嗣。元嘉九年，襲封廬陵王。少而寬雅，太祖甚愛之。二十年，出爲南中郎將、江州刺史，時年十二。二十二年，入朝，加棨戟，進都督江州、豫州之西陽晉熙新蔡三郡諸軍事。在任七年，改授左將軍、南徐州刺史，給鼓吹一部。未之鎮，仍遷揚州刺史，將軍如故。索虜至瓜步，紹從太子鎮石頭。二十九年，疾患解職。其年薨，時年二十一。遺令斂以時服，素棺周身，太祖從之。追贈散騎常侍、鎮軍將軍、開府儀同三司，刺史如故。

無子，南平王鑠第三子敬先爲嗣。本名敬秀，既出繼而紹妃褚秀之孫女，故改焉。景和元年，爲前廢帝所害〔九〕。追贈中書侍郎，謚曰恭王。無子，太宗泰始元年，以世祖第二十一子晉熙王子輿字孝文爲紹嗣，封廬陵王。爲輔國將軍、南高平臨淮二郡太守，並未拜，爲太宗所殺。三年，更以桂陽王休範第二子德嗣紹〔一〇〕。爲建威將軍、淮陵南彭城二郡太守。後廢帝元徽二年，與休範俱伏誅。國復絕。三年，復以臨澧忠侯襲第三子暠字淵華繼紹。爲給事中。順帝昇明元年，薨，謚曰元王。又無子，國除。

江夏文獻王義恭，幼而明穎，姿顏美麗，高祖特所鍾愛，諸子莫及也。飲食寢卧，常不離於側。高祖爲性儉約，諸子食不過五醆盤，而義恭愛寵異常，求須菓食，日中無竿，得未嘗噉，悉以乞與傍人。廬陵諸王未嘗敢求，求亦不得。

景平二年，監南豫豫司雍秦并六州諸軍事、冠軍將軍、南豫州刺史〔一一〕，代廬陵王義真鎮歷陽，時年十二。元嘉元年，封江夏王，食邑五千户。加使持節，進號撫軍將軍，給鼓吹一部。三年，監南徐兗二州揚州之晉陵諸軍事、徐州刺史，持節、將軍如故〔一二〕。進監爲都督，未之任。太祖征謝晦，義恭還鎮京口。

六年，改授散騎常侍、都督荆湘雍益梁寧南北秦八州諸軍事、荆州刺史，持節、將軍如故。義恭涉獵文義，而驕奢不節，既出鎮，太祖與書誡之曰：

汝以弱冠，便親方任。天下艱難，家國事重，雖曰守成，實亦未易。隆替安危，在吾曹耳，豈可不感尋王業，大懼負荷。今既分張，言集未日，無由復得動相規誨，宜深自砥礪，思而後行。開布誠心，厝懷平當，親禮國士，友接佳流，識別賢愚，鑒察邪正，然後能盡君子之心，收小人之力。

汝神意爽悟，有日新之美，而進德脩業，未有可稱，吾所以恨之而不能已已者也。汝性褊急，袁太妃亦說如此。性之所滯，其欲必行，意所不在，從物回改，此最弊事。宜應慨然立志，念自裁抑。何至丈夫方欲贊世成名而無斷者哉。今粗疏十數事，汝別時可省也。遠大者豈可具言，細碎復非筆可盡。

禮賢下士，聖人垂訓；驕侈矜尚，先哲所去。豁達大度，漢祖之德；猜忌褊急，魏武之累。漢書稱衞青云：「大將軍遇士大夫以禮，與小人有恩。」西門、安于，矯性齊美；關羽、張飛，任偏同弊。行己舉事，深宜鑒此。

若事異今日，嗣子幼蒙，司徒便當周公之事，汝不可不盡祇順之理。苟有所懷，密自書陳。若形迹之間，深宜慎護。至於爾時安危，天下決汝二人耳，勿忘吾言。

今既進袁太妃供給，計足充諸用，此外一不須復有求取，近亦具白此意。唯脫應大餉致，而當時遇有所乏，汝自可少多供奉耳。汝一月日自用不可過三十萬，若能省此，益美。

西楚殷曠，常宜早起，接對賓侶，勿使留滯。判急務訖，然後可入問訊，既覩顏色，審起居，便應即出，不須久停，以廢庶事也。下日及夜，自有餘閑。

府舍住止，園池堂觀，略所諳究，計當無須改作。司徒亦云爾。若脱於左右之宜，須小小回易，當以始至一治爲限，不煩紛紜，日求新異。

凡訊獄多決當時，難可逆慮，此實爲難，汝復不習，殊當未有次第。訊前一二日，取訊簿密與劉湛輩共詳，大不同也。至訊日，虚懷博盡，慎無以喜怒加人。能擇善者而從之，美自歸己。不可專意自決，以矜獨斷之明也。萬一如此，必有大吝，非唯訊獄，君子用心，自不應爾。刑獄不可擁滯，一月可再訊。

凡事皆應慎密，亦宜豫敕左右，人有至誠，所陳不可漏泄，以負忠信之款也。古人言「君不密則失臣，臣不密則失身」。或相讒搆，勿輕信受，每有此事，當善察之。

名器深宜慎惜，不可妄以假人。昵近爵賜，尤應裁量。吾於左右雖爲少恩，如聞外論，不以爲非也。

以貴陵物物不服，以威加人人不厭，此易達事耳。

聲樂嬉游，不宜令過，蒱酒漁獵〔二三〕，一切勿爲。供用奉身，皆有節度，奇服異器，不宜興長。汝嬪侍左右，已有數人，既始至西，未可匆匆復有所納。

又誡之曰：

宜數引見佐史〔二四〕，非唯臣主自應相見，不數則彼我不親，不親則無因得盡人，人不盡，復何由知其衆事。廣引視聽，既益開博，於言事者，又差有地也。

九年，徵爲都督南兗徐兗青冀幽六州豫州之梁郡諸軍事、征北將軍、開府儀同三司、南兗州刺史，鎮廣陵。時詔内外百官舉才，義恭上表曰：

臣聞雲和備樂，則繁會克諧，驊騮騄服，則致遠斯效。陛下順簡夤化，文明在躬，玉衡既正，泰階載一，而猶發慮英髦，垂情仄陋〔二五〕，幽谷空同，顯著揚歷。是以潛虯聳鱗，佇利見之期；翔鳳弭翼，應來儀之感。

竊見南陽宗炳，操履閑遠，思業貞純，砥節丘園，息賓盛世，貧約而苦，内無改情，軒冕屢招，確爾不拔。若以蒲帛之聘，感以大倫之美，庶投竿釋褐，翻然來儀，必能毗燮九官，宣贊百揆。尚書金部郎臣徐森之，臣府中直兵參軍事臣王天寶，並局力允濟，忠諒款誠。往年逆臣叛逸，華陽失守，森之全境寧民，績章危棘。前者經略伊、瀍，元戎喪旅，天寶北勤河朔，東據營丘，勳勇既昭，心事兼竭。雖蒙褒叙，未盡才宜，並可授以邊藩，展其志力。交阯遼邈，累喪藩將，政刑每闕，撫莅惟艱。南中敻遠，風謠迥隔，蠻獠狡竊，邊氓荼炭，寔須練實，以綏其難。謂森之可交州刺史，天寶可寧州刺史，庶足威懷荒表，肅清遐服。昔魏戊之賢，功存薦士；趙武之明，事彰管庫。臣識愧前良，理謝先哲，率舉所知，仰酬採訪，退懼瞽言，無足甄奬。

十六年，進位司空。明年，大將軍彭城王義康有罪出藩，徵義恭爲侍中、都督揚南徐兗三州諸軍事、司徒、録尚書，領太子太傅，持節如故，給班劍二十人，置仗加兵。明年，解督南兗。二十一年，進太尉，領司徒，餘如故。義恭既小心恭慎，且戒義康之失，雖爲總録，奉行文書而已，故太祖安之。相府年給錢二千萬，它物倍此〔二六〕，而義恭性奢，用常不足，太祖又別給錢年千萬。二十六年〔二七〕，領國子祭酒。時有獻五百里馬者，以賜義恭。

二十七年春，索虜寇豫州，太祖因此欲開定河、洛。其秋，以義恭總統羣帥，出鎮彭城。解國子祭酒。虜遂深入，徑至瓜步，義恭與世祖閉彭城自守。二十八年春，虜退走，自彭城北過，義恭震懼不敢追。其日，民有告：「虜驅廣陵民萬餘口，夕應宿安王陂，去城數十里。今追之，可悉得。」諸將並請，義恭又禁不許。經宿，太祖遣驛至，使悉力急追。義恭乃遣鎮軍司馬檀和之向蕭城。虜先已聞知，乃盡殺所驅廣陵民，輕騎引去。初虜深入，上慮義恭不能固彭城，備加誡勒，義恭答曰：「臣未能臨瀚海，濟居延，庶免劉仲奔逃之恥。」及虜至，義恭果欲走〔二八〕，賴衆議得停，事在張暢傳。降義恭號驃騎將軍、開府儀同三司，餘悉如故。魯郡孔子舊廟有柏樹二十四株〔二九〕，經歷漢、晉，其大連抱。有二株先折倒，士人崇敬，莫之敢犯，義恭悉遣人伐取，父老莫不歎息。又以本官領南兗州刺史，增督南兗、豫、徐、兗、青、冀、司、雍、秦、幽、并十一州諸軍事，并前十三州，移鎮盱眙。脩治舘宇，擬制東城。

二十九年冬，還朝，上以御所乘蒼鷹船上迎之。遭太妃憂，改授大將軍、都督揚南徐二州諸軍事、南徐州刺史，持節、侍中、録尚書、太子太傅如故，還鎮東府。辭侍中未拜。値元凶肆逆，其日劭召義恭。先是，詔召太子及諸王，各有常人，慮有詐妄致害者。至是義恭求常所遣傳詔，劭遣之而後入。義恭請罷兵，凡府内兵仗，並送還臺。進位太保，進督會州諸軍事，服侍中服，又領大宗師。

世祖入討，劭疑義恭有異志，使入住尚書下省，分諸子並住神虎門外侍中下省。劭聞世祖已次近路，欲悉力逆之，決戰中道。義恭慮世祖船乘陋小，劭豕突中流，容能爲患，乃進説曰：「割棄南岸，栅斷石頭，此先朝舊法，以逸待勞，不憂不破也。」劭從之。世祖前鋒至新亭，劭挾義恭出戰，恒録在左右，故不能自拔。戰敗，使義恭於東堂簡將。義恭先使人具船於東治渚，因單馬南奔。始濟淮，追騎已至北岸，僅然得免。劭大怒，遣始興王濬就西省殺義恭十二子。

世祖時在新林浦，義恭既至，上表勸世祖即位，曰：「臣聞治亂無兆，倚伏相因，乾靈降禍，二凶極逆，深酷巨痛，終古未有。陛下忠孝自天，赫然電發，投袂泣血，四海順軌，是以諸侯雲赴，數均八百，義奮之旅，其會如林。神祚明德，有所厎止，而沖居或躍，未登天祚，非所以嚴重宗社，紹延七百。昔張武抗辭，代王順請，耿純陳欵，光武正位。況今罪逆無親，惡盈釁滿，阻兵安忍，戮善崇姦，履地戴天，畢命俄頃，宜早定尊號，以固社稷。景平之季，實惟樂推，王室之亂，天命有在，故抱拜兆於壓璧，赤龍表於霄徵。伏惟大明無私，遠存家國七廟之靈，近哀黔首荼炭之切，時陟帝祚，永慰羣心。臣負釁嬰罰，偷生人壤，幸及寬政，待罪有司，敢以漏刻視息，披露肝膽。」世祖即祚，授使持節、侍中、都督揚南徐二州諸軍事、太尉、録尚書六條事、南徐徐二州刺史〔三〇〕，給鼓吹一部，班劍二十人，又假黃鉞。事寧，進位太傅，領大司馬，增班劍爲三十人。以在藩所服玉環大綬賜之。增封二千户。

上不欲致禮太傅，諷有司奏曰：「聖旨謙光，尊師重道，欲致拜太傅，斯誠弘茲遠風，敦闡盛則。然周之師保，實稱三吏，晉因於魏，特加其禮。帝道嚴極，既有常尊，考之史載，未見茲典。故卞壺、孫楚並謂人君無降尊之義。遠稽聖典，近即羣心，臣等參議謂不應有加拜之禮。」詔曰：「闇薄纂統，寔憑師範，思盡虔恭，以承道訓。所奏稽諸往代，謂無拜禮，據文既明，便從所執。」世祖立太子，東宮文案，使先經義恭。

孝建元年，南郡王義宣、臧質、魯爽等反，加黄鉞，白直百人入六門。事平，以臧質七百里馬賜義恭，又增封二千户。世祖以義宣亂逆，由於彊盛，至是欲削弱王侯。義恭希旨，乃上表省録尚書，曰：「臣聞天地設位，三極同序，皇王化則，九官咸事。時亮之績，昭於虞典；論道之風，宣於周載。台輔之設，坐調陰陽，元、凱之置，起釐百揆。所以欒鍼矢言，侵官是誡，陳平抗辭，匪職罔答。漢承秦後，庶僚稍改。爵因時變，任與世移，總録之制，本非舊體，列代相沿，茲仍未革。今皇家中造，事遵前文，宜憲章先代，證文古則，停省條録，以依昔典。使物競思存，人懷勤壹，則名實靡愆，庸節必紀。臣謬典國重，虚荷崇位，興替宜知，敢不輸盡。」上從其議。

又與驃騎大將軍竟陵王誕奏曰：「臣聞佾懸有數，等級異儀，珮笏有制，卑高殊序。斯蓋上哲之洪摹，範世之明訓。而時至彌流，物無不弊，僭侈由俗，軌度非古。晉代東徙，舊法淪落，侯牧典章，稍與事廣，名實一差，難以卒變，章服崇濫，多歷年所。今樞機更造，皇風載新，秏弊未充，百用思約，宜備品式之律，以定損厭之條。臣等地居枝昵，位參台輔，遵正之首，請以爵先，致貶之端，宜從戚始。輒因暇日，共參愚懷，應加省易，謹陳九事。雖懼匪衷，庶竭微欵。伏願陛下聽覽之餘，薄垂昭納，則上下相安，表裏和穆矣。」

詔付外詳。有司奏曰：

車服以庸，虞書茂典；名器慎假，春秋明誡。是以尚方所制，漢有嚴律，諸侯竊服，雖親必罪。降于頃世，下僭滋極。器服裝飾，樂舞音容，通於王公，達于衆庶。上下無辨，民志靡壹。義恭所陳，寔允禮度。九條之格，猶有未盡，謹共附益，凡二十四條。

聽事不得南向坐，施帳并幍〔三一〕。藩國官，正冬不得跣登國殿，及夾侍國師傳令及油戟。公主王妃傳令，不得朱服。轝不得重楄。鄣扇不得雉尾。劍不得鹿盧形。槊毦不得孔雀白氅〔三二〕。夾轂隊不得絳襖。平乘誕馬不得過二匹。胡伎不得綵衣。舞伎正冬著袿衣，不得裝面蔽花〔三三〕。正冬會不得鐸舞、杯柈舞〔三四〕。長蹻、透狹舒、丸劍、博山、緣大橦、升五案〔三五〕，自非正冬會奏舞曲，不得舞。諸妃主不得著緹帶〔三六〕。信幡非臺省官悉用絳。郡縣內史相及封內官長，於其封君，既非在三，罷官則不復追敬，不合稱臣，宜止下官而已〔三七〕。諸鎮常行，車前後不得過六隊，白直夾轂，不在其限。刀不得過銀銅爲飾。諸王女封縣主，諸王子孫襲封之王妃及封侯者夫人行，並不得鹵簿。諸王子繼體爲王者，婚葬吉凶，悉依諸國公侯之禮，不得同皇弟皇子。車非輅車，不得油幢。平乘船皆下兩頭作露平形，不得擬象龍舟，悉不得朱油。帳𨫼不得作五花及豎筍形。

詔可。

是歲十一月，還鎮京口。二年春，進督東南兗二州〔三八〕。其冬，徵爲揚州刺史，餘如故。加入朝不趨，贊拜不名，劍履上殿，固辭殊禮。又解持節、都督并侍中。

義恭撰要記五卷，起前漢訖晉太元，表上之，詔付祕閣。時西陽王子尚有盛寵，義恭解揚州以避之，乃進位太宰，領司徒。義恭常慮爲世祖所疑，及海陵王休茂於襄陽爲亂，乃上表曰：

古先哲王，莫不廣植周親，以屏帝宇，諸侯受爵，亦願永固邦家。至有管蔡、梁燕，致禍周、漢，上乖顯授之恩，下亡血食之業。夫善積慶深，宜享長久，而歷代侯王，甚乎匹庶。豈異姓皆賢，宗室悉不賢。由生於深宮，不覩稼穡，左右近習，未值田蘇，富貴驕奢，自往而至〔三九〕，聚毛折軸，遂乃危禍〔四〇〕。漢之諸王，並置傅相，猶不得禁逆，七國連謀，實由彊盛，晉氏列封，正足成永嘉之禍。尾大不掉，終古同疾，不有更張，則其源莫救。

日者庶人恃親，殆傾王業。去歲西寇藉寵〔四一〕，幾敗皇基。不圖襄楚，復生今釁，良以地勝兵勇，獎成凶惡。前事之不忘，後事之明兆。陛下大明紹祚，垂法萬葉。臣年衰意塞，無所知解，忝皇族耆長，甎慨內深，思表管見，裨崇萬一。竊謂諸王貴重，不應居邊，至於華州優地，時可蹔出。既以有州，不須置府。若位登三事，止乎長史掾屬。若宜鎮御，別差扞城大將。若情樂沖虛，不宜逼以戎事。若捨文好武，尤宜禁塞。僚佐文學，足充話言，遊梁之徒，一皆勿許。文武從鎮，以時休止，妻子室累，不煩自隨。百僚脩詣，宜遵晉令，悉須宣令齊到，備列賓主之則。衡泌之士，亦無煩干候貴王。器甲於私，爲用蓋寡，自金銀裝刀劍戰具之服，皆應輸送還本。曲突徙薪，防之有素，庶善者無懼，惡者止姦。

時世祖嚴暴，義恭慮不見容，乃卑辭曲意，盡禮祗奉，且便辯善附會，俯仰承接，皆有容儀。每有符瑞，輒獻上賦頌，陳詠美德。大明元年，有三脊茅生石頭西岸，累表勸封禪，上大悅。三年，省兵佐，加領中書監，以崇藝、昭武、永化三營合四百三十七户給府，更增吏僮千七百人，合爲二千九百人。六年，解司徒府，太宰府依舊辟召。又年給三千匹布。

七年，從巡，兼尚書令，解中書監。八年閏月，又領太尉。其月，世祖崩，遺詔：「義恭解尚書令，加中書監，柳元景領尚書令，入住城內。事無巨細，悉關二公。大事與沈慶之參決，若有軍旅，可爲總統。尚書中事委顏師伯。外監所統委王玄謨。」前廢帝即位，詔曰：「總録之典，著自前代。孝建始年，雖釐并省，而因革有宜，理存濟務。朕煢獨在躬，未涉政道，百揆庶務，允歸尊德。太宰江夏王義恭新除中書監、太尉，地居宗重，受遺阿衡，實深憑倚，用康庶績，可録尚書事，本官監、太宰、王如故。侍中、驃騎大將軍、南兗州刺史、巴東郡開國公、新除尚書令元景，同稟顧晢，翼輔皇家，贊業宣風，繄公是賴。可即本號開府儀同三司，領兵置佐，一依舊准，領丹陽尹、侍中、領公如故。」又增義恭班劍爲四十人，更申殊禮之命。固辭殊禮。

義恭性嗜不恒，日時移變，自始至終，屢遷第宅。與人遊欵，意好亦多不終。而奢侈無度，不愛財寶，左右親幸者，一日乞與，或至一二百萬，小有忤意，輒追奪之。大明時，資供豐厚，而用常不足，賒市百姓物，無錢可還，民有通辭求錢者，輒題後作「原」字。善騎馬，解音律，游行或三五百里，世祖恣其所之。東至吴郡，登虎丘山，又登無錫縣烏山以望太湖。大明中撰國史，世祖自爲義恭作傳。及永光中，雖任宰輔，而承事近臣戴法興等，常若不及。

前廢帝狂悖無道，義恭、元景等謀欲廢立。永光元年八月，廢帝率羽林兵於第害之，并其四子〔四二〕，時年五十三。斷析義恭支體，分裂腸胃，挑取眼精〔四三〕，以蜜漬之，以爲鬼目粽。

太宗定亂，令書曰：「故中書監、太宰、領太尉、録尚書事江夏王道性淵深，睿鑒通遠，樹聲列藩，宣風鉉德，位隆姬輔，任屬負圖，勤勞國家，方熙託付之重，盡心毗導，永融雍穆之化。而凶醜忌威，奄加冤害，夷戮有暴，殯穸無聞，憤達幽明，痛貫朝野。朕蒙險在難，含哀莫申，幸賴宗祏之靈，克纂祈天之祚，仰惟勳戚，震慟于厥心。昔梁王徵庸，警蹕備禮；東平好善，黄屋在廷。況公德猷弘懋，彝典未殊者哉。可追崇使持節、侍中、都督中外諸軍事、丞相、領太尉，中書監、録尚書事、王如故。給九旒鸞輅，虎賁班劍百人，前後部羽葆、鼓吹，輼輬車。」

泰始三年，又下詔曰：「皇基崇建，屯、剥維難，弘啓熙載，底績忠果，故從饗世祀，勒勳宗彝。世祖寧亂定業，寔資翼亮。故使持節、侍中、都督中外諸軍事、丞相、領太尉、中書監、録尚書事江夏文獻王義恭，故使持節、侍中、都督南豫江豫三州軍事、太尉、南豫州刺史巴東郡開國忠烈公元景，故侍中、司空始興郡開國襄公慶之，故持節、征西將軍、雍州刺史洮陽縣開國肅侯慤，或體道沖玄，燮化康世，或盡誠致効，庚難龕逆，宜式遵國典，陪祭廟庭。」

義恭長子朗字元明，出繼少帝，封南豐縣王，食邑千户。爲湘州刺史、持節、侍中，領射聲校尉。爲元凶所殺。世祖即位，追贈前將軍、江州刺史。孝建元年，以宗室祗長子歆繼封。祗伏誅，歆還本。泰始三年，更以宗室韞第二子銑繼封。爲祕書郎，與韞俱死。順帝昇明二年，復以宗室琨子績繼封。三年，薨。會齊受禪，國除。

朗弟叡字元秀，太子舍人。爲元凶所害。追贈侍中，謚宣世子。大明二年，追封安陸王〔四四〕。以第四皇子子綏字寶孫繼封，食邑二千户。追謚叡曰宣王。以子綏爲都督郢州諸軍事、冠軍將軍、郢州刺史。進號後軍將軍，加持節。太宗泰始元年，進號征南將軍，改封江夏王，食邑五千户。改叡爲江夏宣王。子綏未受命，與晉安王子勛同逆，賜死。七年，太宗以第八子躋字仲升，繼義恭爲孫，封江夏王，食邑五千户。後廢帝即位，督會稽東陽新安臨海永嘉五郡諸軍事、東中郎將、會稽太守，進號左將軍。齊受禪，降爲沙陽縣公，食邑一千五百户。謀反，賜死。

叡弟韶字元和，封新吴縣侯，官至步兵校尉。追贈中書侍郎，謚曰烈侯。韶弟坦字元度，平都懷侯。坦弟元諒，江安愍侯。元諒弟元粹，興平悼侯。坦、元諒、元粹並追贈散騎侍郎。元粹弟元仁、元方、元旒、元淑、元胤與朗等凡十二人，並爲元凶所殺。

元胤弟伯禽，孝建三年生。義恭諸子既遇害，爲朝廷所哀，至是世祖名之曰伯禽，以擬魯公伯禽，周公旦之子也。官至輔國將軍、湘州刺史。又爲前廢帝所殺。謚曰哀世子。又追贈江夏王，改謚曰愍。

伯禽弟仲容，封永脩縣侯。爲寧朔將軍、臨淮濟陽二郡太守。仲容弟叔子，封永陽縣侯。叔子弟叔寶，及仲容、叔子，並爲前廢帝所殺。謚仲容、叔子並曰殤侯。

衡陽文王義季，幼而夷簡，無鄙近之累。太祖爲荆州，高祖使隨往江陵，由是特爲太祖所愛。元嘉元年，封衡陽王，食邑五千户。五年，爲征虜將軍。八年，領石頭戍事。九年，遷使持節、都督南徐州諸軍事、右將軍、南徐州刺史。

十六年，代臨川王義慶都督荆湘雍益梁寧南北秦八州諸軍事、安西將軍、荆州刺史，持節如故，給鼓吹一部。先是義慶在任，值巴蜀亂擾，師旅應接，府庫空虚，義季躬行節儉，畜財省用，數年間，還復充實。隊主續豐母老家貧，無以充養，遂斷不食肉。義季哀其志，給豐母月白米二斛〔四五〕，錢一千，并制豐噉肉。義季素拙書，上聽使餘人書啓事，唯自署名而已。二十年，加散騎常侍，進號征西大將軍，領南蠻校尉。

義季素嗜酒，自彭城王義康廢後，遂爲長夜之飲，略少醒日。太祖累加詰責，義季引愆陳謝。上詔報之曰：「誰能無過，改之爲貴耳。此非唯傷事業，亦自損性命，世中比比，皆汝所諳。近長沙兄弟，皆緣此致故。將軍蘇徽〔四六〕，耽酒成疾，旦夕待盡，吾試禁斷，并給藥膳，至今能立。此自是可節之物，但嗜者不能立志裁割耳。晉元帝人主，尚能感王導之諫，終身不復飲酒。汝既有美尚，加以吾意殷勤，何至不能慨然深自勉厲，乃復須嚴相割裁，坐諸紜紜，然後少止者。幸可不至此，一門無此酣酒〔四七〕，汝於何得之？臨書歎塞。」義季雖奉此旨，酣縱如初，遂以成疾。上又詔之曰：「汝飲積食少，而素羸多風，常慮至此，今果委頓。縱不能以家國爲懷，近不復顧性命之重，可歎可恨，豈復一條。本望能以理自厲，未欲相苦耳。今遣孫道胤就楊佛等令晨夕視汝，并進止湯食，可開懷虛受，慎勿隱避。吾飽嘗見人斷酒，無它慊吸，蓋是當時甘嗜罔已之意耳。今者憂怛，政在性命，未暇及美業，復何爲吾煎毒至此邪。」義季終不改，以至於終。

二十一年，爲都督南兖徐青冀幽六州諸軍事、征北大將軍、開府儀同三司、南兖州刺史〔四八〕，持節、常侍如故。登舟之日，帷帳器服，諸應隨刺史者，悉留之，荆楚以爲美談。二十二年，進督豫州之梁郡。遷徐州刺史，持節、常侍、都督如故。明年，索虜侵逼，北境擾動，義季懲義康禍難，不欲以功勤自業，無它經略，唯飲酒而已。太祖又詔之曰：「杜驥、申恬，倉卒之際，尚以弱甲瑣卒，徼寇作援〔四九〕。彼爲元統，士馬桓桓，既不懷奮發，連被意旨，猶復逡巡。豈唯大乖應赴之宜，實孤百姓之望。且匈奴輕漢，將自此而始。賊初起逸，未知指趨，故且裝束，兼存觀察耳。少日勢漸可見，便應大有經略，何合安然，遂不敢動。遣軍政欲乘際會，拯危急，以申威援，本無驅馳平原方幅爭鋒理。又山路易馮，何以畏首尾迴弱。若謂事理政應如此者，進大鎮，聚甲兵，徒爲煩耳。」

二十四年，義季病篤，上遣中書令徐湛之省疾，召還京師。未及發，薨於彭城，時年三十三。太尉江夏王義恭表解職迎喪，不許。上遣東海王禕北迎義季喪。追贈侍中、司空，持節、都督、刺史如故。

子恭王嶷字子岐嗣。中書侍郎，太子中庶子。世祖大明七年，薨，追贈冠軍將軍、豫州刺史。子伯道嗣。順帝昇明三年，薨。其年，齊受禪，國除。

史臣曰：戒懼乎其所不覩，恐畏乎其所不聞，在於慎所忽也。江夏王，高祖寵子，位居上相，大明之世，親典冠朝。屈體降情，槃辟於軒檻之上，明其爲卑約亦已至矣。得使虐朝暴主，顧無猜色，歷載踰十，以尊戚自保。及在永光，幼主南面，公旦之重，屬有所歸。自謂踐冰之慮已除，泰山之安可恃，曾未云幾，而磔體分肌。古人以隱微致戒，斯爲篤矣。

校勘記

〔一〕袁美人生江夏文獻王義恭　「袁美人」，原作「垣美人」，據北監本、汲本、殿本、局本改。按下文載文帝與義恭書有「汝性褊急，袁太妃亦説如此」、「今既進袁太妃供給」之語，作「袁」是。

〔二〕義康義宣別有傳　「義康」二字原闕。錢大昕考異卷二四：「『義宣』上，當有『義康』二字。」錢説是，今據補。

〔三〕廬陵孝獻王義真　「廬陵」，原作二字空格，據南監本、北監本、汲本、殿本、局本補。

〔四〕乃以義真行都督雍涼秦三州司州之河東平陽河北三郡諸軍事安西將軍領護西戎校尉雍州刺史　「司州」二字原闕。錢大昕考異卷二四：「案晉志，河東、平陽二郡屬司州。河北縣本屬河東郡，蓋是時析置爲郡也。『三州』下，當有『司州』二字。毛德祖督司州之河東、平陽、河北，見索虜傳。」按錢説是，今據補。

〔五〕又進督并東秦二州司州之東安定新平二郡諸軍事領東秦州刺史　錢大昕考異卷二四：「考晉志，安定、新平，皆雍州屬郡。而營浦侯遵考傳云，長安平定，以督并州、司州之北河東、北平陽、北雍州之新平、安定五郡諸軍事。則此二郡，當屬雍州非司州矣。」

〔六〕高祖遺將軍朱齡石替義真鎮關中　「將軍」，南史卷一三宋宗室及諸王上武帝諸子廬陵孝獻王義真傳作「右將軍」，疑是。按時朱齡石爲右將軍，見本書卷二武帝紀中、卷四八朱齡石傳。

〔七〕侍讀博士蔡茂之問其故　「侍讀博士」，原作「侍讀學士」，據局本、南史卷一三宋宗室及諸王上武帝諸子廬陵孝獻王義真傳改。殿本考證：「是時無侍讀學士官名，當從南史作侍讀博士。」李慈銘札記：「海陵王休茂傳有侍讀博士荀詵。」

〔八〕不及母孫脩儀所乘者　「孫脩儀」，上文作「孫脩華」。下文載元嘉元年八月詔亦有「特遣奉迎，并孫脩華、謝妃一時俱還」之語。疑「孫脩儀」乃「孫脩華」之訛。

〔九〕藥石於阿氏哉　「於」字原闕，據册府卷五四一補。

〔一〇〕時開曲宥　「時」，册府卷五四一作「特」。

〔一一〕退就斧鑊　「鑊」，原作「钁」，據册府卷五四一改。

〔一二〕景平二年六月癸未　按義真之被殺，本書卷四少帝紀繫於景平二年二月，卷四三徐羨之傳則云「遣使殺義真於新安，殺帝於吳縣」，似與少帝同於是年六月被殺。通鑑卷一二〇宋紀元嘉元年考異云：「按長曆，六月庚寅朔，無癸未，蓋癸丑也。」

〔一三〕時年十八　上文云義真「年十二，從北征大軍進長安」。按劉裕北伐姚秦攻克長安在義熙十三年（四一七）八月，同年十二月，劉裕南歸，以義真留守。今以景平二年（四二四）義真年十八計之，則應生於義熙三年（四〇七），義熙十三年時年十一，非十二。是「年十八」與上文「年十二」，應有一誤。

〔一四〕感惟抽慟　「抽慟」，原作「拱慟」，明本册府卷二九五作「摧慟」，今據宋本册府卷二九五改。

〔一五〕天未悔禍　「悔」，原作「悰」，據南監本、殿本、局本、册府卷二九五改。

〔一六〕今王道既孚　「孚」，原作「李」，南監本、北監本、汲本、殿本、局本作「亨」，今據册府卷二九五改。

〔一七〕宣昭國體　「體」，原作「豈」，册府卷二九五作「章」，今據南監本、北監本、汲本、殿本、局本改。

〔一八〕可追崇侍中大將軍王如故　「侍中」，原作二字空格，據南監本、北監本、汲本、殿本、局本補。按南史卷一三宋宗室及諸王上武帝諸子廬陵孝獻王義真傳、册府卷二九五亦有「侍中」二字。

〔一九〕景和元年爲前廢帝所害　「元年」，原作「二年」。按景和無二年。據本書卷七前廢帝紀，敬猷、敬淵、敬先三兄弟爲廢帝所殺在景和元年十一月戊午。今改正。

〔二〇〕更以桂陽王休範第二子德嗣紹　按本書卷八明帝紀、卷七九文五王桂陽王休範傳、南史卷三宋本紀下明帝紀，休範第二子名德嗣。是時因廬陵王義真嗣子紹無子，故以德嗣嗣之。疑「嗣」後佚一「嗣」字。

〔二一〕監南豫豫司雍秦并六州諸軍事冠軍將軍南豫州刺史　「六」字原闕，據册府卷二七八補。

〔二二〕三年監南徐兗二州揚州之晉陵諸軍事徐州刺史持節將軍如故　義恭既監南徐兗二州諸軍事，則當爲南徐州刺史。按本書卷三武帝紀下、卷五文帝紀、卷四六王懿傳，自永初三年春正月至元嘉七年冬十月，徐州刺史爲王懿所任。江夏王義恭改爲南徐州刺史，見本書卷五文帝紀。疑「徐州」前脱「南」字。

〔二三〕蒱酒漁獵　原作「蒲漁獵」，北監本、汲本作「捕漁獵」，殿本、局本作「摴蒱漁獵」，今據册府卷一九六、通鑑卷一二一宋紀元嘉六年補正。

〔二四〕宜數引見佐史　通鑑卷一二一宋紀元嘉六年胡三省注曰：「『佐史』當作『佐吏』。晉、宋之間，藩府率謂參佐爲佐吏。」

〔二五〕垂情仄陋　「垂」，原作「人」，據南監本、北監本、汲本、殿本、局本、册府卷二九三改。

〔二六〕相府年給錢二千萬它物倍此　「它物倍此」，南史卷一三宋宗室及諸王上武帝諸子江夏文獻王義恭傳、册府卷二七六作「他物稱此」。

〔二七〕二十六年　「六」字原闕，據册府卷二七六補。按上文云「二十一年，進太尉」，下文云「二十七年春」，則此當是二十六年。

〔二八〕義恭果欲走　「欲」字原闕，據南史卷一三宋宗室及諸王上武帝諸子江夏文獻王義恭傳補。

〔二九〕魯郡孔子舊廟有柏樹二十四株　「舊廟」，原作「舊錢」，南監本、北監本、汲本、殿本、局本作「舊庭」，今據金樓子卷三、南史卷一三宋宗室及諸王上武帝諸子江夏文獻王義恭傳、類聚卷八八引宋書、御覽卷九五四引宋書、册府卷二九九改。

〔三〇〕都督揚南徐二州諸軍事太尉録尚書六條事南徐徐二州刺史　「南徐徐二州刺史」，册府卷二七六、卷二七八作「揚南徐二州刺史」。

〔三一〕聽事不得南向坐施帳并帷　「帷」字原闕，册府卷二六二作「帷」，今據南監本、北監本、局本補。按本書卷一八禮志五録此奏亦有「帷」字。

〔三二〕槊毦不得孔雀白氅　「氅」，本書卷一八禮志五作「鷺」，南史卷一三武帝諸子江夏文獻王義恭傳、册府卷一九一、卷二九三作「氅」。

〔三三〕不得裝面蔽花　「蔽花」二字原闕，據本書卷一八禮志五補。

〔三四〕正冬會不得鐸舞杯柈舞　「正」字原闕，據本書卷一八禮志五補。按正謂正旦，冬謂冬至。

〔三五〕長蹻透狹舒丸劍博山緣大橦升五案　「透狹舒」，局本作「趏狹舒」，本書卷一八禮志五作「透舒」，册府卷二六二作「秀狹舒」。又「丸」字原闕，據局本、本書禮志五補。

〔三六〕諸妃主不得著緄帶　「緄帶」，本書卷一八禮志五作「衮帶」。

〔三七〕宜止下官而已　本書卷一八禮志五作「正宜上下官敬而已」。

〔三八〕二年春進督東南兖二州　時無東兖州。按本書卷六孝武帝紀、卷三五州郡志一，孝建元年六月分揚州之會稽、東陽、永嘉、新安、臨海五郡爲東揚州。義恭於元嘉三十年四月以南徐州刺史都督揚南徐二州諸軍事，至孝建元年六月分揚州爲揚、東揚二州時，其原督揚州之會稽、東陽等五郡即東揚州仍在義恭管內。疑此於「東」下佚「揚」字。

〔三九〕自往而至　「自往」，册府卷二七三作「自然」。

〔四〇〕遂乃危禍　「乃」，册府卷二七三作「及」。

〔四一〕去歲西寇藉寵　「寵」，原作「龍」，據北監本、汲本、殿本、局本、册府卷二七三改。

〔四二〕并其四子　「其」字原闕，據御覽卷一五一引沈約宋書、通鑑卷一三〇宋紀泰始元年補。

〔四三〕挑取眼精　「眼精」，南史卷一三宋宗室及諸王上武帝諸子江夏文獻王義恭傳、御覽卷一五一引沈約宋書、通鑑卷一三〇宋紀泰始元年作「眼睛」。

〔四四〕追封安陸王　「安陸」，原作「安隆」。孫虨考論卷三：「『隆』當作『陸』。」按下文云「以第四皇子子綏字寶孫繼封」，本書卷六孝武帝紀，大明二年「四月甲申，立皇子子綏爲安陸王」。今據改。

〔四五〕給豐母月白米二斛　「母」，原作「每」，據南史卷一三宋宗室及諸王上武帝諸子衡陽文王義季傳、御覽卷一五一引沈約宋書、册府卷四一二改。

〔四六〕將軍蘇徽　「蘇徽」，南史卷一三宋宗室及諸王上武帝諸子衡陽文王義季傳、御覽卷八四六引宋書、册府卷二九八作「蘇徵」。

〔四七〕一門無此酣酒　「酣酒」，南監本、北監本、殿本、局本、南史卷一三宋宗室及諸王上武帝諸子衡陽文王義季傳、御覽卷八四六引沈約宋書、册府卷二九八作「酣法」。

〔四八〕二十一年爲都督南兗徐青冀幽六州諸軍事征北大將軍開府儀同三司南兗州刺史　六州數之祇五州，缺一州。據本卷江夏文獻王義恭傳，元嘉九年，「徵爲都督南兗徐兗青冀幽六州豫州之梁郡諸軍事、征北將軍、開府儀同三司、南兗州刺史」。卷五一宗室臨川烈武王道規傳附劉義慶傳，元嘉十七年，「即本號都督南兗徐兗青冀幽六州諸軍事、南兗州刺史」。卷七二文九王南平穆王鑠傳：「元凶弒立，（中略）以鑠爲使持節、都督南兗徐兗青冀幽六州諸軍事、征北將軍、開府儀同三司、南兗州刺史。」疑此「徐」字下脱「兗」字。

〔四九〕杜驥申恬倉卒之際尚以弱甲瑣卒徼寇作援　「申恬」，原作「申怙」，據本書卷六五申恬傳改。按杜驥、申恬禦北魏事，見本書申恬傳、杜驥傳。本書卷五文帝紀亦云元嘉二十三年，「三月，索虜寇兗、豫，青、冀刺史申恬破之」。

宋書卷六十二

列傳第二十二

羊欣　張敷　王微

羊欣字敬元，泰山南城人也。曾祖忱，晉徐州刺史。祖權，黄門郎。父不疑，桂陽太守。

欣少靖默，無競於人，美言笑，善容止。汎覽經籍，尤長隸書。不疑初爲烏程令，欣時年十二，時王獻之爲吴興太守，甚知愛之。獻之嘗夏月入縣，欣著新絹帬晝寢，獻之書帬數幅而去。欣本工書，因此彌善。起家輔國參軍，府解還家。隆安中，朝廷漸亂，欣優游私門，不復進仕。會稽王世子元顯每使欣書，常辭不奉命，元顯怒，乃以爲其後軍府舍人。此職本用寒人，欣意貌恬然，不以高卑見色，論者稱焉。欣嘗詣領軍將軍謝混，混拂席改服，然後見之。時混族子靈運在坐，退告族兄瞻曰：「望蔡見羊欣，遂易衣改席。」欣由此益知名。桓玄輔政，領平西將軍，以欣爲平西參軍，仍轉主簿，參預機要。欣欲自疎，時漏密事，玄覺其此意，愈重之，以爲楚臺殿中郎。謂曰：「尚書政事之本，殿中禮樂所出。卿昔處股肱，方此爲輕也。」欣拜職少日，稱病自免，屏居里巷，十餘年不出。

義熙中，弟徽被遇於高祖，高祖謂諮議參軍鄭鮮之曰：「羊徽一時美器，世論猶在兄後，恨不識之。」即板欣補右將軍劉藩司馬，轉長史，中軍將軍道憐諮議參軍。出爲新安太守。在郡四年，簡惠著稱。除臨川王義慶輔國長史，廬陵王義真車騎諮議參軍，並不就。太祖重之，以爲新安太守，前後凡十三年，游玩山水，甚得適性。轉在義興，非其好也。頃之，又稱病篤自免歸。除中散大夫。

素好黄老，常手自書章，有病不服藥，飲符水而已。兼善醫術，撰藥方十卷〔一〕。欣以不堪拜伏，辭不朝覲，高祖、太祖並恨不識之。自非尋省近親，不妄行詣，行必由城外，未嘗入六關〔二〕。元嘉十九年，卒〔三〕，時年七十三。子俊，早卒。

弟徽字敬猷，世譽多欣。高祖鎮京口，以爲記室參軍掌事。八年，遷中書郎，直西省。後爲太祖西中郎長史、河東太守。子瞻，元嘉末爲世祖南中郎長史、尋陽太守，卒官。

張敷字景胤，吴郡人，吴興太守邵子也。生而母没。年數歲，問母所在，家人告以死生之分，敷雖童蒙，便有思慕之色。年十許歲，求母遺物，而散施已盡，唯得一畫扇，乃緘録之，每至感思，輒開笥流涕。見從母，常悲感哽咽。

性整貴，風韻甚高，好讀玄書，兼屬文論。少有盛名。高祖見而愛之，以爲世子中軍參軍，數見接引。永初初，遷祕書郎。嘗在省直，中書令傅亮貴宿權要，聞其好學，過候之，敷卧不即起，亮怪而去。

父邵爲湘州，去官侍從。太祖版爲西中郎參軍。元嘉初，爲員外散騎侍郎，祕書丞。江夏王義恭鎮江陵，以爲撫軍功曹，轉記室參軍。時義恭就太祖求一學義沙門，比沙門求見發遣，會敷赴假還江陵，太祖謂沙門曰：「張敷應西，當令相載。」及敷辭，上謂曰：「撫軍須一意懷道人，卿可以後艑載之，道中可得言晤。」敷不奉旨，曰：「臣性不耐雜。」上甚不説。

遷正員郎。中書舍人秋當、周赳並管要務〔四〕，以敷同省名家，欲詣之。赳曰：「彼若不相容，便不如不往。詎可輕往邪？」當曰：「吾等並已員外郎矣，何憂不得共坐。」敷先設二牀，去壁三四尺，二客就席，酬接甚歡，既而呼左右曰：「移我遠客。」赳等失色而去。其自標遇如此。善持音儀，盡詳緩之致，與人别，執手曰：「念相聞。」餘響久之不絶。張氏後進至今慕之，其源流起自敷也。

遷黄門侍郎，始興王濬後軍長史，司徒左長史。未拜，父在吴興亡，報以疾篤，敷往奔省，自發都至吴興成服，凡十餘日，始進水漿。葬畢不進鹽菜，遂毁瘠成疾。世父茂度每止譬之，輒更感慟，絶而復續。茂度曰：「我冀譬汝有益，但更甚耳。」自是不復往。未朞而卒，時年四十一。琅邪顔延之書弔茂度曰：「賢弟子少履貞規，長懷理要，清風素氣，得之天然。言面以來，便申忘年之好，比雖艱隔成阻，而情問無睽。薄莫之人，冀其方見慰說，豈謂中年，奄爲長往，聞問悼心，有兼恒痛。足下門教敦至，兼實家寶，一旦喪失，何可爲懷。」其見重如此。

世祖即位，詔曰：「司徒故左長史張敷，貞心簡立，幼樹風規。居哀毁滅，孝道淳至，宜在追甄，於以報美。可追贈侍中。」於是改其所居稱爲孝張里。無子。

王微字景玄，琅邪臨沂人，太保弘弟子也。父孺，光禄大夫。

微少好學，無不通覽，善屬文，能書畫，兼解音律、醫方、陰陽術數。年十六，州舉秀才。衡陽王義季右軍參軍，並不就。起家司徒祭酒，轉主簿，始興王濬後軍功曹記室參軍，太子中舍人，始興王友。父憂去官。服闋，除南平王鑠右軍諮議參軍。微素無宦情〔五〕，稱疾不就。仍除中書侍郎，又擬南琅邪、義興太守，並固辭。吏部尚書江湛舉微爲吏部郎，微與湛書曰：

弟心病亂度，非但蹇躄而已，此處朝野所共知。驄騎忽扣蓽門〔六〕，閭里咸以爲祥怪，君多識前世之載籍〔七〕，天植何其易傾〔八〕。弟受海內駭笑，不過如燕石禿鶖邪，未知君何以自解於良史邪。今雖王道鴻鬯，或有激朗於天表，必欲潛淵探寶〔九〕，傾海求珠，自可卜肆巫祠之間，馬棧牛口之下，賞劇孟於博徒，拔卜式於芻牧。亦有西戎孤臣，東都賤士〔一〇〕，上窮範馳之御，下盡詭遇之能，兼鱗雜襲者，必不乏於世矣。且廬於承明，署乎金馬，皆明察之官，又賢於管庫之末。何爲劫勒通家疾病人，塵穢難堪之選〔一一〕，將以靖國，不亦益釁乎。書云「任官維賢才」。而君擢士先疹廢，芃芃棫樸，似不如此。且弟曠違兄姊，迄將十載，姊時歸來，終不任輿曳入閤，兄守金城，永不堪扶抱就路，若不憊疾，非性僻而何。比君曰表裏，無假長目飛耳也〔一二〕。

常謂生遭太公，將即華士之戮，幸遇管叔，必蒙僻儒之養〔一三〕。光武以馮衍才浮其實，故棄而不齒。諸葛孔明云：「來敏亂羣〔一四〕，過於孔文舉。」況無古人之才概，敢干周、漢之常刑。彼二三英賢，足爲曉治與否？恐君逢此時，或亦不免高閣，乃復假名不知己者〔一五〕，豈欲自比衞賜邪？君欲高斆山公，而以仲容見處，徒以挹提禮學，本不參選，鄙夫瞻彼，固不任下走，未知新沓何如州陵耳。而作不師古，坐亂官政，誣飾蚯蚓，冀招神龍，如復託以真素者，又不宜居華留名，有害風俗。君亦不至期人如此，若交以爲人賜，舉未以己勞，則商販之事，又連所不忍聞也。豈謂不肖易擢，貪者可誘〔一六〕，凡此數者，君必居一焉。雖假天口於齊駢，藉鬼說於周季，公孫碎毛髮之文，莊生縱滸瀁之極，終不能舉其契，爲之辭矣。子將明魂，必靈咍於蒿里〔一七〕，汝、潁餘彥，將拂衣而不朝。浮華一開，風俗或從此而爽。鬼谷以揣情爲最難，何君忖度之輕謬。

今有此書，非敢叨擬中散，誠不能顧影負心，純盜虛聲，所以綿絡累紙，本不營尚書虎爪板也。成童便往來居舍，晨省復經周旋，加有諸甥，亦何得頓絕慶吊。然生平之意，自於此都盡。君平公云：「生我名者殺我身。」天爵且猶滅名，安用吏部郎哉！其舉可陋，其事不經，非獨搢紳者不道，僕妾皆將笑之。忽忽不樂，自知壽不得長，且使千載知弟不詐諼耳。

微既爲始興王濬府吏，濬數相存慰，微奉答牋書，輒飾以辭采。微爲文古甚〔一八〕，頗抑揚〔一九〕，袁淑見之，謂爲訴屈，微因此又與從弟僧綽書曰：

吾雖無人鑒，要是早知弟，每共宴語，前言何嘗不以止足爲貴。且持盈畏滿，自是家門舊風，何爲一旦落漠至此，當局苦迷，將不然邪！詎容都不先聞，或可不知耳。衣冠胄胤，如吾者甚多，才能固不足道，唯不傾側溢詐，士頗以此容之。至於規矩細行，難可詳料。疹疾日滋，縱恣益甚，人道所貴，廢不復脩。幸值聖明兼容，置之教外，且舊恩所及，每蒙寬假。吾亦自揆疾疹重侵，難復支振，民生安樂之事，心死久矣。所以解日偷存，盡於大布糲粟，半夕安寢，便以自度，血氣盈虛，不復稍道〔二〇〕，長以大散爲和羹，弟爲不見之邪？疾廢居然，且事一己，上不足敗俗傷化，下不至毀辱家門，泊爾尸居，無方待化。凡此二三，皆是事實。吾與弟書，不得家中相欺也。州陵此舉，爲無所因，反覆思之，了不能解。豈見吾近者諸牋邪，良可怪笑。

吾少學作文，又晚節如小進，使君公欲民不偷，每加存飾，訓對尊貴，不厭敬恭。且文詞不怨思抑揚，則流澹無味。文好古，貴能連類可悲，一往視之，如似多意。當見居非求志，清論所排，便是通辭訴屈邪。爾者真可謂真素寡矣。其數旦見客小防，自來盈門，亦不煩獨舉吉也。此輩乃云語勢所至，非其要也。弟無懷居今地，萬物初不以相非，然魯器齊虛，實宜書紳。今三署六府之人，誰表裏此內，儻疑弟豫有力，於素論何如哉。則吾長阨不死，終誤盛壯也。

江不過彊吹拂吾，云是巖穴人。巖穴人情所高，吾得當此，則雞鶩變作鳳皇，何爲干飾廉隅，秩秩見於面目，所惜者大耳。諸舍闔門皆蒙時私，此既未易陳道，故常因含聲不言。至兄弟尤爲叨竊，臨海頻煩二郡，謙亦越進清階，吾高枕家巷，遂至中書郎，此足以闔棺矣。又前年優旨，自弟所宣，雖夏后撫辜人，周宣及鰥寡，不足過也。語皆循檢校迹，不爲虛飾也。作人不阿諛，無緣頭髮見白，稍學諂詐。且吾何以爲，足不能行，自不得出户，頭不耐風，故不可扶曳。家本貧餧，至於惡衣蔬食，設使盜跖居此，亦不能兩展其足，妄意珍藏也。正令選官設作此舉，於吾亦無劍戟之傷，所以懃懃畏人之多言也。管子晉賢，乃關人主之輕重，此何容易哉。州陵亦自言視明聽聰，而返區區飾吾，何辯致而下英俊。夫奇士必龍居深藏，與蛙蝦爲伍，放勳其猶難之，林宗輩不足識也。似不肯睠睠奉牋記，彫琢獻文章，居家近市廛，親戚滿城府，吾猶自知袁陽源輩當平此不？飾詐之與直獨，兩不關吾心，又何所耿介。弟自宜以解塞羣賢矣，兼悉怒此言自爾家任兄故能也。

日日望弟來，屬病終不起，何意向與江書，粗布胸心，無人可寫，比面乃具與弟。

書便覺成，本以當半日相見，吾既惡勞，不得多語，樞機幸非所長，相見亦不勝讀此書也。親屬欲見自可示，無急付手。

時論者或云微之見舉，廬江何偃亦豫其議，慮爲微所咎，與書自陳。微報之曰：

卿昔稱吾於義興，吾常謂之見知，然復自怪鄙野，不參風流，未有一介熟悉於事，何用獨識之也。近日何見綽送卿書，雖知如戲，知卿固不能相哀。苟相哀之未知，何相期之可論。

卿少陶玄風，淹雅脩暢，自是正始中人。吾真庸性人耳，自然志操不倍王、樂。小兒時尤麤笨無好，常從博士讀小小章句，竟無可得，口吃不能劇讀，遂絶意於尋求。至二十左右，方復就觀小説，往來者見床頭有數帙書，便言學問，試就檢，當何有哉。乃復持此擬議人邪。尚獨愧笑揚子之褒贍，猶恥辭賦爲君子，若吾篆刻，菲亦甚矣。卿諸人亦當尤以此見議。或謂言深博，作一段意氣，鄙薄人世，初不敢然。是以每見世人文賦書論，無所是非，不解處即日借問，此其本心也。

至於生平好服上藥，起年十二時病虛耳。所撰服食方中，粗言之矣。自此始信攝養有徵，故門冬昌朮，隨時參進。寒溫相補，欲以扶護危羸，見冀白首。家貧乏役，至於春秋令節，輒自將兩三門生，入草采之。吾實倦遊醫部，頗曉和藥，尤信本草，欲其必行，是以躬親，意在取精。世人便言希仙好異，矯慕不羈，不同家頗有罵之者。又性知畫繢，蓋亦鳴鵠識夜之機，盤紆糾紛，或記心目，故兼山水之愛，一往跡求，皆仿像也。不好詣人，能忘榮以避權右，宜自密應對舉止，因卷慙自保，不能勉其所短耳。由來有此數條，二三諸賢，因復架累，致之高塵，詠之清壑。瓦礫有資，不敢輕廁金銀也。

而頃年嬰疾，沉淪無已，區區之情，愒於生存，自恐難復，而先命猥加，魂氣褰薾，常人不得作常自處疾苦，正亦臥思已熟，謂有記自論。既仰天光，不夭庶類，兼望諸賢，共相哀體，而卿首唱誕言，布之翰墨，萬石之慎，或未然邪。好盡之累，豈其如此。綽大駭歎，便是闔朝見病者。吾本儜人，加疹意惽，一旦聞此，便惶怖矣。五六日來，復苦心痛，引喉狀如匈中悉腫，甚自憂。力作此答，無復條貫，貴布所懷，落漠不舉。卿既不可解，立欲便別，且當笑。

微常住門屋一間，尋書玩古，如此者十餘年。太祖以其善筮，賜以名著。弟僧謙，亦有才譽，爲太子舍人，遇疾，微躬自處治，而僧謙服藥失度，遂卒。微深自咎恨，發病不復自治，哀痛僧謙不能已〔二〕，以書告靈曰：

弟年十五，始居宿於外，不爲察慧之譽，獨沉浮好書，聆琴聞操，輒有過目之能。

討測文典，斟酌傳記，寒暑未交，便卓然可述。吾長病，或有小間，輒稱引前載，不異舊學。自爾日就月將，著名邦黨，方隆夙志，嗣美前賢，何圖一旦冥然長往，酷痛煩冤，心如焚裂。

尋念平生，裁十年中耳，然非公事，無不相對，一字之書，必共詠讀，一句之文，無不研賞，濁酒忘愁，圖籍相慰，吾所以窮而不憂，實賴此耳。奈何罪酷，煢然獨坐。憶往年散發，極目流涕，吾不舍日夜，又恒慮吾羸病，豈圖奄忽，先歸冥冥。反覆萬慮，無復一期，音顏髣髴，觸事歷然，弟今何在，令吾悲窮。昔仕京師，分張六旬耳，其中三過，誤云今日何意不來，鍾念懸心，無物能譬。方欲共營林澤，以送餘年，念茲有何罪戾，見此夭酷，没於吾手，觸事痛恨。吾素好醫術，不使弟子得全，又尋思不精，致有枉過，念此一條，特復痛酷。痛酷奈何！吾罪奈何！

弟爲志，奉親孝，事兄順，雖僮僕無所叱咄，可謂君子不失色於人，不失口於人。又沖和淹通，内有皂白，舉動尺寸，吾每咨之。常云：「兄文骨氣，可推英麗以自許。又兄爲人矯介欲過，宜每中和。」道此猶在耳，萬世不復一見，奈何！唯十紙手迹，封拆儼然，至於思戀不可懷。及聞吾病，肝心寸絶，謂當以幅巾薄葬之事累汝，奈何反相殯送！

弟由來意，謂「婦人雖無子，不宜踐二庭。此風若行，便可家有孝婦」。仲長昌言，亦其大要。劉新婦以刑傷自誓，必留供養，殷太妃感柏舟之節，不奪其志。僕射篤順，范夫人知禮，求得左率第五兒〔二二〕，廬位有主。此亦何益冥然之痛〔二三〕，爲是存者意耳。

吾窮疾之人，平生意志，弟實知之，端坐向窗，有何慰適，正賴弟耳。過中未來，已自悒望，今云何得立，自省惛毒，無復人理。比煩冤困憊，不能作刻石文，若靈響有識，不得吾文，豈不爲恨。儻意慮不遂謝能思之如狂〔二四〕，不知所告訴，明書此數紙，無復詞理，略道阡陌，萬不寫一。阿謙！何圖至此！誰復視我，誰復憂我。他日寶惜三光〔二五〕，割嗜好以祈年，今也唯速化耳。吾豈復支，冥冥中竟復云何。弟懷隨、和之寶，未及光諸文章，欲收作一集，不知忽忽當辦此不？今已成服，吾臨靈，取常共飲栝，酌自釀酒，寧有彷像不？冤痛！冤痛！

元嘉三十年，卒，時年三十九〔二六〕。僧謙卒後四旬而微終。遺令薄葬，不設輤旐鼓挽之屬，施五尺牀，爲靈二宿便毁。以嘗所彈琴置牀上，何長史來，以琴與之。何長史者，偃也。無子。家人遵之。所著文集，傳於世。世祖即位，詔曰：「微棲志貞深，文行惇洽，生自華宗，身安隱素，足以賁兹丘園，惇是薄俗。不幸蚤世，朕甚悼之。可追贈祕書監。」

史臣曰：燕太子吐一言，田先生吞舌而死，安邑令戒屠者，閔仲叔去而之沛。良由內懷耿介，峻節不可輕干。袁淑笑謔之間，而王微弔詞連牘，斯蓋好名之士，欲以身爲珪璋，皦皦然使塵玷之累，不能加也。

校勘記

〔一〕撰藥方十卷 「十卷」，南史卷三六羊欣傳、御覽卷七三八引宋書作「數十卷」，御覽卷七二二引宋書作「三十卷」，隋書卷三四經籍志三著録羊中散藥方三十卷。

〔二〕未嘗入六關 「六關」，南史卷三六羊欣傳作「六門」。周一良魏晉南北朝史札記之宋書札記「六門」條云：「『關』字當從南史作『門』。南朝史書屢見六門字樣，非建康城門，乃宮廷及中央官廨集中所在之臺城之門也。通鑑一四六記湘東王曰，『六門之內，自極兵威』。胡注釋之甚明確，『臺城六門：大司馬門、萬春門、東華門、西華門、太陽門、承明門』。」

〔三〕元嘉十九年卒 「十」字原闕，據南史卷三六羊欣傳補。按建康實録卷一二，元嘉十九年春，「正月乙未，中散大夫羊欣卒。」

〔四〕中書舍人秋當周赳並管要務 「秋當」，原作「狄當」，據南齊書卷四六陸慧曉傳、卷五六倖臣傳改。廣韻卷二：秋，「又姓，宋中書舍人秋當」。說詳本書卷四六校勘記〔一七〕。

〔五〕微素無宦情　「宦」，原作「官」，據北監本、汲本、殿本、局本、南史卷二一王弘傳附王微傳、文選卷三〇王景玄雜詩李善注引沈約宋書、册府卷八一三、卷九〇五、永樂大典卷六八三一改。

〔六〕騶騎忽扣蓽門　「騎」，原作「會」，據册府卷八一三改。

〔七〕君多識前世之載籍　「籍」字原闕，據册府卷八一三補。

〔八〕天植何其易傾　「天植」，原作「天值」，據册府卷八一三改。按孫彪考論卷三：「當作『天植』。管子曰：『天植者，心也。天植正，則不私近親。』」

〔九〕必欲潛淵探寶　「潛淵探寶」，原作「探援潛寶」，據册府卷八一三改。按「潛淵探寶」與下句「傾海求珠」相對成文。

〔一〇〕東都賤士　「賤士」，原作「戒士」，據册府卷八一三改。

〔一一〕塵穢難堪之選　「堪」，原作「甚」，據北監本、殿本、局本、永樂大典卷六八三一改。

〔一二〕比君曰表裏無假長目飛耳也　「比」，三朝本、南監本、册府卷八一三、卷九〇五作「此」。

〔一三〕幸遇管叔必蒙僻儒之養　册府卷八一三作「幸遇鮑叔必蒙管仲之養」。「目」，原作「因」，據册府改。

〔一四〕來敏亂羣　「羣」，原作「郡」，據三國志卷四二蜀書來敏傳裴松之注、册府卷九〇五改。

〔一五〕乃復假名不知己者　孫彪考論卷三：「『不知己』當作『不如己』。家語云：『賜也悦不若己者。』」

〔一六〕貪者可誘　「可」，原作一字空格，據南監本、北監本、汲本、殿本、局本補。按永樂大典卷六八三一引宋書、册府卷八一三、卷九〇五作「易」。

〔一七〕必靈咍於蒿里　「蒿里」，原作「萬里」，據册府卷八一三、卷九〇五改。

〔一八〕微爲文古甚　「甚」，原作「其」，南史卷二一王弘傳附王微傳、永樂大典卷六八三一作「言」，據南監本、北監本、汲本、殿本、局本改。

〔一九〕頗抑揚　「揚」，原作「投」，據南監本、北監本、汲本、殿本、局本、南史卷二一王弘傳附王微傳改。

〔二〇〕不復稍道　「不」，原作一字空格，汲本、局本作「冀」。今據册府卷九〇五補。按道謂導引。

〔二一〕哀痛僧謙不能已　「僧」字原闕，據南史卷二一王弘傳附王微傳、御覽卷五五五引宋書補。

〔二二〕僕射篤順范夫人知禮求得左率第五兒　「人」字原闕。孫虨考論卷三：「僕射即王僧達，元嘉三十年，爲尚書左僕射。左率爲王錫，時官太子左衛率。錫妻范，見本書卷五七蔡廓傳附蔡興宗傳。」按孫説是，今據補。

〔二三〕此亦何益冥然之痛　「亦」，原作「必」，據殿本改。

〔二四〕儻意慮不遂謝能思之如狂　句有脱訛，不可解。

〔二五〕他日寶惜三光　「惜」，原作「者」，據殿本改。

〔二六〕元嘉三十年卒時年三十九　「三十年」，原作「二十年」；「三十九」，原作「二十九」。孫虨考論卷三：「以江湛爲尚書及下文何偃稱長史參勘之，蓋元嘉三十年卒也。王僧綽二十八年爲侍中，年二十九，亦三十年卒，年三十一。微爲其兄，『年二十九』當作『年三十九』。」按孫說是，今據改。

宋書卷六十三

列傳第二十三

王華　王曇首　殷景仁　沈演之

王華字子陵，琅邪臨沂人，太保弘從祖弟也。祖薈，衞將軍，會稽內史。父廞，太子中庶子，司徒左長史。居在吴，晉隆安初，王恭起兵討王國寶，時廞丁母憂在家，恭檄令起兵，廞即聚衆應之，以女爲貞烈將軍，以女人爲官屬。國寶既死，恭檄廞罷兵〔一〕。廞起兵之際，多所誅戮，至是不復得已，因舉兵以討恭爲名。恭遣劉牢之擊廞，廞敗走，不知所在。長子泰爲恭所殺。華時年十三〔二〕，在軍中，與廞相失，隨沙門釋曇永逃竄。時牢之搜檢覓華甚急，曇永使華提衣幞隨後，津邏咸疑焉。華行遲，永呵駡云：「奴子怠懈，行不及我！」以杖捶華數十，衆乃不疑，由此得免。

遇赦還吳。少有志行，以父存亡不測，布衣蔬食不交游，如此十餘年，爲時人所稱美。高祖欲收其才用，乃發廞喪問，使華制服。

服闋，高祖北伐長安，領鎮西將軍、北徐州刺史，辟華爲州主簿，仍轉鎮西主簿，治中從事史，歷職著稱。太祖鎮江陵〔三〕，以爲西中郎主簿，遷諮議參軍，領録事。太祖進號鎮西，復隨府轉。太祖未親政，政事悉委司馬張邵。華性尚物，不欲人在己前，邵性豪，每行來常引夾轂，華出入乘牽車，從者不過二三以矯之。嘗於城内相逢，華陽不知是邵，謂左右：「此鹵簿甚盛，必是殿下出行。」乃下牽車，立於道側，及邵至乃驚。邵白服登城，爲華所糾，坐被徵，華代爲司馬、南郡太守，行府州事。

太祖入奉大統，以少帝見害，疑不敢下。華建議曰：「羨之等受寄崇重，未容便敢背德，廢主若存，慮其將來受禍，致此殺害。蓋由每生情多，寧敢一朝頓懷逆志。且三人勢均，莫相推伏，不過欲握權自固，以少主仰待耳。今日就徵，萬無所慮。」太祖從之，留華總後任。上即位，以華爲侍中，領驍騎將軍，未拜，轉右衛將軍，侍中如故。

先是，會稽孔甯子爲太祖鎮西諮議參軍，以文義見賞，至是爲黄門侍郎，領步兵校尉。甯子先爲高祖太尉主簿，陳損益曰：「隆化之道，莫先於官得其才；枚卜之方，莫若人慎其舉。雖復因革不同，損益有物，求賢審官，未之或改。師錫僉曰，焕乎欽明之誥，拔茅征吉，著於幽賁之爻。晉師有成，瓜衍作賞，楚乘無入，蔿賈不賀。今舊命惟新，幽人引領，詔之盡美，已備於振綱；武之未盡，或存於理目。雖九官之職，未可備舉，親民之選，尤宜在先。愚欲使天朝四品官，外及守牧，各舉一人堪爲二千石長吏者，以付選官，隨缺敍用，得賢受賞，失舉任罰。夫惟帝之難，豈庸識所易，然舉爾所知，非求多人，因百官之明，孰與一識之見，執咎在己，豈容徇物之私。今非以選曹所銓，果於乖謬，衆職所舉，必也惟良，蓋宜使求賢闢其廣塗，考績取其少殿。若才實拔羣，進宜尚德，治阿之宰，不必計年，免徒之守，豈限資秩。自此以還，故當才均以資，資均以地。宰莅之官，誠曰吏職，然監觀民瘼，翼化宣風，則隱厚之求，急於刀筆，能事之功，接於德心，以此論才，行之年歲，豈惟政無秕蠹，民庇手足而已，將使公路日清，私請漸塞。士多心競，仁必由己，處士砥自求之節，仕子藏交馳之情。甯子庸微，不識治體，冒昧陳愚，退懼違謬。」

甯子與華並有富貴之願，自羨之等秉權，日夜構之於太祖。甯子嘗東歸，至金昌亭，左右欲泊船，甯子命去之，曰：「此弑君亭，不可泊也。」華每閑居諷詠，常誦王粲登樓賦曰：「冀王道之一平，假高衢而騁力。」出入逢羨之等，每切齒憤咤，歎曰：「當見太平時不？」元嘉二年，甯子病卒。三年，誅羨之等，華遷護軍，侍中如故。

宋世惟華與南陽劉湛不爲飾讓，得官即拜，以此爲常。華以情事異人，未嘗預宴集，終身不飲酒，有燕不之詣。若宜有論事者，乘車造門，主人出車就之。及王弘輔政，而弟曇首爲太祖所任，與華相埒，華嘗謂己力用不盡，每歎息曰：「宰相頓有數人，天下何由得治！」四年，卒，時年四十三。追贈散騎常侍、衞將軍。九年，上思誅羨之之功，追封新建縣侯，食邑千户，謚曰宣侯。世祖即位，配饗太祖廟庭。

子定侯嗣〔四〕，官至左衞將軍，卒。子長嗣，太宗泰始二年，坐罵母奪爵，以長弟終紹封〔五〕。後廢帝元徽三年，終上表乞以封還長，許之。齊受禪，國除。

華從父弟鴻，五兵尚書，會稽太守。

王曇首，琅邪臨沂人，太保弘少弟也。幼有業尚，除著作郎，不就。兄弟分財，曇首唯取圖書而已。辟琅邪王大司馬屬，從府公修復洛陽園陵。與從弟球俱詣高祖，時謝晦在坐，高祖曰：「此君並膏粱盛德，乃能屈志戎旅。」曇首答曰：「既從神武之師，自使懦夫有立志。」晦曰：「仁者果有勇。」高祖悦。行至彭城，高祖大會戲馬臺，豫坐者皆賦詩，曇首文先成，高祖覽讀，因問弘曰：「卿弟何如卿？」弘答曰：「若但如臣〔六〕，門户何寄。」高祖大笑。曇首有識局智度，喜愠不見於色，閨門之內，雍雍如也。手不執金玉，婦女不得爲飾玩，自非禄賜所及，一毫不受於人。

太祖爲冠軍、徐州刺史，留鎮彭城，以曇首爲府功曹。太祖鎮江陵，自功曹爲長史，隨府轉鎮西長史。高祖甚知之，謂太祖曰：「王曇首沈毅有器度，宰相才也。汝每事咨之。」景平中，有龍見西方，半天騰上，廕五綵雲，京都遠近聚觀，太史奏曰：「西方有天子氣。」太祖入奉大統，上及議者皆疑不敢下，曇首與到彦之、從兄華固勸，上猶未許。曇首又固陳，并言天人符應，上乃下。率府州文武嚴兵自衛，臺所遣百官衆力，不得近部伍，中兵參軍朱容子抱刀在平乘户外，不解帶者數旬。既下在道，有黄龍出負上所乘舟，左右皆失色，上謂曇首曰：「此乃夏禹所以受天命，我何德以堪之〔七〕。」及即位，又謂曇首曰：「非宋昌獨見，無以致此。」以曇首爲侍中，尋領右衛將軍，領驍騎將軍。以朱容子爲右軍將軍。誅徐羡之等，平謝晦，曇首及華之力也。

元嘉四年，車駕出北堂，嘗使三更竟開廣莫門，南臺云：「應須白虎幡，銀字棨。」不肯開門。尚書左丞羊玄保奏免御史中丞傅隆以下，曇首繼啓曰：「既無墨敕，又闕幡棨，雖稱上旨，不異單刺。元嘉元年、二年〔八〕，雖有再開門例，此乃前事之違。今之守舊，未爲非禮。但既據舊史〔九〕，應有疑却本末，曾無此狀，猶宜反咎其不請白虎幡、銀字棨，致門不時開，由尚書相承之失，亦合糾正。」上特無所問，更立科條。遷太子詹事，侍中如故。

晦平後，上欲封曇首等，會讌集，舉酒勸之，因拊御牀曰：「此坐非卿兄弟，無復今日。」時封詔已成，出以示曇首，曇首曰：「近日之事，釁難將成，賴陛下英明速斷，故罪人斯戮。臣等雖得仰憑天光，効其毫露，豈可因國之災，以爲身幸。陛下雖欲私臣，當如直史何。」上不能奪，故封事遂寢。時兄弘録尚書事，又爲揚州刺史，曇首爲上所親委，任兼兩宮。彭城王義康與弘並録，意常怏怏，又欲得揚州，形於辭旨。以曇首居中，分其權任，愈不悦。曇首固乞吴郡，太祖曰：「豈有欲建大廈而遺其棟梁者哉。賢兄比屢稱疾，固辭州任，將來若相申許者，此處非卿而誰？亦何吴郡之有。」時弘久疾，屢遜位，不許。義康謂賓客曰：「王公久疾不起，神州詎合卧治。」曇首勸弘減府兵力之半以配義康[一〇]，義康乃悦。

七年，卒。太祖爲之慟，中書舍人周赳侍側[一一]，曰：「王家欲衰，賢者先殞。」上曰：「直是我家衰耳。」追贈左光禄大夫，加散騎常侍，詹事如故。九年，以預誅羨之等謀，追封豫寧縣侯，邑千户，謚曰文侯。世祖即位，配饗太祖廟庭。子僧綽嗣，别有傳。少子僧虔，昇明末，爲尚書令。

殷景仁，陳郡長平人也。曾祖融，晉太常。祖茂〔一二〕，散騎常侍、特進、左光禄大夫。父道裕，蚤亡。

景仁少有大成之量，司徒王謐見而以女妻之。初爲劉毅後軍參軍，高祖太尉行參軍。建議宜令百官舉才，以所薦能否爲黜陟。遷宋臺祕書郎，世子中軍參軍，轉主簿，又爲驃騎將軍道憐主簿。出補衡陽太守，入爲宋世子洗馬，仍轉中書侍郎。景仁學不爲文，敏有思致，口不談義，深達理體，至於國典朝儀，舊章記注，莫不撰録，識者知其有當世之志也。高祖甚知之，遷太子中庶子。

少帝即位，入補侍中，累表辭讓，又固陳曰：「臣志幹短弱，歷著出處。值皇塗隆泰，身荷恩榮，階牒推遷，日月頻積，失在饕餮，患不自量。而奉聞今授，固守愚心者，竊惟殊次之寵，必歸器望；喉脣之任，非才莫居。三省諸躬，無以克荷，豈可苟順甘榮，不知進退，上虧朝舉，下貽身咎，求之公私，未見其可。顧涯審分，誠難庶幾，踰方越序，易以誠懼。所以俯仰周偟，無地寧處。若惠澤廣流，蘭艾同潤，回改前旨，賜以降階，雖實不敏，敢忘循命。臣迮違之愆，既已屢積，寧當徒尚浮采，塵黷天聽。丹情悾款，仰希照察。」詔曰：「景仁退挹之懷，有不可改，除黄門侍郎，以申君子之請。」尋領射聲。頃之，轉左衛將軍。

太祖即位，委遇彌厚，俄遷侍中，左衞如故。時與侍中右衞將軍王華、侍中驍騎將軍王曇首、侍中劉湛四人，並時爲侍中，俱居門下，皆以風力局幹，冠冕一時，同升之美，近代莫及。元嘉三年，車駕征謝晦，司徒王弘入居中書下省，景仁長直，共掌留任。晦平，代到彥之爲中領軍，侍中如故。

太祖所生章太后早亡，上奉太后所生蘇氏甚謹。六年，蘇氏卒，車駕親往臨哭，下詔曰：「朕夙罹偏罰，情事兼常，每思有以光隆懿戚，少申罔極之懷。而禮文遺逸，取正無所，監之前代，用否又殊，故惟疑累年，在心未遂。蘇夫人奄至傾殂，情禮莫寄，追思遠恨，與事而深。日月有期，將卜窀穸，便欲粗依春秋以貴之義，式遵二漢推恩之典。但動藉史筆，傳之後昆，稱心而行，或容未允。可時共詳論，以求其中。執筆永懷，益增感塞。」景仁議曰：「至德之感，靈啓厥祥，文母俔天，實熙皇祚。主上聿遵先典，號極徽崇，以貴之義，禮盡於此。蘇夫人階緣戚屬，情以事深，寒泉之思，寔感聖懷，明詔爰發，詢求厥中。謹尋漢氏推恩加爵，于時承秦之弊，儒術蔑如，自君作故，罔或前典，懼非盛明所宜軌蹈。晉監二代，朝政之所因，君舉必書，哲王之所慎。體至公者，懸爵賞於無私，奉天統者，每屈情以申制。所以作孚萬國，貽則後昆。臣豫蒙博逮，謹露庸短。」上從之。

丁母憂，葬竟，起爲領軍將軍，固辭。上使綱紀代拜，遣中書舍人周赳輿載還府。九年，服闋，遷尚書僕射。太子詹事劉湛代爲領軍，與景仁素善，皆被遇於高祖，俱以宰相許之。湛尚居外任，會王弘、華、曇首相係亡，景仁引湛還朝，共參政事〔一三〕。湛既入，以景仁位遇本不踰己，而一旦居前，意甚憤憤。知太祖信仗景仁，不可移奪，乃深結司徒彭城王義康，欲倚宰相之重以傾之。十二年，景仁復遷中書令、護軍，僕射如故。尋復以僕射領吏部，護軍如故〔一四〕。湛愈忿怒。義康納湛言，毀景仁於太祖。太祖遇之益隆。景仁對親舊歎曰：「引之令入，入便噬人。」乃稱疾解職，表疏累上，不見許，使停家養病。發詔遣黄門侍郎省疾。湛議遣人若劫盜者於外殺之，以爲太祖雖知，當有以，終不能傷至親之愛。上微聞之，遷景仁於西掖門外晉鄱陽主第，以爲護軍府，密邇宫禁，故其計不行。

景仁卧疾者五年，雖不見上，而密表去來，日中以十數，朝政大小，必以問焉，影迹周密，莫有窺其際者。收湛之日，景仁使拂拭衣冠，寢疾既久，左右皆不曉其意。其夜，上出華林園延賢堂召景仁，猶稱脚疾，小牀輿以就坐，誅討處分，一皆委之。

代義康爲揚州刺史，僕射領吏部如故。遣使者授印綬，主簿代拜，拜畢，便覺其情理乖錯。性本寬厚，而忽更苛暴，問左右曰：「今年男婚多？女嫁多？」是冬大雪，景仁乘輿出聽事觀望，忽驚曰：「當閤何得有大樹？」既而曰：「我誤邪？」疾轉篤。太祖謂不利在州司，使還住僕射下省，爲州凡月餘卒。或云見劉湛爲祟。時年五十一，追贈侍中、司空，本官如故。謚曰文成公。

上與荆州刺史衡陽王義季書曰：「殷僕射疾患少日，奄忽不救。其識具經遠，奉國竭誠，周游繾綣，情兼常痛。民望國器，遇之爲難，惋歎之深，不能已已。汝亦同不？往矣如何！」世祖大明五年，行幸經景仁墓，詔曰：「司空文成公景仁德量淹正，風識明允，徽績忠謨，夙達先照，惠政茂譽，寔留民屬。近瞻丘墳，感往興悼，可遣使致祭。」

子道矜，幼而不慧，官至太中大夫。道矜子恒，太宗世爲侍中，度支尚書，屬父疾積久，爲有司所奏。詔曰：「道矜生便有病，無更横疾。恒因愚習惰，久妨清序，可降爲散騎常侍。」

沈演之字臺真，吴興武康人也。高祖充，晉車騎將軍、吴國内史。曾祖勁，冠軍陳祐長史，戍金墉城，爲鮮卑慕容恪所陷，不屈節見殺，追贈東陽太守。祖赤黔，廷尉卿。父叔任，少有幹質，初爲揚州主簿，高祖太尉參軍，吴、山陰令，治皆有聲。朱齡石伐蜀，爲齡石建威府司馬，加建威將軍。平蜀之功，亞於元帥，即本號爲西夷校尉、巴西梓潼郡太守，戍涪城。東軍既反，二郡彊宗侯勱、羅奥聚衆作亂，四面雲合，遂至萬餘人，攻城急。叔任東兵不滿五百，推布腹心，衆莫不爲用，出擊大破之，逆黨皆平。高祖討司馬休之，齡石遣叔任率軍來會。時高祖領鎮西將軍，命爲司馬。及軍還，以爲揚州别駕從事史。以平蜀全涪之功，封寧新縣男，食邑四百四十户。出爲建威將軍、益州刺史，以疾還都。義熙十四年，卒，時年五十。長子融之，蚤卒。

演之年十一，尚書僕射劉柳見而知之，曰：「此童終爲令器。」家世爲將，而演之折節好學，讀老子日百徧〔一五〕，以義理業尚知名。襲父别爵吉陽縣五等侯。郡命主簿，州辟從事史，西曹主簿，舉秀才，嘉興令，有能名。入爲司徒祭酒，南譙王義宣左軍主簿，錢唐令，復有政績。復爲司徒主簿。丁母憂。起爲武康令，固辭不免，到縣百許日，稱疾去官。服闋，除司徒左西掾〔一六〕，州治中從事史。元嘉十二年，東諸郡大水，民人饑饉，吴義興及吴郡之錢唐，升米三百。以演之及尚書祠部郎江邃並兼散騎常侍，巡行拯䘏，許以便宜從事。演之乃開倉廩以賑饑民，民有生子者，口賜米一斗，刑獄有疑枉，悉制遣之，百姓蒙賴。

轉别駕從事史，領本郡中正，深爲義康所待，故在府州前後十餘年。後劉湛、劉斌等結黨〔一七〕，欲排廢尚書僕射殷景仁，演之雅仗正義，與湛等不同，湛因此讒之於義康。嘗因論事不合旨，義康變色曰：「自今而後，我不復相信！」演之與景仁素善，盡心於朝庭，太祖甚嘉之，以爲尚書吏部郎。

十七年，義康出藩，誅湛等，以演之爲右衞將軍。景仁尋卒，乃以後軍長史范曄爲左衞將軍，與演之對掌禁旅，同參機密。二十年，遷侍中，右衞將軍如故。太祖謂之曰：「侍中領衞，望實優顯，此蓋宰相便坐，卿其勉之。」上欲伐林邑，朝臣不同，唯廣州刺史陸徽與演之贊成上意。及平，賜羣臣黄金、生口、銅器等物，演之所得偏多。上謂之曰：「廟堂之謀，卿參其力，平此遠夷，未足多建茅土。俟廓清京都〔一八〕，鳴鸞東岱，不憂河山不開也。」二十一年，詔曰：「總司戎政，翼贊東朝，惟允之舉，匪賢莫授。侍中領右衞將軍演之，清業貞審，器思沈濟。右衞將軍曄〔一九〕，才應通敏，理懷清要。並美彰出内，誠亮在公，能克懋厥猷，樹績所莅。演之可中領軍，曄可太子詹事。」曄懷逆謀，演之覺其有異，言之太祖，曄尋事發伏誅。遷領國子祭酒，本州大中正，轉吏部尚書，領太子右衞率。雖未爲宰相，任寄不異也。

素有心氣，疾病歷年，上使卧疾治事。性好舉才，申濟屈滯，而謙約自持，上賜女伎，不受。二十六年，車駕拜京陵，演之以疾不從。上還宫，召見，自勉到坐，出至尚書下省，暴卒，時年五十三。太祖痛惜之，追贈散騎常侍、金紫光禄大夫，謚曰貞侯。

演之昔與同使江邃字玄遠，濟陽考城人。頗有文義。官至司徒記室參軍，撰文釋，傳於世。

演之子睦，至黃門郎，通直散騎常侍。世祖大明初，坐要引上左右俞欣之訪評殿省内事，又與弟西陽王文學勃忿鬩不睦，坐徙始興郡，勃免官禁錮。

勃好爲文章，善彈琴，能圍棊，而輕薄進利。歷尚書殿中郎。太宗泰始中，爲太子右衞率，加給事中。時欲北討，使勃還鄉里募人，多受貨賄。上怒，下詔曰：「沈勃琴書藝業，口有美稱，而輕躁耽酒，幼多罪愆。比奢淫過度，妓女數十，聲酣放縱，無復劑限。自恃吴興土豪，比門義故，脅說士庶，告索無已。又輒聽募將，委役還私，託注病叛，遂有數百。周旋門生，競受財貨，少者至萬，多者千金，考計贓物，二百餘萬，便宜明罰敕法，以正典刑。故光禄大夫演之昔受深遇，忠績在朝，尋遠矜懷，能無弘律，可徙勃西垂，令一思愆悔。」於是徙付梁州。廢帝元徽初，以例得還。結事阮佃夫、王道隆等，復爲司徒左長史。爲廢帝所誅。順帝即位，追贈本官。

勃弟統，大明中爲著作佐郎。先是，五省官所給幹僮，不得雜役，太祖世，坐以免官者，前後百人〔三〇〕。統輕役過差，有司奏免。世祖詔曰：「自頃幹僮，多不祗給，主可量聽行杖。」得行幹杖，自此始也。

演之兄融之子暢之，襲寧新縣男。大明中，爲海陵王休茂北中郎諮議參軍，爲休茂所殺，追贈黄門郎。子曅嗣，齊受禪，國除。

史臣曰：元嘉初，誅滅宰相，蓋王華、孔甯子之力也。彼羣公義雖往結，恩實今疎，而任即曩權，意非昔主，居上六之窮爻，當來寵之要轍，顛覆所基，非待他釁，況於廢殺之重，其隙易乘乎。夫殺人而取其璧，不知在己興累；傾物而移其寵，不忌自我難持。若二子永年，亦未知來禍所止也。有能戒彼而悟此，則所望於來哲。

校勘記

〔一〕恭檄廞罷兵　「廞罷兵」三字原闕，義不可通，據南史卷二三王華傳補。事亦見晉書卷六五王導傳附王廞傳、卷八四王恭傳。

〔二〕華時年十三　「十三」，原作「十二」，據南史卷二三王華傳改。張森楷校勘記：「華以元嘉四年卒，年四十三，逆數至隆安元年，凡三十年。作『年十三』是。」

〔三〕太祖鎮江陵　「鎮」，原作「征」，據南史卷二三王華傳改。按文帝未即位前，未嘗征江陵。

〔四〕子定侯嗣　「定侯」，原作「宣侯」，據南監本、南史卷二三王華傳改。按王華謚宣侯，子不當復謚宣侯。「嗣」，王華子之名。錢大昕考異卷二四：「王僧綽傳云，王華子新建侯嗣，才劣，位遇亦輕。則嗣乃華子之名。」

〔五〕以長弟終紹封　「終」，南史卷二三王華傳作「佟」。

〔六〕若但如臣　「臣」，南史卷二二王曇首傳、册府卷八三八、卷八五〇、卷九一七作「下官」。按時劉裕尚未稱帝，王弘不當稱臣。

〔七〕我何德以堪之　「德以」二字原闕，據類聚卷九八引沈約宋書、南史卷二宋本紀中文帝紀補。

〔八〕元嘉元年二年　原作「元嘉年二年」，三朝本、南監本、北監本、汲本、殿本、局本作「元嘉元年」，御覽卷三四一引宋書作「元嘉元年二月」，今據南史卷二二王曇首傳、册府卷四六〇補。

〔九〕但既據舊史　「史」，原作「使」，據明本册府卷四六〇改。

〔一〇〕曇首勸弘減府兵力之半以配義康　「力」字原闕，據南史卷二二王曇首傳補。

〔一一〕中書舍人周赳侍側　「周赳」，原作「周起」，據南史卷二二王曇首傳、册府卷二〇四、卷四六一改。按本卷殷景仁傳、本書卷六二張敷傳均作「周赳」。

〔一二〕祖茂　「茂」，南史卷二七殷景仁傳作「茂之」。六朝人名後之「之」字，有時可省去。

〔一三〕會王弘華曇首相係亡景仁引湛還朝共參政事　按王華卒於元嘉四年五月，王曇首卒於元嘉七年七月，王弘卒於元嘉九年五月。而劉湛爲殷景仁所引還朝則在元嘉八年。是劉湛還朝之時，王弘尚未卒。此云王弘、王華等相係亡而劉湛還朝，與事實不符。疑衍「弘」字。本書卷六九劉湛傳云：「先是，王華既亡，曇首又卒，領軍將軍殷景仁以時賢零落，白太祖徵湛。八年，召爲太子詹事，加給事中、本州大中正，與景仁並被任遇。」單言王華、王曇首卒而劉湛被引，不及王弘，是其證。

〔一四〕景仁復遷中書令護軍僕射如故尋復以僕射領吏部護軍如故　本書卷五文帝紀、通鑑卷一二二宋紀皆云元嘉十二年景仁加「中護軍」，文帝紀亦云元嘉十三年「八月庚寅，尚書僕射、中護軍殷景仁改爲護軍將軍」。此云「護軍」誤。

〔一五〕讀老子日百遍　「日」，三朝本作「曰」，南史卷三六沈演之傳、御覽卷六一六引宋書無此字。疑「日」字不誤即衍。

〔一六〕除司徒左西掾　「西」，原作一字空格，三朝本、南監本、北監本、汲本、殿本、局本作「司」，今據册府卷二一三、卷六六二補。

〔一七〕後劉湛劉斌等結黨　「劉斌」，原作「劉威」，據南史卷三六沈演之傳改。張森楷校勘記、孫虨考論卷三並云：「『劉威』當作『劉斌』。」按本書卷六八武二王彭城王義康傳有南陽劉斌，劉湛之族人，時爲吴郡太守，以黨附義康被殺。

〔一八〕俟廓清京都　「俟」字原闕，據册府卷四六一補。

〔一九〕右衛將軍曄　本卷上文云：「景仁尋卒，乃以後軍長史范曄爲左衛將軍，與演之對掌禁旅，同參機密。」本書卷六九范曄傳、通鑑卷一二四宋紀元嘉二十一年亦記范曄爲太子詹事前先爲左衛將軍。疑「右衛」乃「左衛」之訛。

〔二〇〕坐以免官者前後百人　「百人」，冊府卷一九一作「數百人」。

宋書卷六十四

列傳第二十四

鄭鮮之　裴松之　何承天

鄭鮮之字道子，滎陽開封人也。高祖渾，魏將作大匠〔一〕。祖襲〔二〕，大司農。父遵，尚書郎。襲初爲江乘令，因居縣境。

鮮之下帷讀書，絶交游之務。初爲桓偉輔國主簿。先是，兗州刺史滕恬爲丁零翟遼所没，屍喪不反，恬子羨仕宦不廢，議者嫌之。桓玄在荆州，使羣僚博議，鮮之議曰：

名教大極，忠孝而已，至乎變通抑引，每事輒殊，本而尋之，皆是求心而遺跡。跡之所乘，遭遇或異。故聖人或就跡以助教，或因跡以成罪，屈申與奪，難可等齊，舉其阡陌，皆可略言矣。天可逃乎？而伊尹廢君；君可脅乎？而鬻權見善；忠可愚乎？而箕子同仁。自此以還，殊實而齊聲，異譽而等美者，不可勝言。而欲令百代之下，聖典所闕，正斯事於一朝，豈可易哉。

然立言明理，以古證今，當使理厭人情。如滕羡情事者，或終身隱處，不關人事；或昇朝理務，無譏前哲。通滕者則以無譏爲證，塞滕者則以隱處爲美。折其兩中，則異同之情可見矣。然無譏前哲者，厭情之謂也。若王陵之母，見亨於楚，陵不退身窮居，終爲社稷之臣，非爲榮也。鮑勛蹇諤魏朝，亡身爲效，觀其志非貪爵也。凡此二賢，非滕之論。夫聖人立教，猶云「有禮無時，君子不行」。有禮無時，政以事有變通，不可守一故耳。若滕以此二賢爲證，則恐人人自賢矣。若不可人人自賢，何可獨許其證。譏者兼在於人，不但獨證其事。漢、魏以來，記闕其典，尋而得者無幾人。至乎大晉中朝及中興之後，楊臻則七年不除喪，三十餘年不關人事，温公則見逼於王命，庾左丞則終身不著袷，高世遠則爲王右軍、何驃騎所勸割，無有如滕之易者也。若以縗麻非爲哀之主，無所復言矣。文皇帝以東關之役，尸骸不反者，制其子弟，不廢婚宦。明此，孝子已不自同於人倫，有識已審其可否矣。若其不爾，居宗輔物者，但當即聖人之教，何所復明制於其間哉。及至永嘉大亂之後，王敦復申東關之制於中興，原此是爲國之大計，非謂訓範人倫，盡於此也。

何以言之？父讎明不同戴天日，而爲國不可許復讎，此自以法奪情，即是東關、永嘉之喻也。何妨綜理王務者，布衣以處之。明教者自謂世非横流，凡士君子之徒，無不可仕之理，而雜以情譏，謂宜在貶裁耳。若多引前事以爲通證，則孝子可顧法而不復讎矣。文皇帝無所立制於東關，王敦無所明之於中興。每至斯會，輒發之於宰物，是心可不喻乎。

且夫求理當先以遠大，若滄海横流，家國同其淪溺，若不仕也，則人有餘力。人有餘力，則國可至乎亡，家可至乎滅。當斯時也，匹婦猶亡其身，況大丈夫哉。既其不然，天下之才，將無所理。滕但當盡陟岵之哀，擬不仕者之心，何爲證喻前人，以自通乎。且名爲大才之所假，而小才之所榮，榮與假乘常，已有慙德，無欣工進，何有情事乎。若其不然，則工進無欣，何足貴於千載之上邪。苟許小才榮其位，則滕不當顧常疑以自居乎。所謂柳下惠則可，我則不可也。

且有生之所宗者聖人，聖人之爲教者禮法，即心而言，則聖人之法，不可改也。而秦以郡縣治天下，莫之能變；漢文除肉刑，莫之能復。彼聖人之爲法，猶見改於後王，況滕賴前人，而當必通乎？若人皆仕，未知斯事可俟後聖與不？況仕與不仕，各有其人，而不仕之所引，每感三年之下。見議者弘通情紀，每傍中庸，又云若許譏滕，則恐亡身致命之仕，以此而不盡。何斯言之過與。夫忠烈之情，初無計而後動。若計而後動，則懼法不盡命〔三〕。若有不盡，則國有常法。故古人軍敗於外，而家誅於內。苟忠發自內，或懼法於外，復有踟蹰顧望之地邪！若有功不賞，有罪不誅，可致斯喻耳。無有名教翼其子弟，而子弟不致力於所天。不致力於所天，則王經忠不能救主，孝不顧其親，是家國之罪人耳，何所而稱乎。夫恩宥十世，非不隆也。功高賞厚，非不報也。若國憲無負於滕恬，則羨之通塞，自是名教之所及，豈是勸沮之本乎？

議者又以唐虞邈矣，孰知所歸，尋言求意，將所負者多乎。後漢亂而不亡，前史猶謂數公之力。魏國將建，荀令君正色異議，董昭不得枕蘇則之膝，賈充受辱於庾純。以此而推，天下之正義，終自傳而不没，何爲發斯歎哉。若以時非上皇，便不足復言多者，則夷、齊於奭、望，子房於四人，亦無所復措其言矣。至於陳平默順避禍，以權濟屈，皆是衛生免害，非爲榮也。滕今生無所衛，鞭塞已冥，義安在乎。昔陳壽在喪，使婢丸藥，見責鄉閭；阮咸居哀，騎驢偷婢，身處王朝。豈可以阮獲通於前世，便無疑於後乎。且賢聖抑引，皆是究其始終，定其才行。故雖事有驚俗，而理必獲申。郤詵葬母後園〔四〕，而身登宦，所以免責，以其孝也。日磾殺兒無譏，以其忠也。

今豈可以二事是忠孝之所爲，便可許殺兒葬母後園乎？不可明矣。既其不可，便當究定滕之才行，無所多辯也。

滕非下官鄉親，又不周旋，才能非所能悉。若以滕謀能決敵，才能周用，此自追蹤古人，非議所及。若是士流，故謂宜如子夏受曾參之詞，可謂善矣，而子夏無不孝之稱也。意之所懷，都盡於此，自非名理，何緣多其往復；如其折中，裁之居宗。

桓偉進號安西，轉補功曹，舉陳郡謝絢自代，曰：「蓋聞知賢弗推，臧文所以竊位；宣子能讓，晉國以之獲寧。鮮之猥承人乏，謬蒙過眷，既恩以義隆，遂再叨非服。知進之難，屢以上請，然自退之志，未獲暫申，夙夜懷冰，敢忘其懼。伏見行參軍謝絢，清悟審正，理懷通美，居以端右，雖未足舒其采章，升庸以漸，差可以位擬人。請乞愚短，甘充下列，授爲賢牧，實副羣望。」

入爲員外散騎侍郎，司徒左西屬，大司馬琅邪王録事參軍，仍遷御史中丞。性剛直，不阿强貴，明憲直繩，甚得司直之體。外甥劉毅，權重當時，朝野莫不歸附，鮮之盡心高祖，獨不屈意於毅，毅甚恨焉。義熙六年，鮮之使治書侍御史丘洹奏彈毅曰：「上言傳詔羅道盛輒開𢦏，遂盜發密事，依法棄市，奏報行刑，而毅以道盛身有侯爵，輒復停宥。按毅勳德光重，任居次相，既殺之非己，無緣生之自由。又奏之於先，而弗請於後，閫外出疆，非此之謂。中丞鮮之於毅舅甥，制不相糾，臣請免毅官。」詔無所問。

時新制長吏以父母疾去官，禁錮三年。山陰令沈叔任父疾去職，鮮之因此上議曰：「夫事有相權，故制有與奪，此有所屈，而彼有所申。未有理無所明，事無所獲，而爲永制者也。當以去官之人，或容詭託之事。詭託之事，誠或有之，豈可虧天下之大教，以末傷本者乎。且設法蓋以衆苞寡，而不以寡違衆，況防杜去官而塞孝愛之實。且人情趨於榮利，辭官本非所防，所以爲其制者，蒞官不久，則奔競互生，故杜其欲速之情，以申考績之實。今省父母之疾〔五〕，而加以罪名，悖義疾理，莫此爲大。謂宜從舊，於義爲允。」從之。於是自二品以上父母没者，墳墓崩毁及疾病族屬輒去，並不禁錮。

劉毅當鎮江陵，高祖會於江寧，朝士畢集。毅素好摴蒱，於是會戲。高祖與毅斂局，各得其半，積錢隱人，毅呼高祖併之。先擲得雉，高祖甚不説，良久乃答之。四坐傾矚，既擲，五子盡黑，毅意色大惡，謂高祖曰：「知公不以大坐席與人！」鮮之大喜，徒跣繞牀大叫，聲聲相續。毅甚不平，謂之曰：「此鄭君何爲者！」無復甥舅之禮。高祖少事戎旅，不經涉學，及爲宰相，頗慕風流，時或言論，人皆依違之，不敢難也。鮮之難必切至，未嘗寬假，要須高祖辭窮理屈，然後置之。高祖或有時慙恧，變色動容，既而謂人曰：「我本無術學，言義尤淺。比時言論，諸賢多見寬容，唯鄭不爾，獨能盡人之意，甚以此感之。」時人謂爲「格佞」。

自中丞轉司徒左長史，太尉諮議參軍，俄而補侍中，復爲太尉諮議。十二年，高祖北伐，以爲右長史。鮮之曾祖墓在開封，相去三百里，乞求拜省，高祖以騎送之。宋國初建，轉奉常。

佛佛虜陷關中，高祖復欲北討，行意甚盛。鮮之上表諫曰：「伏思聖略深遠，臣之愚管無所措其意。然臣愚見，竊有所懷。虜凶狡情狀可見，自關中再敗，皆是帥師違律，非是內有事故，致外有敗傷。虜聞殿下親御六軍，必謂見伐，當重兵潼關，其勢然也。若陵威長驅，臣實見其未易；若輿駕頓洛，則不足上勞聖躬。如此，則進退之機，宜在孰慮。賊不敢乘勝過陝，遠懾大威故也。今盡用兵之筭，事從屈申，遣師撲討，而南夏清晏，賊方懼將來，永不敢動。若輿駕造洛而反，凶醜更生揣量之心，必啓邊戎之患，此既必然。江南顒顒，傾注輿駕，忽聞遠伐，不測師之深淺，必以殿下大申威靈，未還，人情恐懼，事又可推。往年西征，劉鍾危殆，前年劫盜破廣州，人士都盡。三吴心腹之內，諸縣屢敗，皆由勞役所致。又聞處處大水，加遠師民敝，敗散，自然之理。殿下在彭城，劫盜破諸縣，事非偶爾，皆是無賴凶慝。凡順而撫之，則百姓思安；違其所願，必爲亂矣。古人所以救其煩穢，正在於斯。漢高身困平城，呂后受匈奴之辱，魏武軍敗赤壁，宣武喪師枋頭，神武之功，一無所損。況偏師失律，無虧於廟堂之上者邪。即之事實，非敗之謂，唯齡石等可念耳。若行也，或速其禍。反覆思惟，愚謂不煩殿下親征小劫。西虜或爲河、洛之患，今正宜通好北虜，則河南安。河南安，則濟、泗靜。伏願聖鑑察臣愚懷。」

高祖踐阼，遷太常，都官尚書。鮮之爲人通率，在高祖坐，言無所隱，時人甚憚焉。而隱厚篤實，贍卹親故。性好游行，命駕或不知所適，隨御者所之。尤爲高祖所狎，上嘗於内殿宴飲，朝貴畢至，唯不召鮮之。坐定，謂羣臣曰：「鄭鮮之必當自來。」俄而外啓：「尚書鮮之詣神虎門求啓事〔六〕。」高祖大笑引入，其被親遇如此。

永初二年，出爲丹陽尹，復入爲都官尚書，加散騎常侍。以從征功，封龍陽縣五等子。出爲豫章太守，秩中二千石。元嘉三年，王弘入爲相，舉鮮之爲尚書右僕射。四年，卒，時年六十四。追贈散騎常侍、金紫光禄大夫。文集傳於世。

子愔，位至尚書郎，始興太守〔七〕。

裴松之字世期，河東聞喜人也。祖昧，光禄大夫。父珪，正員外郎〔八〕。松之年八歲，學通論語、毛詩。博覽墳籍，立身簡素。年二十，拜殿中將軍。此官直衛左右，晉孝武太元中革選名家以參顧問，始用琅邪王茂之、會稽謝輶，皆南北之望。舅庾楷在江陵，欲得松之西上，除新野太守，以事難不行。拜員外散騎侍郎。義熙初，爲吴興故鄣令，在縣有績。入爲尚書祠部郎。

松之以世立私碑，有乖事實，上表陳之曰：「碑銘之作，以明示後昆，自非殊功異德，無以允應茲典。大者道勳光遠〔九〕，世所宗推，其次節行高妙，遺烈可紀。若乃亮采登庸，績用顯著，敷化所莅，惠訓融遠，述詠所寄，有賴鐫勒，非斯族也，則幾乎僭黷矣。俗敝僞興，華煩已久，是以孔悝之銘，行是人非；蔡邕制文，每有愧色。而自時厥後，其流彌多，預有臣吏，必爲建立，勒銘寡取信之實，刊石成虚僞之常，真假相蒙，殆使合美者不貴，但論其功費，又不可稱。不加禁裁，其敝無已。」以爲「諸欲立碑者，宜悉令言上，爲朝議所許，然後聽之。庶可以防遏無徵，顯彰茂實，使百世之下，知其不虚，則義信於仰止，道孚於來葉」。由是並斷。

高祖北伐，領司州刺史，以松之爲州主簿，轉治中從事史。既克洛陽，松之居州行事。宋國初建，毛德祖使洛陽〔一〇〕。高祖敕之曰：「裴松之廊廟之才，不宜久尸邊務，今召爲世子洗馬，與殷景仁同，可令知之。」于時議立五廟樂，松之以妃臧氏廟樂亦宜與四廟同。除零陵内史，徵爲國子博士。

太祖元嘉三年，誅司徒徐羨之等，分遣大使，巡行天下。通直散騎常侍袁渝、司徒左西掾孔邈使揚州〔一一〕，尚書三公郎陸子真、起部甄法崇使荆州〔一二〕，員外散騎常侍范雍、司徒主簿龐遵使南兗州，前尚書右丞孔默使南北二豫州〔一三〕，撫軍參軍王歆之使徐州，冗從僕射車宗使青、兗州，松之使湘州，尚書殿中郎阮長之使雍州，前竟陵太守殷道鸞使益州，員外散騎常侍李耽之使廣州，郎中殷斌使梁州、南秦州，前員外散騎侍郎阮園客使交州〔一四〕，駙馬都尉、奉朝請潘思先使寧州，並兼散騎常侍。班宣詔書曰：「昔王者巡功，羣后述職，不然則有存省之禮，聘覜之規。所以觀民立政，命事考績，上下偕通，遐邇咸被，故能功昭長世，道歷遠年。朕以寡闇，屬承洪業，夤畏在位，昧于治道，夕惕惟憂，如臨淵谷。懼國俗陵頹，民風凋僞，眚厲違和，水旱傷業。雖勤躬庶事，思弘攸宜，而機務惟殷，顧循多闕，政刑乖謬，未獲具聞。豈誠素弗孚，使羣心莫盡，納隍之愧，在予一人。以歲時多難，王道未壹，卜征之禮，廢而未脩，眷彼氓庶〔一五〕，無忘欽恤。今使兼散騎常侍渝等申令四方，周行郡邑，親見刺史二千石官長，申述至誠，廣詢治要，觀察吏政，訪求民隱，旌舉操行，存問所疾。禮俗得失，一依周典，每各爲書，還具條奏，俾朕昭然，若親覽焉。大夫君子，其各悉心敬事，無隋乃力。其有咨謀遠圖，謹言中誠，陳之使者，無或隱遺。方將敬納良規，以補其闕。勉哉勗之，稱朕意焉。」

松之反使奏曰：「臣聞天道以下濟光明，君德以廣運爲極。古先哲后，因心溥被，是以文思在躬，則時雍自洽，禮行江漢，而美化斯遠。故能垂大哉之休詠，廓造周之盛則。伏惟陛下神叡玄通，道契曠代，冕旒華堂，垂心八表。咨敬敷之未純，慮明揚之靡暢。清問下民，哀此鰥寡，渙焉大號，周爰四達。遠猷形於雅、誥，惠訓播乎遐陬。是故率土仰詠，重譯咸説，莫不謳吟踊躍，式銘皇風。或有扶老攜幼，稱歡路左，誠由亭毒既流，故忘其自至，千載一時，於是乎在。臣謬蒙銓任，忝廁顯列，猥以短乏，思純八表，無以宣暢聖旨，肅明風化，黜陟無序，搜揚寡聞，慚懼屏營，不知所措。奉二十四條，謹隨事爲牒。伏見癸卯詔書，禮俗得失，一依周典，每各爲書，還具條奏。謹依事爲書以繫之後。」松之甚得奉使之義，論者美之。

轉中書侍郎、司冀二州大中正。上使注陳壽三國志，松之鳩集傳記，增廣異聞，既成奏上。上善之，曰：「此爲不朽矣。」出爲永嘉太守，勤恤百姓，吏民便之。入補通直爲常侍〔二六〕，復領二州大中正。尋出爲南琅邪太守。十四年致仕，拜中散大夫，尋領國子博士，進太中大夫，博士如故。續何承天國史，未及撰述，二十八年，卒〔二七〕，時年八十。子駰，南中郎參軍。松之所著文論及晉紀，駰注司馬遷史記，並行於世。

何承天，東海郯人也。從祖倫，晉右衞將軍。承天五歲失父，母徐氏，廣之姊也，聰明博學，故承天幼漸訓義，儒史百家，莫不該覽。叔父肜爲益陽令，隨肜之官。

隆安四年，南蠻校尉桓偉命爲參軍。時殷仲堪、桓玄等互舉兵以向朝廷，承天懼禍難未已，解職還益陽。義旗初，長沙公陶延壽以爲其輔國府參軍，遣通敬於高祖，因除瀏陽令，尋去職還都。撫軍將軍劉毅鎮姑孰，版爲行參軍。毅嘗出行，而鄢陵縣史陳滿射鳥，箭誤中直帥，雖不傷人，處法棄市。承天議曰：「獄貴情斷，疑則從輕。昔驚漢文帝乘輿馬者，張釋之劾以犯蹕，罪止罰金。何者？明其無心於驚馬也。故不以乘輿之重，加以異制。今滿意在射鳥，非有心於中人。按律過誤傷人，三歲刑，況不傷乎？微罰可也。」出補宛陵令。趙恢爲寧蠻校尉、尋陽太守，請爲司馬。尋去職。

高祖以爲太尉行參軍。高祖討劉毅，留諸葛長民爲監軍。長民密懷異志，劉穆之屏人問承天曰：「公今行濟否云何？」承天曰：「不憂西不時判〔一八〕，別有一慮耳。公昔年自左里還入石頭，甚脱爾，今還，宜加重複。」穆之曰：「非君不聞此言。」頃日顧丹徒劉郎，恐不復可得也。」除太學博士。義熙十一年，爲世子征虜參軍，轉西中郎中軍參軍，錢唐令。高祖在壽陽，宋臺建，召爲尚書祠部郎，與傅亮共撰朝儀。永初末，補南臺治書侍御史。

謝晦鎮江陵，請爲南蠻長史。時有尹嘉者，家貧，母熊自以身貼錢，爲嘉償責。坐不孝當死。承天議曰：「被府宣令，普議尹嘉大辟事，稱法吏葛滕籤，母告子不孝，欲殺者許之。法云，謂違犯教令，敬恭有虧，父母欲殺，皆許之。其所告惟取信於所求而許之。謹尋事原心，嘉母辭自求質錢，爲子還責。嘉雖虧犯教義，而熊無請殺之辭。熊求所以生之而今殺之，非隨所求之謂。始以不孝爲劾，終於和賣結刑，倚旁兩端，母子俱罪，滕籤法文，爲非其條。嘉所存者大，理在難申，但明教爰發，矜其愚蔽。夫明德慎罰，文王所以恤下；議獄緩死，中孚所以垂化。言情則母爲子隱，語敬則禮所不及。今捨乞宥之評，依請殺之條，責敬恭之節，於飢寒之隸，誠非罰疑從輕，寧失有罪之謂也。愚以謂降嘉之死，以普春澤之恩；赦熊之愆，以明子隱之宜。則蒲亭雖陋，可比德於盛明；豚魚微物，不獨遺於今化。」事未判，值赦並免。

晦進號衞將軍，轉諮議參軍，領記室。元嘉三年，晦將見討，其弟黄門郎皭密信報之，晦問承天曰：「若果爾，卿令我云何？」承天曰：「以王者之重，舉天下以攻一州，大小既殊，逆順又異，境外求全，上計也。其次以腹心領兵戍於義陽，將軍率衆於夏口一戰，若敗，即趨義陽以出北境，其次也。」晦良久曰：「荆楚用武之國，兵力有餘，且當決戰，走不晚也。」使承天造立表檄。晦以湘州刺史張邵必不同己，欲遣千人襲之，承天以爲邵意趨未可知，不宜便討。時邵兄茂度爲益州，與晦素善，故晦止不遣兵。前益州刺史蕭摹之、前巴西太守劉道産去職還江陵，晦將殺之，承天盡力營救，皆得全免。晦既下，承天留府不從。及到彦之至馬頭，承天自詣歸罪，彦之以其有誠，宥之，使行南蠻府事。

七年，彦之北伐，請爲右軍録事。及彦之敗退，承天以才非軍旅，得免刑責。以補尚書殿中郎，兼左丞。吴興餘杭民薄道舉爲劫。制同籍朞親補兵。道舉從弟代公、道生等並爲大功親，非應在補謫之例，法以代公等母存爲朞親，則子宜隨母補兵。承天議曰：「尋劫制，同籍朞親補兵，大功不在此例〔一九〕。婦人三從，既嫁從夫，夫死從子。今道舉爲劫，若其叔尚存，制應補謫，妻子營居，固其宜也。但爲劫之時，叔父已没，代公、道生並是從弟，大功之親，不合補謫。今若以叔母爲朞親，令代公隨母補兵，既違大功不謫之制，又失婦人三從之道。由於主者守朞親之文，不辨男女之異，遠嫌畏負，以生此疑〔二〇〕，懼非聖朝恤刑之旨。謂代公等母子並宜見原。」故司徒掾孔邈奏事未御，邈已喪殯，議者謂不宜仍用邈名，更以見官奏之。承天又議曰：「既没之名不合奏者，非有它義，正嫌於近不祥耳。奏事一卻，動經歲時，盛明之世，事從簡易，曲嫌細忌，皆應蕩除。」

承天爲性剛愎，不能屈意朝右，頗以所長侮同列，不爲僕射殷景仁所平，出爲衡陽内史。昔在西與士人多不協，在郡又不公清，爲州司所糾，被收繫獄，值赦免。十六年，除著作佐郎，撰國史。承天年已老，而諸佐郎並名家年少〔二一〕，潁川荀伯子嘲之，常呼爲嬭母。承天曰：「卿當云鳳凰將九子，嬭母何言邪！」尋轉太子率更令，著作如故。

時丹陽丁況等久喪不葬，承天議曰：「禮所云還葬，當謂荒儉一時〔二二〕，故許其稱財而不求備。丁況三家，數十年中〔二三〕，葬輒無棺櫬，實由淺情薄恩，同於禽獸者耳。竊以爲丁寶等同伍積年，未嘗勸之以義，繩之以法。十六年冬，既無新科，又未申明舊制，有何嚴切，欻然相糾。或由鄰曲分爭，以興此言。如聞在東諸處，比例既多，江西淮北尤爲不少。若但謫此三人，殆無整肅。開其一端，則互相恐動，里伍縣司，競爲姦利。財賂既逞，獄訟必繁，懼虧聖明亨鮮之美。臣愚謂況等三家，且可勿問，因此附定制旨，若民人葬不如法，同伍當即糾言，三年除服之後，不得追相告列，於事爲宜。」

十九年，立國子學，以本官領國子博士。皇太子講孝經，承天與中庶子顏延之同爲執經。頃之，遷御史中丞。時索虜侵邊，太祖訪羣臣威戎御遠之略，承天上表曰：

伏見北藩上事，虜犯青、兗，天慈降鑑，矜此黎元，博逮羣策，經綸戎政，臣以愚陋，預聞訪及。竊尋獫狁告難，爰自上古，有周之盛，南仲出車，漢氏方隆，衞、霍宣力。雖飲馬瀚海，揚旍祁連，事難役繁，天下騷動，委輿負海〔二四〕，貲及舟車。凶狡倔强，未肯受弱，得失報復，裁不相補。宣帝末年，值其乖亂，推亡固存，始獲稽服。自晉喪中原，戎狄侵擾，百餘年間，未暇以北虜爲念。大宋啓祚，兩燿靈武，而懷德畏威，用自款納。陛下臨御以來，羈縻遵養，十餘年中，貢譯不絶。去歲三王出鎮，思振遠圖，獸心易駭，遂生猜懼，背違信約，深搆攜隙。貪禍恣毒，無因自反，恐烽燧之警，必自此始。臣素庸懦，才不經武，率其管窺，謹撰安邊論。意及淺末[二五]，懼無可採。若得詢之朝列，辨覈同異，庶或開引羣慮，研盡衆謀，短長畢陳，當否可見。其論曰：

漢世言備匈奴之策，不過二科，武夫盡征伐之謀，儒生講和親之約，課其所言，互有遠志。加塞漠之外，胡敵掣肘，必未能摧鋒引日，規自開張。當由往年冀土之民，附化者衆，二州臨境，三王出藩，經略既張，宏圖將舉，士女延望，華、夷慕義。故昧於小利，且自矜侈，外示餘力，内堅僞衆。今若務存遵養，許其自新，雖未可羈致北闕，猶足鎮靜邊境。然和親事重，當盡廟筭，誠非愚短，所能究言。若追蹤衞、霍瀚海之志，時事不等，致功亦殊。寇雖習戰來久[二六]，又全據燕、趙，跨帶秦、魏，山河之險，終古如一。自非大田淮、泗，内實青、徐，使民有贏儲，野有積穀，然後分命方、召，總率虎旅，精卒十萬，使一舉盪夷，則不足稍勤王師，以勞天下。何以言之？今遺黎習亂，志在偷安，非皆恥爲左衽，遠慕冠冕，徒以殘害剥辱，視息無寄，故繦負歸國，先後相尋。虜既不能校勝循理，攻城略地，而輕兵掩襲，急在驅殘，是其所以速怨召禍，滅亡之日。今若遣軍追討，報其侵暴，大翦幽、冀，屠城破邑，則聖朝愛育黎元，方濟之以道。若但欲撫其歸附，伐罪弔民，則駿馬奔走，不肯來征，徒興巨費，無損於彼。復奇兵深入，殺敵破軍，苟陵患未盡，則困獸思鬬，報復之役，將遂無已。斯秦、漢之末策，輪臺之所悔也。

安邊固守，於計爲長。臣以安邊之計，備在史策，李牧言其端，嚴尤申其要，大略舉矣。曹、孫之霸，才均智敵，江、淮之間，不居各數百里。魏捨合肥，退保新城，吴城江陵，移民南涘〔二七〕，濡須之戍，家停羨溪。及襄陽之屯〔二八〕，民夷散雜，晉宣王以爲宜徙沔南，以實水北〔二九〕，曹爽不許，果亡相中，此皆前代之殷鑒也。何者？斥候之郊，非畜牧之所；轉戰之地，非耕桑之邑〔三〇〕。故堅壁清野，以俟其來，整甲繕兵，以乘其敝。雖時有古今，勢有强弱，保民全境，不出此塗。要而歸之有四：一曰移遠就近；二曰浚復城隍；三曰纂偶車牛；四曰計丁課仗。良守疆其土田，驍帥振其風略。蒐獮宣其號令，俎豆訓其廉恥。縣爵以縻之，設禁以威之。徭税有程，寬猛相濟。比及十載，民知義方。然後簡將授奇，揚旌雲朔，風卷河冀，電埽嵩恒，燕弧折卻〔三一〕，代馬摧足，秦首斬其右臂，吴蹄絶其左肩，銘功於燕然之阿，饗徒於金微之曲。

寇雖亂亡有徵，昧弱易取，若天時人事，或未盡符，抑鋭俟機，宜審其筭。若邊戍未增，星居布野，勤惰異教，貧富殊資，疆埸之民，多懷彼此，虜在去就，不根本業，難可驅率，易在振蕩。又狡虜之性，食肉衣皮，以馳騁爲儀容，以游獵爲南畝，非有車輿之安，宫室之衛，櫛風沐雨，不以爲勞，露宿草寢，維其常性，勝則競利，敗不羞走，彼來或驟，而此已奔疲。且今春踰濟，既獲其利，乘勝忸忕，未虞天誅，比及秋末，容更送死。猋騎蟻聚，輕兵鳥集，並踐禾稼，焚爇閭井，雖邊將多略，未審何以禦之。若盛師連屯，廢農必衆，馳車奔馹，起役必遲，散金行賞，損費必大，换土客戍，怨曠必繁。孰若因民所居，並脩農戰，無動衆之勞，有扞衛之實，其爲利害，優劣相縣也。

一曰移遠就近，以實内地。今青、兗舊民，冀州新附，在界首者二萬家[三三]，此寇之資也。今悉可内徙，青州民移東萊、平昌[三三]、北海諸郡，兗州、冀州移泰山以南，南至下邳[三四]，左沭右沂，田良野沃，西阻蘭陵，北阨大峴，四塞之内，其號險固。民性重遷，闇於圖始，無虜之時，喜生咨怨。今新被鈔掠，餘懼未息，若曉示安危，居以樂土，宜其歌抃就路，視遷如歸。

二曰浚復城隍，以增阻防。舊秋冬收斂，民人入保，所以警備暴客，使防衛有素也。古之城池，處處皆有，今雖頹毁，猶可脩治。粗計户數，量其所容，新徙之家，悉著城内，假其經用，爲之閭伍，納稼築場，還在一處。婦子守家，長吏爲師，丁夫匹婦，春夏佃牧，秋冬入保〔三五〕。寇至之時，一城千室，堪戰之士，不下二千，其餘羸弱，猶能登陴鼓譟〔三六〕。十則圍之，兵家舊説，戰士二千，足抗羣虜三萬矣。

三曰纂偶車牛，以飾戎械。計千家之資，不下五百耦牛，爲車伍伯兩。參合鉤連，以衞其衆。設使城不可固，平行趨險，賊所不能干。既已族居，易可檢括。號令先明，民知夙戒。有急徵發，信宿可聚。

四曰計丁課仗，勿使有闕。千家之邑，戰士二千，隨其便能，各自有仗，素所服習，銘刻由己，還保輸之於庫，出行請以自衞。弓幹利鐵，民不辦得者，官以漸充之，數年之内，軍用粗備矣。

臣聞軍國異容，施於封畿之内；兵農並脩，在於疆埸之表。攻守之宜，皆因其習，任其怯勇。山陵川陸之形，寒暑温涼之氣，各由本性，易則害生。是故戍申作刺，怨起及瓜，今若以荆、吴鋭師遠屯清濟〔三七〕，功費既重，嗟怨亦深。以臣料之，未若即用彼衆之易也。管子治齊，寄令在民；商君爲秦，設以耕戰。終申威定霸，行其志業，非苟任强，實由有數。梁用走卒，其邦自滅；齊用技擊，厥衆亦離。漢、魏以來，茲制漸絶，蒐田非復先王之禮，治兵徒逞耳目之欲，有急之日，民不知戰，至乃廣延賞募，奉以厚秩，發遽奔救，天下騷然。方伯刺史，拱手坐聽，自無經略，唯望朝廷遣軍，此皆忘戰之害，不教之失也。今移民實内，浚治城隍，族居聚處，課其騎射，長吏簡試，差品能不，甲科上第，漸就優别，明其勳才，表言州郡。如此則屯部有常，不遷其業，内護老弱，外通官塗〔三八〕，朋曹素定，同憂等樂，情由習親，藝因事著，晝戰見皃足相識，夜戰聞聲足相救，斯教戰之一隅，先哲之遺術。論者必以古城荒毁，難可脩復。今不謂頓便加功，整麗如舊，但欲先定民居〔三九〕，營其閭術，墉壑存者，因而即之，其有毁缺，權時栅斷。足以禦彼輕兵，防遏游騎，假以方將，漸就完立〔四〇〕。車牛之賦，課仗之宜，攻守所資，軍國之要，今因民所利，導而率之。耕農之器，爲府庫之寶，田蠶之氓，兼捍城之用〔四一〕，千家總倍旅之兵，萬户具全軍之衆，兵强而敵不戒，國富而民不勞，比於優復隊伍，坐食廪糧者，不可同年而校矣。

今承平來久，邊令弛縱，弓簳利鐵，既不都斷，往歲棄甲，垂二十年，課其所住，理應消壞。謂宜申明舊科，嚴加禁塞，諸商賈往來，幢隊挾藏者，皆以軍法治之。又界上嚴立關候，杜廢間蹊。城保之境，諸所課仗，並加雕鐫，别造程式。若有遺鏃亡刃，及私爲竊盜者，皆可立驗，於事爲長。又鉅野湖澤廣大，南通洙、泗，北連青、齊，有舊縣城，正在澤内。宜立式脩復舊堵，利其埭遏，給輕艦百艘。寇若入境，引艦出戰，左右隨宜應接，據其師津，毁其航漕。此以利制車，運我所長，亦禦敵之要也〔四二〕。

承天素好弈棊，頗用廢事。太祖賜以局子，承天奉表陳謝，上答：「局子之賜，何必非張武之金邪。」承天又能彈箏，上又賜銀裝箏一面。承天與尚書左丞謝元素不相善，二人競伺二臺之違，累相糾奏。太尉江夏王義恭歲給資費錢三千萬，布五萬匹，米七萬斛。義恭素奢侈，用常不充，二十一年，逆就尚書換明年資費。而舊制出錢二十萬，布五百匹以上，並應奏聞，元輒命議以錢二百萬給太尉。事發覺，元乃使令史取僕射孟顗命。元時新除太尉諮議參軍，未拜，爲承天所糾[四三]。上大怒，遣元長歸田里，禁錮終身。元時又舉承天賣茭四百七十束與官屬，求貴價，承天坐白衣領職。元字有宗，陳郡陽夏人，臨川内史靈運從祖弟也。以才學見知，卒於禁錮。

二十四年，承天遷廷尉，未拜，上欲以爲吏部[四四]，已受密旨，承天宣漏之，坐免官，卒於家，年七十八。先是，禮論有八百卷，承天删減并合，以類相從，凡爲三百卷，并前傳、雜語、纂文、論並傳於世[四五]。又改定元嘉曆，語在律曆志。

史臣曰：治邊之術，前世言之詳矣。夫戎夷狡黠，飄迅難虞，必宜完其嶂塞，謹其烽柝，使來逕可防，去塗易梗，然後乃能禁暴止姦，養威攘寇。漢世案秦舊迹，嚴塞以限外夷，吴、魏交戰，亦以江、淮爲疆埸，莫不先憑地險，却保民和，且守且耕，伺隙乘釁。高祖受命，王略未遠，雖綿河作守，而兵孤援闊，盛衰既兆，用啓戎心。蓋由王業始基，經創多闕，先内後外，以至於此乎。自茲以降，分青置境，無圍守之宜，闕耕戰之略，恃寇不來，遂無其備。周、漢二策，在宋頓亡，遂致胡馬横行，曾無藩落之固，使士民跼蒼天，蹐厚地，繫虜俘囚，而無所控告，哀哉！承天安邊論，博而篤矣，載之云爾。

校勘記

〔一〕高祖渾魏將作大匠　張森楷校勘記：「鮮之去鄭渾且二百年，以尋常世數計之，當在六世之外。此云高祖，於事不合。」按鄭渾爲將作大匠事見三國志卷一六魏書鄭渾傳。

〔二〕祖襲　「祖襲」，原作「曾祖襲」，據南史卷三三鄭鮮之傳、册府卷七九八删。按孫虨考論卷三：「南史無『曾』字。下文求省曾祖墓，南史云曾祖江州長史哲墓。」

〔三〕則懼法不盡命　「不」，宋本册府卷八三〇作「以」。

〔四〕郤詵葬母後園　「郤詵」，原作「郗詵」。孫虨考論卷三：「『郗』，當作『郤』。」孫説是，今據改。按晉書卷五二郤詵傳：「詵母病，苦無車。及亡，不欲車載柩，家貧無以市馬，乃於所住堂北壁外假葬。」

〔五〕今省父母之疾　「今」字原闕，據通典卷一一九職官一補。

〔六〕尚書鮮之詣神虎門求啓事　「神虎門」，原作「神獸門」，係唐人諱改，今改回。

〔七〕始興太守　南史卷三三鄭鮮之傳作「始安太守」。

〔八〕正員外郎　吴金華宋書點校本志疑云：「『員外郎』是編制以外的郎官，跟『正員郎』相對而言，無所謂『正員外郎』之説。（中略）（「外」字）當屬傳寫者誤衍之文。」

〔九〕大者道勳光遠　「勳」，原作「動」，據南監本、册府卷四七一改。

〔一〇〕既克洛陽松之居州行事宋國初建毛德祖使洛陽　「松之居州行事宋國初建毛德祖使洛陽」十六字原闕，據南史卷三三裴松之傳補。

〔一一〕司徒左西掾孔邈使揚州　「左西掾」，原作「左司掾」，據册府卷一一三改。按張森楷校勘記：「『司』當作『西』。」

〔一二〕尚書三公郎陸子真起部甄法崇使荆州　孫虨考論卷三：「所使諸州無江州、南徐州，蓋陸子真使江州，范雍使南徐州，而史文脱去。建康實録，元嘉四年，散騎常侍陸子真薦豫章雷次宗、尋陽陶潛。二郡並江州屬，可證也。」按本書卷九三隱逸宗彧之傳：「元嘉初，大使陸子真觀采風俗，三詣彧之。」宗彧之南陽人，南陽時屬荆州。則陸子真是時當使荆、江二州。

〔一三〕前尚書右丞孔默使南北二豫州　孔默即本書卷五文帝紀、卷四二王弘傳、卷六九范曄傳、卷九二良吏江秉之傳、卷九三隱逸孔淳之傳之孔默之。六朝人名後之「之」字，有時可省去。

〔一四〕前員外散騎侍郎阮園客使交州　「阮園客」，册府卷一一三作「阮園容」。

〔一五〕眷彼氓庶　「彼」，原作「被」，據南監本、册府卷二一三改。按張元濟、張森楷校勘記並云「被」當作「彼」。

〔一六〕入補通直爲常侍　張森楷校勘記：「『爲』字爲『散騎』二字之訛。」

〔一七〕二十八年卒　文苑英華卷七五四裴子野宋略總論云裴松之卒於元嘉二十六年。按子野，松之之曾孫。

〔一八〕不憂西不時判　「判」字原闕，義不可通。通鑑卷一一六晉紀義熙八年云「荆州不憂不時判」，胡三省注：「判，決也。」今據補。

〔一九〕大功不在此例　「此」字原闕，據通典卷一六七刑法五補。

〔二〇〕以生此疑　「此」字原闕，據通典卷一六七刑法五補。

〔二一〕而諸佐郎並名家年少　「郎」字原闕，據類聚卷二五引沈約宋書、南史卷三三何承天傳、御覽卷二三四引沈約宋書補。

〔二二〕當謂荒儉一時　「當謂」，原作「當時」，據南監本、北監本、汲本、殿本、局本、南史卷三三何承天傳、册府卷五七六改。

〔二三〕數十年中　原作「數一年中」，北監本、汲本、殿本、局本作「數年中」。今據南監本、南史卷三三何承天傳、册府卷五七六改。按王鳴盛十七史商榷卷六一謂「十」字衍文。

〔二四〕委興負海　「委興」，册府卷四七一作「委輸」。

〔二五〕意及淺末　「意及」，册府卷四七一作「意乃」。

〔二六〕寇雖習戰來久　「來」，原作「未」，據宋本册府卷四七一改。

〔二七〕吴城江陵移民南涘　「吴城」二字原闕，據通典卷一九六邊防一二補。

〔二八〕及襄陽之屯　「襄陽」，原作「表陵」，據通典卷一九六邊防一二改。按「襄陽之屯」以下至「果亡柤中」，事見三國志卷四魏書三少帝齊王芳紀裴松之注引習鑿齒漢晉春秋、卷五六吴書朱然傳、晉書卷一宣帝紀。

〔二九〕晉宣王以爲宜徙沔南以實水北　原作「晉宣王以爲宜從江南以北岸」，句訛奪不可通，今據通典卷一九六邊防一二、玉海卷一九引訂正。按晉書卷一宣帝紀云：「帝以沔南近賊，若百姓奔還，必復致寇，宜權留之。」

〔三〇〕斥候之郊非畜牧之所轉戰之地非耕桑之邑　「所轉戰之」四字原闕，據通典卷一九六邊防一二補。

〔三一〕燕弧折卻　「卻」，宋本册府卷四七一作「筋」。

〔三二〕在界首者二萬家　「二萬家」，册府卷四七一作「三萬家」，通典卷一九六邊防一二作「二三萬家」，通鑑卷一二四宋紀元嘉二十三年作「三萬餘家」。

〔三三〕平昌　原作「正昌」，據南監本、殿本、局本、通典卷一九六邊防一二、宋本册府卷四七一改。按本書卷三六州郡志二，青州有平昌郡，無正昌郡。

〔三四〕兗州冀州移泰山以南南至下邳　「兗州冀州移」五字原闕，據通典卷一九六邊防一二補。

〔三五〕春夏佃牧秋冬入保　「秋冬入保」四字原闕，據通鑑卷一二四宋紀元嘉二十三年補。

〔三六〕猶能登陴鼓譟　「陴」，原作「陣」，據南監本、殿本、局本、通典卷一九六邊防一二、册府卷四七一改。

〔三七〕是故戍申作刺怨起及瓜今若以荆吴鋭師遠屯清濟　「刺怨起及瓜今若以荆吴鋭」十一字原闕，據通典卷一九六邊防一二補。按「戍申作刺，怨起及瓜」，用詩王風揚之水「彼其之子，不與我戍申」及左傳莊公八年「及瓜而代」事。

〔三八〕外通官塗　「官塗」，通典卷一九六邊防一二作「宦塗」。

〔三九〕但欲先定民居　「居」字原闕，據通典卷一九六邊防一二補。

〔四〇〕漸就完立　「完」，原作「只」，據通典卷一九六邊防一二改。

〔四一〕兼捍城之用　「捍」字原闕，據通典卷一九六邊防一二補。按册府卷四七一作「兼扞城之用」。捍、扞通。

〔四二〕亦禦敵之要也　「禦」，原作「微徹」二字，據通典卷一九六邊防一二改。

〔四三〕爲承天所糾　「糾」，原作「紀」，據三朝本、南監本、北監本、殿本、局本、册府卷四七八、卷五一八改。

〔四四〕上欲以爲吏部　「吏部」，南史卷三三何承天傳、建康實録卷一二、册府卷四七八並作「吏部郎」。

〔四五〕并前傳雜語纂文論並傳於世　「雜語」，原作「雜論」，據南史卷三三何承天傳改。按舊唐書卷四六經籍志上著録何承天所撰春秋前傳、春秋前傳雜語、纂文。南史無「纂文」下之「論」字，有「及文集」三字。此無「文集」，而云「論」，或即謂安邊論。

宋書卷六十五

列傳第二十五

吉翰　劉道産　杜驥　申恬

吉翰字休文，馮翊池陽人也。初爲龍驤將軍道憐參軍，隨府轉征虜左軍參軍，員外散騎侍郎。隨道憐北征廣固，賜爵建城縣五等男。轉道憐驃騎中兵參軍，從事中郎。爲將佐十餘年，清謹剛正，甚爲高祖所知賞。永初三年，轉道憐太尉司馬。

太祖元嘉元年，出督梁南秦二州諸軍事、龍驤將軍、西戎校尉、梁南秦二州刺史。三年，仇池氏楊興平遣使歸順，并兒弟爲質，翰遣始平太守龐諮據武興〔一〕。仇池大帥楊玄遣弟難當率衆拒諮，又遣將强鹿皮向白水。諮擊破，難當等並退走〔二〕。其年，徙督益寧二州梁州之巴西梓潼宕渠南漢中秦州之安固懷寧六郡諸軍事、益州刺史〔三〕，將軍如故。

在益州著美績，甚得方伯之體，論者稱之。

六年，以老疾徵還，除彭城王義康司徒司馬，加輔國將軍。時太祖經略河南，以翰爲持節、監司雍并三州諸軍事、司州刺史，將軍如故〔四〕。會前鋒諸軍到彥之等敗退，明年，復爲司徒司馬，將軍如故。其年，又假節、監徐兗二州豫州之梁郡諸軍事、徐州刺史，將軍如故。時有死罪囚，典籤意欲活之，因翰八關齋呈其事〔五〕。翰省訖，語「今且去，明可便呈」。明旦，典籤不敢復入，呼之乃來，取昨所呈事視訖，謂之曰：「卿意當欲宥此囚死命。昨於齋坐見其事，亦有心活之。但此囚罪重，不可全貸，既欲加恩，卿便當代任其罪。」因命左右收典籤付獄殺之，原此囚生命。其刑政如此，其下畏服，莫敢犯禁。明年卒官，時年六十。追贈征虜將軍，持節、監、刺史如故。

劉道產，彭城呂人，太尉諮議參軍簡之子也。簡之事在弟子康祖傳。

道產初爲輔國參軍，無錫令，在縣有能名。高祖版爲中軍行參軍，又爲道憐驃騎參軍，襲父爵晉安縣五等侯。廣州羣盜因刺史謝道欣死爲寇〔六〕，攻没州城，道憐加道產振武將軍南討，會始興相劉謙之已平廣州〔七〕，道產未至而反。

元年〔八〕，除寧遠將軍、巴西梓潼二郡太守。郡人黄公生、任肅之、張石之等並譙縱餘燼〔九〕，與姻親侯攬、羅奥等招引白水氐，規欲爲亂。道産誅公生等二十一家，宥其餘黨。還爲彭城王義康驃騎中兵參軍。元嘉三年，督梁南秦二州諸軍事、寧遠將軍、西戎校尉、梁南秦二州刺史。在州有惠化，關中流民，前後出漢川歸之者甚多。六年，道産表置隴西、宋康二郡以領之。

七年，徵爲後軍將軍。明年，遷竟陵王義宣左將軍諮議參軍，仍爲持節、督雍梁南秦三州荆州之南陽竟陵順陽襄陽新野隨六郡諸軍事、寧遠將軍、寧蠻校尉、雍州刺史、襄陽太守。善於臨民，在雍部政績尤著，蠻夷前後叛戾不受化者，並皆順服，悉出緣沔爲居。百姓樂業，民户豐贍，由此有襄陽樂歌，自道産始也。十三年，進號輔國將軍。十九年卒，追贈征虜將軍，謚曰襄侯。道産惠澤被於西土，及喪還，諸蠻皆備衰絰，號哭追送，至于沔口。荆州刺史衡陽王義季啓太祖曰：「故輔國將軍劉道産患背癰，疾遂不救。道産自鎮漢南，境接凶寇，政績既著，威懷兼舉。年時猶可，方宣其用，奄至殞没，傷怨特深。伏惟聖懷，愍惜兼至。」

長子延孫，别有傳。延孫弟延熙，因延孫之廕，大明中，爲司徒右長史，黄門郎，臨海、義興太守。泰始初，與四方同反，伏誅。

道產弟道錫，巴西、梓潼二郡太守。元嘉十八年，爲氐寇所攻，道錫保城退敵，太祖嘉之，下詔曰：「前者兵寇攻逼，邊情波駭，廣威將軍、巴西梓潼二郡太守劉道錫，奬率文武〔一〇〕，盡心固守，保全之績，厥效可書，可冠軍諮議參軍。前建威將軍、晉壽太守申坦，孤城弱衆，厲志致果，死傷參半，壯氣不衰，雖力屈陷没，在誠宜甄。可建威將軍、巴西梓潼二郡太守。」初，氐寇至，城内衆寡，道錫募吏民守城，復租布二十年。及賊退，朝議：「賊雖攻城，一戰便走，聽依本要，於事爲優。」右衞將軍沈演之、丹陽尹羊玄保、後軍長史范曄並謂：「宜隨功勞裁量，不可全用本誓，多者不得過十年。」從之。二十一年，遷揚烈將軍、廣州刺史。二十七年，坐貪縱過度，自杖治中荀齊文垂死，乘轝出城行，與阿尼同載，爲有司所糾，值赦。明年散徵，又以赦後餘贓，收下廷尉，被宥。病卒。

杜驥字度世，京兆杜陵人也。高祖預，晉征南將軍。曾祖耽，避難河西，因仕張氏。苻堅平涼州，父祖始還關中。

兄坦，頗涉史傳。高祖征長安，席卷隨從南還。太祖元嘉中，任遇甚厚，歷後軍將軍，龍驤將軍、青冀二州刺史，南平王鑠右將軍司馬。晚度北人〔一一〕，朝廷常以傖荒遇之〔一二〕，雖復人才可施，每爲清塗所隔，坦以此慨然。嘗與太祖言及史籍，上曰：「金日磾忠孝淳深，漢朝莫及，恨今世無復如此輩人。」坦曰：「日磾之美，誠如聖詔。假使生乎今世，養馬不暇，豈辦見知。」上變色曰：「卿何量朝廷之薄也。」坦曰：「請以臣言之。臣本中華高族，亡曾祖晉氏喪亂，播遷涼土，世葉相承，不殞其舊。直以南度不早，便以荒傖賜隔。日磾胡人，身爲牧圉，便超入内侍，齒列名賢。聖朝雖復拔才，臣恐未必能也。」上嘿然。

北土舊法，問疾必遣子弟。驥年十三，父使候同郡韋華。華子玄有高名，見而異之，以女妻焉。桂陽公義真鎮長安，辟爲州主簿，後爲義真車騎行參軍，員外散騎侍郎，江夏王義恭撫軍刑獄參軍，尚書都官郎，長沙王義欣後軍録事參軍。

元嘉七年，隨到彦之入河南，加建武將軍。索虜撤河南戍悉歸河北，彦之使驥守洛陽。洛陽城不治既久，又無糧食，及彦之敗退，驥欲棄城走，慮爲太祖所誅。初，高祖平關、洛〔一三〕，致鍾虡舊器南還，一大鍾墜洛水。至是太祖遣將姚聳夫領千五百人迎致之。時聳夫政率所領牽鍾於洛水，驥乃詐之曰：「虜既南渡，洛城勢弱，今脩理城池，並已堅固，軍糧又足，所乏者人耳。君率衆見就，共守此城，大功既立，取鍾無晚。」聳夫信之，率所領就驥。既至見城不可守，又無糧食，於是引衆去。驥亦委城南奔，白太祖曰：「本欲以死固守，姚聳夫及城便走，人情沮敗，不可復禁。」上大怒，使建威將軍鄭順之殺聳夫於壽陽。聳夫，吴興武康人。勇果有氣力，宋世偏裨小將莫及〔一四〕。始隨到彦之北伐，與虜遇，聳夫手斬託跋燾叔父英文特勤首〔一五〕，燾以馬百匹贖之。

以驥爲通直郎，射聲校尉，世祖征虜諮議參軍。十七年，出督青冀二州徐州之東莞東安二郡諸軍事、寧遠將軍、青冀二州刺史。在任八年，惠化著於齊土。自義熙至于宋末，刺史唯羊穆之及驥，爲吏民所稱詠。二十四年，徵左軍將軍，兄坦代爲刺史〔一六〕，北土以爲榮焉。坦長子琬爲員外散騎侍郎，太祖嘗有函詔敕坦，琬輒開視。信未發又追取之，敕函已發，大相推檢。丞都答云：「諸郎開視。」上遣主書詰責，驥答曰：「開函是臣第四子季文，伏待刑坐。」上特原不問。二十七年，卒，時年六十四。

長子長文，早卒。

第五子幼文，薄於行。太宗初，以軍功爲驍騎將軍，封邵陽縣男，食邑三百户。尋坐巧佞奪爵。後以發太尉廬江王禕謀反事，拜黄門侍郎。出爲輔國將軍、梁南秦二州刺史。廢帝元徽中，爲散騎常侍。幼文所莅貪横，家累千金，女伎數十人，絲竹晝夜不絶，與沈勃、孫超之居止接近，常相從，又並與阮佃夫厚善〔一七〕。佃夫死，廢帝深疾之。帝微行夜出，輒在幼文門牆之間，聽其弦管，積久轉不能平，於是自率宿衛兵誅幼文、勃、超之等。

幼文兄叔文爲長水校尉，及諸子姪在京邑方鎮者並誅。唯幼文兄季文、弟希文等數人，逃亡得免。

申恬字公休，魏郡魏人也。曾祖鍾，爲石虎司徒。高祖平廣固，恬父宣、宣從父兄永皆得歸國，並以幹用見知。永歷青、兗二州刺史。高祖踐阼，拜太中大夫。宣，太祖元嘉初，亦歷兗、青二州刺史。恬兄謨，與朱脩之守滑臺，爲虜所没，後得叛還。元嘉中，爲竟陵太守。

恬初爲驃騎道憐長兼行參軍〔一八〕。高祖踐阼，拜東宮殿中將軍，度還臺。直省十載，不請休息。轉員外散騎侍郎，出爲綏遠將軍、下邳太守。轉在北海，加寧遠將軍。所至皆有政績。又爲北譙、梁二郡太守，將軍如故。郡境邊接任榛，屢被寇抄。恬到，密知賊來，仍伏兵要害，出其不意，悉皆禽殄。元嘉十二年，遷督魯東平濟北三郡軍事、泰山太守，將軍如故，威惠兼著，吏民便之。臨川王義慶鎮江陵，爲平西中兵參軍、河東太守。衡陽王義季代義慶，又度安西府，加寧朔將軍。召拜太子屯騎校尉，母憂去職。

二十一年，冀州移鎮歷下，以恬督冀州青州之濟南樂安太原三郡諸軍事、揚烈將軍、冀州刺史，明年，加濟南太守。時又遷換諸郡守，恬上表曰：「伏聞朝恩當加臣濟南太守，仰惟優旨，荒心散越。臣殃咎之餘，遭蒙踰忝，寵私罔已，復兼今授，豈其愚迷，所能上荅。臣近至止，即履行所統，究其形宜。河、濟之間，應置戍扞，其中四處，急須脩立，瓫口故城，又是要所，宜移太原，委以邊事。緣山諸邏，並得除省，防衛綏懷，利便非一。呂綽誠效益著，深同臣意，百姓聞者，咸皆附説，急有同異，二三未宜〔一九〕。但房紹之莅郡經年，軍民粗狎〔二〇〕，改以帶臣，有乖舊事〔二一〕。遠牽太原，於民爲苦。而瓫口之計，復成交互，人情非樂，容有不安。疆埸威刑，患不開廣，若得依先處分，公私允緝。」上從之。詔有司曰：「恬所陳當是事宜，近諸除授可悉停。」

北虜入寇，恬摧擊之，爲虜所破，被徵還都。二十七年，起爲通直常侍。是歲，索虜南寇，其武昌王向青州。遣恬援東陽，因與輔國司馬、齊郡太守龐秀之保城固守。蕭斌遣青州別駕解榮之率垣護之還援恬等，仍傍南山得入。賊朝來脅城，日晚輒退。城内乃出車北門外，環壍爲營，欲挑戰。賊不敢逼，停五日，東過抄略清河郡及驛道南數千家，從東安、東莞出下邳。下邳太守垣閬閉城距守，保全二千餘家。虜退，以恬爲寧朔將軍、山陽太守。善於治民，所莅有績。世祖踐阼，遷青州刺史，將軍如故。尋加督徐州之東莞東安二郡諸軍事。明年，又督冀州。齊地連歲興兵，百姓凋弊，恬初防衛邊境，勸課農桑，二三年間，遂皆優實。性清約，頻處州郡，妻子不免飢寒，世以此稱之。進號輔國將軍。孝建二年，遷督豫州軍事、寧朔將軍、豫州刺史。明年，疾病徵還，於道卒，時年六十九。死之日，家無遺財。子寔，南譙郡太守，早卒〔二二〕。謨子元嗣，海陵、廣陵太守。元嗣弟謙，泰始初，以軍功歷軍校，官至輔國將軍、臨川內史。

永子坦，自巴西、梓潼二郡太守遷梁、南秦二州刺史〔二三〕。元嘉二十六年，爲世祖鎮軍諮議參軍。與王玄謨圍滑臺不剋，免官。青州刺史蕭斌板行建威將軍、濟南平原二郡太守，復攻碻磝，敗退，下歷城。蕭思話起義討元凶，假坦輔國將軍，爲前鋒。世祖至新亭，坦亦進剋京城。孝建初，爲太子右衛率，寧朔將軍、徐州刺史。大明元年，虜寇兗州，世祖遣太子左衛率薛安都、新除東陽太守沈法系北討〔二四〕，至兗州，虜已去。坦建議：「任榛亡命，屢犯邊民，軍出無功，宜因此翦撲。」上從之。亡命先已聞知，舉村逃走，安都與法系坐白衣領職，坦棄市。羣臣爲之請，莫能得。將行刑，始興公沈慶之入市抱坦慟哭曰：「卿無罪，爲朝廷所枉誅，我入市亦當不久。」市官以白上，乃原生命，繫尚方。尋被宥，復爲驍騎將軍，病卒。

子令孫，前廢帝景和中，爲永嘉王子仁左軍司馬、廣陵太守。太宗以爲寧朔將軍、徐州刺史，討薛安都。行至淮陽，即與安都合。弟闡，時爲濟陰太守，戍睢陵城，奉順不同安都，安都攻圍不能克。會令孫至，遣往睢陵令説闡降，闡既降，殺之，令孫亦見殺。

先是，清河崔諲亦以將吏見知高祖，永初末，爲振威將軍、東萊太守。少帝初，亡命司馬靈期、司馬順之千餘人圍東萊，諲擊之，斬靈期等三十級。太祖元嘉中，至青州刺史〔二五〕。

史臣曰：漢之良吏，居官者或長子孫，孫、曹之世，善職者亦二三十載，皆敷政以盡民和，興讓以存簡久。及晚代風烈漸衰，非才有起伏，蓋所遭之時異也。劉道産之在漢南，歷年踰十，惠化流於樊沔，頗有前世遺風，故能樹績垂名，斯爲美矣。

校勘記

〔一〕翰遣始平太守龐諮據武興　「龐諮」，册府卷三五一作「龍諮」。

〔二〕諮擊破難當等並退走　册府卷三五一作：「諮擊破難當等，餘並退走。」疑「等」下脱「餘」字。

〔三〕徙督益寧二州梁州之巴西梓潼宕渠南漢中秦州之安固懷寧六郡諸軍事益州刺史　「梁州」之「州」字原闕。孫虨考論卷三：「『梁』下脱『州』字。」按孫説是，今據補。

〔四〕將軍如故　「將軍」上原有「持節」二字，按上文已云持節，此「持節」二字當是衍文，今删去。

〔五〕因翰八關齋呈其事　「八關齋」，原作「入關齋」，據南史卷七〇循吏吉翰傳改。按歲時記：「二月八日，釋氏下生之日，迦文成道之時，信捨之家，建八關齋。」本書卷八九袁粲傳：「孝建元年，世祖率羣臣並於中興寺八關齋。」

〔六〕廣州羣盜因刺史謝道欣死爲寇　「謝道欣」，本書卷五〇劉康祖傳、册府卷六九三、通鑑卷一一八晉紀義熙十三年作「謝欣」。疑涉上文「道産」、「道憐」而衍「道」字。

〔七〕會始興相劉謙之已平廣州　「相劉」二字原闕，據通鑑卷一一八晉紀義熙十三年補。按劉謙之事附見本書卷五〇劉康祖傳。

〔八〕元年　下有元嘉三年，此非永初元年，即景平元年。

〔九〕郡人黄公生任肅之張石之等並譙縱餘燼　「譙縱」，原作「護縱」，據南監本、殿本、局本、册府卷六九三改。

〔一〇〕獎率文武　「獎」，原作「將」，據册府卷三七九改。

〔一一〕晚度北人　「度」，原作「庶」，通鑑卷一二四宋紀元嘉二十三年作「渡」，今據南監本、北監本、殿本、局本、南史卷七〇循吏杜驥傳附杜坦傳改。

〔一二〕朝廷常以傖荒遇之　「荒」，原作「燕」，據南監本、局本、南史卷七〇循吏杜驥傳附杜坦傳、通鑑卷一二四宋紀元嘉二十三年改。

〔一三〕高祖平關洛　「關洛」，原作「西洛」，據南史卷七〇循吏杜驥傳、北堂書鈔卷一五八、初學記卷六引孫嵩宋書改。

〔一四〕宋世偏裨小將莫及　「偏」，原作「扁」，南監本、北監本、殿本、局本作「褊」，今據南史卷七〇循吏杜驥傳附杜坦傳、通鑑卷一二二宋紀元嘉七年改。

〔一五〕聳夫手斬託跋燾叔父英文特勤首　「特勤」，原作「特勒」。按「特勒」當作「特勤」，唐突厥闕特勤碑可證。本書卷九五索虜傳作「直懃」，北魏司馬金龍妻源氏墓誌亦作「直懃」，即特勤之異譯。勤、勒形近而訛，今改正。

〔一六〕二十四年徵左軍將軍兄坦代爲刺史　按本書卷五文帝紀、通鑑卷一二四宋紀，杜坦代杜驥爲青州刺史及杜驥被徵在元嘉二十三年。

〔一七〕又並與阮佃夫厚善　「又」，原作一字空格，據南監本、北監本、殿本、局本、南史卷七〇循吏杜驥傳補。

〔一八〕恬初爲驃騎道憐長兼行參軍　「行」字原闕，據南史卷七〇循吏申恬傳補。

〔一九〕二三未宜　「未」，原作「求」，據三朝本、南監本、北監本、殿本、局本改。

〔二〇〕軍民粗狎　「軍」，原作「君」，據三朝本、南監本、北監本、殿本、局本改。

〔二一〕有乖舊事　「乖」，原作一字空格，據三朝本、南監本、北監本、殿本、局本補。「舊」，原作「永」，據明本册府卷六九一改。

〔三〕早卒　「早卒」前原衍「子謨」二字。殿本考證：「此『子』字當是『兄』字之誤。」孫虨考論卷三：「早卒謂恬子寔也。」按申謨事已見前，不當復云兄謨。「子謨」二字蓋涉下文「謨子元嗣」而衍，今删去。

〔三〕永子坦自巴西梓潼二郡太守遷梁南秦二州刺史　「二郡太守」四字原闕，據本書上下文例補。按孫虨考論卷三：「梓潼下當脱『太守』二字。」

〔四〕世祖遣太子左衛率薛安都新除東陽太守沈法系北討　「左」字原闕，據南史卷七〇循吏申恬傳附申坦傳補。按本書卷八八薛安都傳，安都時爲太子左衛率。

〔五〕太祖元嘉中至青州刺史　按本書卷五文帝紀云元嘉九年六月，「分青州置冀州。（中略）己卯，以司徒參軍崔諲爲冀州刺史」。又南齊書卷二八崔祖思傳、南史卷四七崔祖思傳亦皆云祖思「祖諲，宋冀州刺史」。疑「青州」爲「冀州」之訛。

宋書卷六十六

列傳第二十六

王敬弘　何尚之

王敬弘，琅邪臨沂人也。與高祖諱同〔一〕，故稱字。曾祖廙，晉驃騎將軍。祖胡之，司州刺史。父茂之，晉陵太守。

敬弘少有清尚，起家本國左常侍，衞軍參軍。性恬靜，樂山水〔二〕。爲天門太守〔三〕。敬弘妻，桓玄姊也。敬弘之郡，玄時爲荆州，遣信要令過。敬弘至巴陵，謂人曰：「靈寶見要，正當欲與其姊集聚耳，我不能爲桓氏贅壻。」乃遣別船送妻往江陵。妻在桓氏，彌年不迎。山郡無事，恣其遊適，累日不回，意甚好之。轉桓偉安西長史、南平太守。去官，居作唐縣界〔四〕。玄輔政及篡位，屢召不下。

高祖以爲車騎從事中郎，徐州治中從事史，征西將軍道規諮議參軍。時府主簿宗協亦有高趣，道規並以事外相期。嘗共酣飲致醉，敬弘因醉失禮，爲外司所白，道規即更引還，重申初讌。召爲中書侍郎，始攜家累自作唐還京邑。久之，轉黄門侍郎，不拜。仍除太尉從事中郎，出爲吴興太守。舊居餘杭縣，悦是舉也。尋徵爲侍中。高祖西討司馬休之，敬弘奉使慰勞，通事令史潘尚於道疾病，敬弘單船送還都，存亡不測，有司奏免官，詔可。未及釋朝服，值赦復官。宋國初建，爲度支尚書，遷太常。

高祖受命，補宣訓衞尉，加散騎常侍。永初三年，轉吏部尚書，常侍如故。敬弘每被除召，即便祗奉，既到宜退，旋復解官，高祖嘉其志，不苟違也。復除廬陵王師，加散騎常侍，自陳無德，不可師範令王，固讓不拜。又除祕書監，金紫光禄大夫，加散騎常侍，本州中正，又不就。太祖即位，又以爲散騎常侍、金紫光禄大夫，領江夏王師。

元嘉三年，爲尚書僕射〔五〕。關署文案，初不省讀。嘗豫聽訟，上問以疑獄，敬弘不對。上變色，問左右：「何故不以訊牒副僕射？」敬弘曰：「臣乃得訊牒讀之，政自不解。」上甚不悦。六年，遷尚書令，敬弘固讓，表求還東，上不能奪。改授侍中、特進、左光禄大夫，給親信二十人。讓侍中、特進，求減親信之半，不許。及東歸，車駕幸冶亭餞送。

十二年，徵爲太子少傅。敬弘詣京師上表曰：「伏見詔書，以臣爲太子少傅，承命震惶，喜懼交悸。臣抱疾東荒，志絶榮觀，不悟聖恩，猥復加寵。東宮之重，四海瞻望，非臣薄德，所可居之。今内外英秀，應選者多，且板築之下，豈無高逸，而近私愚朽，污辱清朝。嗚呼微臣，永非復大之一物矣。所以牽曳闕下者，實瞻望聖顔，貪繫表之旨。臣如此而歸，夕死無恨。」詔不許，表疏屢上，終以不拜。東歸，上時不豫，自力見焉。十六年，以爲左光禄大夫、開府儀同三司，侍中如故，又詣京師上表曰：「臣比自啓聞，謂誠心已達，天鑒玄邈，未蒙在宥，不敢宴處，牽曳載馳。臣聞君子行道，忘其爲身，三復斯言，若可庶勉，顧惜惛耄，志與願違。禮年七十，老而傳家。家道猶然，況於在國。伏願陛下矜臣西夕，愍臣一至，特迴聖恩，賜反其所，則天道下濟，愚心盡矣。」竟不拜東歸。二十三年，重申前命，又表曰：「臣躬耕南澧，不求聞達。先帝拔臣於蠻荆之域，賜以國士之遇。陛下嗣徽，特蒙眷齒，由是感激，委質聖朝。雖懷犬馬之誠，遂無塵露之益。年向九十，生理殆盡，永絶天光，淪没丘壑。謹冒奉表，傷心久之。」

明年，薨於餘杭之舍亭山〔六〕，時年八十八〔七〕。追贈本官。順帝昇明二年詔曰：「夫塗祕蘭幽，貞芳載越，徽猷沈遠，懋禮彌昭。故侍中、左光禄大夫、開府儀同三司敬弘，神韻沖簡，識寓標峻，德敷象魏，道藹丘園。高挹榮冕，凝心塵外，清光粹範，振俗淳風。兼以累朝延賞，聲華在詠，而嘉篆闕文，猷策韜采〔八〕，尚想遥芬，興懷寢寤。便可詳定輝謚，式旌追典。」於是謚爲文貞公。

敬弘形狀短小，而坐起端方，桓玄謂之「彈棊八勢」。所居舍亭山，林澗環周，備登臨之美，時人謂之王東山。太祖嘗問爲政得失，敬弘對曰：「天下有道，庶人不議。」上高其言。左右常使二老婢，戴五條五辮，著青紋袴襦，飾以朱粉。女適尚書僕射何尚之弟述之，敬弘嘗往何氏看女，值尚之不在，寄齋中卧。俄頃尚之還，敬弘使二婢守閤不聽尚之入，云「正熱，不堪相見，君可且去」。尚之於是移於它室。子恢之被召爲祕書郎，敬弘爲求奉朝請，與恢之書曰：「祕書有限，故有競。朝請無限，故無競。吾欲使汝處於不競之地。」太祖嘉而許之。敬弘見兒孫歲中不過一再相見，見輒克日。恢之嘗請假還東定省，敬弘克日見之，至日輒不果，假日將盡，恢之乞求奉辭，敬弘呼前，既至閤，復不見。恢之於閤外拜辭，流涕而去。

恢之至新安太守，中大夫。恢之弟瓚之，世祖大明中，吏部尚書，金紫光禄大夫，謚曰貞子。瓚之弟昇之，都官尚書。昇之子延之，昇明末，爲尚書左僕射，江州刺史。

何尚之字彦德，廬江灊人也。曾祖準，高尚不應徵辟。祖惔〔九〕，南康太守。父叔度，恭謹有行業，姨適沛郡劉璩，與叔度母情愛甚篤，叔度母蚤卒，奉姨有若所生。姨亡，朔望必往致哀，并設祭奠，食並珍新，躬自臨視。若朔望應有公事，則先遣送祭，皆手自料簡，流涕對之，公事畢，即往致哀，以此爲常，至三年服竟。義熙五年，吴興武康縣民王延祖爲劫，父睦以告官。新制，凡劫身斬刑，家人棄市。睦既自告，於法有疑。時叔度爲尚書，議曰：「設法止姦，本於情理，非一人爲劫〔一〇〕，闔門應刑。所以罪及同産，欲開其相告，以出爲惡之身。睦父子之至，容可悉共逃亡，而割其天屬，還相縛送，螫毒在手，解腕求全，於情可愍，理亦宜宥。使凶人不容於家，逃刑無所，乃大絶根源也。睦既糾送，則餘人無應復告。」並全之〔一一〕。後爲金紫光禄大夫，吴郡太守，加秩中二千石。太保王弘稱其清身潔己。元嘉八年，卒。

尚之少時頗輕薄，好摴蒱，既長折節蹈道，以操立見稱。爲陳郡謝混所知，與之遊處。家貧，起爲臨津令。高祖領征西將軍〔一二〕，補府主簿。從征長安，以公事免，還都。因患勞疾積年，飲婦人乳，乃得差。以從征之勞，賜爵都鄉侯。少帝即位，爲廬陵王義真車騎諮議參軍。義真與司徒徐羨之、尚書令傅亮等不協，每有不平之言，尚之諫戒，不納。義真被廢，入爲中書侍郎。太祖即位，出爲臨川内史，入爲黄門侍郎，尚書吏部郎，左衛將軍，父憂去職。服闋，復爲左衛，領太子中庶子。尚之雅好文義，從容賞會，甚爲太祖所知。

十二年，遷侍中，中庶子如故。尋改領游擊將軍。

十三年，彭城王義康欲以司徒左長史劉斌爲丹陽尹，上不許。乃以尚之爲尹，立宅南郭外，置玄學，聚生徒。東海徐秀、廬江何曇、黄回、潁川荀子華〔三〕、太原孫宗昌、王延秀、魯郡孔惠宣，並慕道來遊，謂之南學。女適劉湛子黯，而湛與尚之意好不篤。湛欲領丹陽，乃徙尚之爲祠部尚書，領國子祭酒。尚之甚不平。湛誅，遷吏部尚書。時左衛將軍范曄任參機密，尚之察其意趣異常，白太祖宜出爲廣州，若在内釁成，不得不加以鈇鉞，屢誅大臣，有虧皇化。上曰：「始誅劉湛等，方欲超昇後進。曄事跡未彰，便豫相黜斥，萬方將謂卿等不能容才，以我爲信受讒説。但使共知如此，不憂致大變也。」曄後謀反伏誅，上嘉其先見。國子學建，領國子祭酒。又領建平王師，乃徙中書令〔四〕、中護軍。

二十三年，遷尚書右僕射〔五〕，加散騎常侍。是歲造玄武湖，上欲於湖中立方丈、蓬萊、瀛洲三神山，尚之固諫乃止。時又造華林園，並盛暑役人工，尚之又諫，宜加休息，上不許，曰：「小人常自暴背，此不足爲勞。」時上行幸，還多侵夕，尚之又表諫曰：「萬乘宜重，尊不可輕，此聖心所鑒，豈假臣啓。輿駕比出，還多冒夜，羣情傾側，實有未寧。清道而動，帝王成則，古今深誡，安不忘危。若值汲黯、辛毗，必將犯顔切諫，但臣等碌碌，每存順嘿耳。伏願少採愚誠，思垂省察，不以人廢，適可以慰四海之望。」亦優詔納之。

先是患貨重，鑄四銖錢，民間頗盜鑄，多翦鑿古錢以取銅，上患之。二十四年，録尚書江夏王義恭建議，以一大錢當兩，以防翦鑿，議者多同。尚之議曰：「伏覽明命，欲改錢制，不勞採鑄，其利自倍，實救弊之弘筭，增貨之良術。求之管淺，猶有未譬。夫泉貝之興，以估貨爲本，事存交易，豈假數多。數少則幣重〔一六〕，數多則物重，多少雖異，濟用不殊。況復以一當兩，徒崇虚價者邪。凡創制改法，宜從民情，未有違衆矯物而可久也。泉布廢興，未容驟議〔一七〕，前代赤仄白金，俄而罷息，六貨憒亂，民泣於市。良由事不畫一，難用遵行，自非急病權時，宜守久長之業。煩政曲雜，致遠常泥。且貨偏則民病，故先王立井田以一之，使富不淫侈，貧不過匱。雖兹法久廢，不可頓施，要宜而近，粗相放擬。若今制遂行，富人貲貨自倍，貧者彌增其困，懼非所以欲均之意。又錢之形式〔一八〕，大小多品，直云大錢，則未知其格。若止於四銖五銖，則文皆古篆，既非下走所識，加或漫滅，尤難分明，公私交亂，爭訟必起，此最是其深疑者也。命旨兼慮翦鑿日多，以至消盡；鄙意復謂殆無此嫌。民巧雖密，要有蹤跡，且用錢貨銅，事可尋檢，直由屬所怠縱，糾察不精，致使立制以來，發覺者寡。今雖有懸金之名，竟無酬與之實，若申明舊科，禽獲即報，畏法希賞，不日自定矣。愚者之議，智者擇焉，猥參訪逮，敢不輸盡。」

吏部尚書庾炳之、侍中太子左衞率蕭思話、中護軍趙伯符、御史中丞何承天、太常郗敬叔並同尚之議。中領軍沈演之以爲：「龜貝行於上古，泉刀興自有周，皆所以阜財通利，實國富民者也。歷代雖遠，資用彌便，但鑠鑄久廢〔一九〕，兼喪亂累仍，糜散湮滅，何可勝計。晉遷江南，疆境未廓，或土習其風，錢不普用，其數本少，爲患尚輕。今王略開廣，聲教遐暨，金鏹所布，爰逮荒服，昔所不及，悉已流行之矣。用彌曠而貨愈狹，加復競竊翦鑿，銷毀滋繁，刑禁雖重，姦避方密，遂使歲月增貴，貧室日虛〔二〇〕，暨作肆力之氓，徒勤不足以贍〔二一〕。誠由貨貴物賤，常調未革，弗思釐改，爲弊轉深，斯實親教之良時，通變之嘉會。愚謂若以大錢當兩，則國傳難朽之寶，家贏一倍之利，不俟加憲，巧源自絕，施一令而衆美兼，無興造之費，莫盛於茲矣。」上從演之議，遂以一錢當兩，行之經時，公私非便，乃罷。

二十五年〔二二〕，遷左僕射，領汝陰王師，常侍如故。二十八年，轉尚書令，領太子詹事。二十九年，致仕，於方山著退居賦以明所守，而議者咸謂尚之不能固志，太子左衞率袁淑與尚之書曰：「昨遣修問，承丈人已晦志山田，雖曰年禮宜遵，亦事難斯貴，俾疎、班、邴、魏，通美於前策，龔、貢、山、衞，掄軌乎曩篇。規迨休告，雪滌素懷，冀尋幽之歡，畢棲玄之適〔二三〕。但淑逸操偏迴，野性蓼滯，果茲沖寂，必沈樂忘歸。然而邑議塗聞者〔二四〕，謂丈人徽明未耗，譽業方籍，儻能屈事康道，降節殉務，舍南瀕之操，淑此行求決矣〔二五〕。望眷有積，約日無誤。」尚之宅在南澗寺側，故書云「南瀨」，毛詩所謂「于以採蘋，南澗之瀨」也。詔書敦勸，上又與江夏王義恭詔曰：「今朝賢無多，且羊、孟尚不得告謝，尚之任遇有殊，便未宜申許邪。」義恭答曰：「尚之清忠貞固，歷事唯允，雖年在懸車，而體獨克壯，未相申許，下情所同。」尚之復攝職。羊即羊玄保，孟即孟顗，字彥重，平昌安丘人〔二六〕。兄昶貴盛，顗不就徵辟。昶死後，起家爲東陽太守，遂歷吴郡、會稽、丹陽三郡，侍中，僕射，太子詹事，復爲會稽太守，卒官，贈左光禄大夫。子劭，尚太祖第十六女南郡公主，女適彭城王義康、巴陵哀王休若。

尚之既還任事，上待之愈隆。是時復遣軍北伐，資給戎旅，悉以委之。元凶弒立，進位司空，領尚書令。時三方興義，將佐家在都邑，劭悉欲誅之，尚之誘説百端，並得免。世祖即位，復爲尚書令，領吏部，遷侍中、左光禄大夫，領護軍將軍。尋辭護軍，加特進。復以本官領尚書令。丞相南郡王義宣、車騎將軍臧質反，義宣司馬竺超民、臧質長史陸展兄弟並應從誅，尚之上言曰：「刑罰得失，治亂所由，聖賢留心，不可不慎。竺超民爲義宣司馬〔二七〕，賊既遁走，一夫可禽，若反覆昧利，即當取之，非唯免愆，亦可要不義之賞，而超民曾無此意，微足觀過知仁。且爲官保全城府，謹守庫藏，端坐待縛。今戮及兄弟，與向始末無論者復成何異。陸展盡質復灼然，便同之巨逆，於事爲重。臣豫蒙顧待，自殊凡隸，苟有所懷，不敢自默。」超民坐者由此得原。

時欲分荆州置郢州，議其所居。江夏王義恭以爲宜在巴陵，尚之議曰：「夏口在荆、江之中，正對沔口，通接雍、梁〔二八〕，寔爲津要，由來舊鎮，根基不易。今分取江夏、武陵、天門、竟陵、隨五郡爲一州，鎮在夏口，既有見城，浦大容舫。竟陵出道取荆州，雖水路，與去江夏不異，諸郡至夏口皆從流，並爲利便。湘州所領十一郡，其巴陵邊帶長江，去夏口密邇，既分湘中，乃更成大，亦可割巴陵屬新州，於事爲允。」上從其議。荆、揚二州，户口半天下，江左以來，揚州根本，委荆以閫外，至是並分，欲以削臣下之權，而荆、揚並因此虚耗。尚之建言復合二州，上不許。

大明二年，以爲左光禄、開府儀同三司，侍中如故。尚之在家常著鹿皮帽，及拜開府，天子臨軒，百僚陪位，沈慶之於殿廷戲之曰：「今日何不著鹿皮冠？」慶之累辭爵命，朝廷敦勸甚篤，尚之謂曰：「主上虚懷側席，詎宜固辭。」慶之曰：「沈公不效何公，去而復還也。」尚之有愧色。愛尚文義，老而不休，與太常顔延之論議往反，傳於世。立身簡約，車服率素，妻亡不娶，又無姬妾。秉衡當朝，畏遠權柄，親戚故舊，一無薦舉，既以致怨，亦以此見稱。復以本官領中書令。四年，疾篤，詔遣侍中沈懷文、黄門侍郎王釗問疾。薨于位，時年七十九。追贈司空，侍中、中書令如故。謚曰簡穆公。子偃，别有傳。

尚之弟悠之，義興太守，侍中，太常。與琅邪王微相善，悠之卒，微與偃書曰〔三九〕：「吾與義興，直恨相知之晚，每惟君子知我。若夫嘉我小善，矜余不能，唯賢叔耳。」悠之弟愉之，新安太守。愉之弟翌之，都官尚書。悠之子顒之，尚太祖第四女臨海惠公主。太宗世，官至通直常侍。

史臣曰：江左以來，樹根本於揚越，任推轂於荆楚。揚土自廬、蠡以北，臨海而極大江；荆部則包括湘、沅，跨巫山而掩鄧塞。民户境域，過半於天下。晉世幼主在位，政歸輔臣，荆、揚司牧，事同二陝。宋室受命，權不能移，二州之重，咸歸密戚。是以義宣藉西楚彊富，因十載之基，嫌隙既樹，遂規問鼎。而建郢分揚，矯枉過直，藩城既剖，盜實人單，閫外之寄，於斯而盡。若長君南面，威刑自出，至親在外，事不患彊。若運經盛衰，時艱主弱，雖近臣懷禍，止有外憚，吕宗不競，寔由齊、楚，興喪之源，於斯尤著。尚之言并合，可謂識治也矣。

校勘記

〔一〕與高祖諱同　原作「與高祖□□」，南監本、北監本、汲本、殿本、局本作「同高祖諱」，今據南史卷二四王裕之傳、册府卷八二四補。

〔二〕樂山水　「山」，原作「户」，據南監本、北監本、汲本、殿本、局本、南史卷二四王裕之傳、册府卷七八一改。

〔三〕爲天門太守　南史卷二四王裕之傳作「求爲天門太守」。

〔四〕居作唐縣界　「作唐」，原作「作塘」，據南監本、殿本、局本、南史卷二四王裕之傳改。下同並改。按本書卷三七州郡志三，荆州南平郡有作唐縣。

〔五〕元嘉三年爲尚書僕射　本書卷五文帝紀，元嘉三年二月「戊午，以金紫光禄大夫王敬弘爲尚書左僕射」，卷九三隱逸王弘之傳亦云：「太祖即位，敬弘爲左僕射。」疑「僕射」前佚「左」字。

〔六〕明年薨於餘杭之舍亭山　按本書卷五文帝紀、建康實録卷一二，王敬弘卒於元嘉二十五年。

〔七〕時年八十八　「八十八」，原作「八十」，據南史卷二四王裕之傳訂正。張森楷校勘記：「按敬弘表自云年向九十，當以南史爲正。」

〔八〕猷策韜采　「采」，原作「裏」，殿本作「裹」，據册府卷五九五改。

〔九〕祖惔　「惔」，原作「恢」，據晉書卷九三外戚何準傳改。洪頤煊諸史考異卷五云：「晉書何準傳，準三子放、惔、憕。惔官至南康太守。『恢』乃『惔』字之譌。」

〔一〇〕非一人爲劫　南史卷三〇何尚之傳作「非謂一人爲劫」。

〔一一〕並全之　通典卷一六七刑法五作「並合赦之」，册府卷六一五作「並合捨之」。

〔一二〕高祖領征西將軍　「征西」，原作「征南」，據南史卷三〇何尚之傳改。按時在義熙十二年，本書卷二武帝紀中載義熙十二年，劉裕「加領征西將軍、司豫二州刺史」。

〔一三〕潁川荀子華　「荀子華」，原作「苟子華」，據北監本、汲本、殿本、局本、南史卷三〇何尚之傳改。按潁川，荀氏郡望。東海，苟氏郡望。

〔一四〕乃徙中書令　張森楷校勘記：「『乃』係『仍』字之訛。」

〔一五〕二十三年遷尚書右僕射　按本書卷五文帝紀記在元嘉二十二年。

〔一六〕數少則幣重　「重」，原作「輕」，據通鑑卷一二五宋紀元嘉二十四年改。

〔一七〕未容驟議　「未容」二字原闕，據通志卷一三四何尚之傳補。

〔一八〕又錢之形式　「式」，原作「或」，據南監本、殿本、局本改。

〔一九〕但鑠鑄久廢　「鑠鑄」，南監本、殿本、局本、通典卷九食貨九、册府卷五〇〇作「採鑄」。

〔二〇〕貧室日虚　「虚」，原作「處」，殿本、局本作「劇」，今據册府卷五〇〇改。

〔二一〕徒勤不足以贍　「勤」，原作「勒」，據南監本、殿本、局本、通典卷九食貨九、册府卷五〇〇改。

〔二二〕二十五年　「二十」二字原闕。孫彪考論卷三：「上已見二十四年，此當是二十五年。」孫説是，今據補。按本書卷五文帝紀，元嘉二十五年九月辛未，「以尚書右僕射何尚之爲尚書左僕射」。

〔二三〕畢棲玄之適　「棲」，原作一字空格，北監本、殿本、局本注「闕」字。今據册府卷九〇五補。

〔二四〕然而邑議塗聞者　「邑」，原作「已」，據册府卷九〇五改。

〔二五〕淑此行求決矣　「求」，明本册府卷九〇五作「永」。

〔二六〕平昌安丘人　原作「本昌安人」，據南史卷一九謝靈運傳附孟顗傳改。按錢大昕考異卷二一四：「按武帝紀稱平昌孟昶。昶族弟懷玉傳云平昌安丘人。南史謝靈運傳附見孟顗事，亦云平昌安丘人。此『本』字，當爲『平』之訛，『安』下又脱『丘』字。」

〔二七〕竺超民爲義宣司馬　「義宣司馬」四字原闕，據册府卷六一五補。

〔二八〕通接雍梁　「雍梁」，原作「梁攻」，據南監本、北監本、汲本、殿本、局本、南史卷三〇何尚之傳、通鑑卷一二八宋紀孝建元年改。按册府卷四七一作「梁雍」。

〔二九〕與琅邪王微相善悠之卒微與偃書曰　兩「微」字，原並作「徽」，據本書卷六二王微傳改。孫彪考論卷三云：「按即王微也。『徽』字誤。」

宋書卷六十七

列傳第二十七

謝靈運

謝靈運，陳郡陽夏人也。祖玄，晉車騎將軍。父瑍，生而不慧，爲祕書郎，蚤亡。靈運幼便穎悟，玄甚異之，謂親知曰：「我乃生瑍，瑍那得生靈運！」

靈運少好學，博覽羣書，文章之美，江左莫逮。從叔混特知愛之。襲封康樂公，食邑二千户。以國公例，除員外散騎侍郎，不就。爲琅邪王大司馬行參軍。性奢豪，車服鮮麗，衣裳器物，多改舊制，世共宗之，咸稱謝康樂也。撫軍將軍劉毅鎮姑孰，以爲記室參軍。毅鎮江陵，又以爲衛軍從事中郎。毅伏誅，高祖版爲太尉參軍，入爲祕書丞，坐事免。

高祖伐長安，驃騎將軍道憐居守，版爲諮議參軍，轉中書侍郎，又爲世子中軍諮議，黄門侍郎。奉使慰勞高祖於彭城，作撰征賦。其序曰：

蓋聞昏明殊位，貞晦異道，雖景度回革，亂多治寡，是故升平難於恒運，剥喪易以横流。皇晉□□河汾〔一〕，來遷吴楚，數歷九世，年踰十紀，西秦無一援之望，東周有三辱之憤，可爲積禍纏釁，固以久矣。況廼陵塋幽翳，情敬莫遂，日月推薄，帝心彌遠。慶靈將升，時來不爽，相國宋公，得一居貞，回乾運軸，内匡寰表，外清遐陬。每以區宇未統，側席盈慮。值天祚攸興，昧弱授機，龜筮元謀，符瑞景徵。於是仰祇俯協，順天從兆，興止戈之師，躬暫勞之討。以義熙十有二年五月丁酉，敬戒九伐，申命六軍，治兵于京畿，次師于泗上。靈檣千艘，雷輜萬乘，羽騎盈塗，飛旍蔽日。别命羣帥，誨謨惠策，法奇於三略，義祕於六韜。所以鉤棘未曜，殞前禽於金墉，威弧始彀，走鈒隼於滑臺。曾不踰月，二方獻捷。宏功懋德，獨絶古今。天子感東山之劬勞，慶格天之光大，明發興於鑒寐，使臣遵于原隰。余攝官承乏，謬充殊役，皇華愧於先雅，靡鹽頳於征人。以仲冬就行，分春反命。塗經九守，路踰千里。沿江亂淮，遡薄泗、汳，詳觀城邑，周覽丘墳，眷言古迹，其懷已多。昔皇祖作藩，受命淮、徐，道固苞桑，勳由仁積。年月多歷，市朝已改，永爲洪業，纏懷清曆。於是采訪故老，尋履往迹，而遠感深慨，痛心殞涕。遂寫集聞見，作賦撰征，俾事運遷謝，託此不朽。其詞曰：

系烈山之洪緒，承火正之明光。立熙載於唐后〔二〕，申讚事於周王。疇庸命而順位，錫寶珪以徹疆。歷尚代而平顯，降中葉以繁昌。業服道而德徽，風行世而化揚。投前蹤以永冀，省輶質以遠傷。睽謀始于蓍蔡，違用舍於行藏。

庇常善之罔棄，憑曲成之不遺。昭在幽而偕煦，賞彌久而愈私。顧晚草之薄弱，仰青春之葳蕤。引蔓穎於松上，擢纖枝於蘭逵。施隆貸而有渥，報涓塵而無期。歡太階之休明，穆皇道之緝熙。

惟王建國，辨方定隅，內外既正，華夷有殊。惟昔小雅，逮于班書，戎蠻孔熾，是殛是誅。所以宣王用棘於獫狁，高帝方事於匈奴。然侵鎬至涇，自塞及平。闕郊伺鄙，□□□□〔三〕，慕攜王之矯虔，階喪亂之未寧。竊彊秦之三輔，陷隆周之兩京。雄崤、澠以制險，據繞霤而作扃。家永懷於故壤，國顧言於先塋。俟太平之曠期，屬應運之聖明。坤寄通於四瀆，乾假照於三辰。水潤土以顯比，火炎天而同人。惟上相之叡哲，當草昧而經綸。總九流以貞觀，協五才而平分。時來之機，悟先於介石，納隍之誡，一援於生民。龜筮允臧，人鬼同情。順天行誅，司典詳刑。樹牙選徒，秉鉞抗旍。弧矢罄楚孝之心智，戈棘單吳子之精靈。

迅三翼以魚麗，襄兩服以鴈逝。陣未列於都甸，威已振於秦、薊。灑嚴霜於渭城，被和風於洛汭。就終古以比猷，考墳册而莫契。昔西怨於東徂，今北伐而南悲。豈朝野之恒情，動萬乘之幽思。歌零雨於豳風，興採薇於周詩。慶金墉之凱定，眷戎車之遷時。佇千里而感遠，涉弦望而懷期。詔微臣以勞問，奉王命於河湄。夕飲餞以俶裝，旦出宿而言辭。歲既晏而繁慮，日將邁而戀乖。闕敬恭於桑梓，謝履長於庭階〔四〕。冒沈雲之晻藹，迎素雪之紛霏。凌結澌而凝清，風矜籟以揚哀。情在本而易阜，物雖末而難懷。眷余勤以就路，苦憂來其城頹。

爾乃經雉門，啓浮梁，眺鍾巖，越査塘。覽永嘉之紊維，尋建武之緝綱。于時內慢神器，外侮戎狄。君子橫流，庶萌分析。主晉有祀，福禄來格。明兩降覽，三七辭厄。元誕德以膺緯，肇回光於陽宅。明思服於下武，興繼代以消逆。簡文因心以秉道，故沖用而刑廢。孝武捨己以杖賢，亦寧外而治內。覲日化而就損，庶雍熙之可對。閔隆安之致寇，傷龜玉之毀碎。漏妖凶於滄洲，纏釁難而盈紀。時焉依於晉、鄭，國有蹙於百里。賴英謨之經營，弘兼濟以忘己。主褰內而緩虞，澄海外以漬滓。至如昏祲蔽景，鼎祚傾基。黍離有歎，鴻鴈無期。瞻天命之貞符，秉順動而履機。率駿民之思効，普邦國而同歸。盪積霾之穢氛，啓披陰之光暉。反平陵之杳藹，復七廟之依俙。務役簡而農勸，每勞賞而忠甄。燮時雍於祖宗，□□□□□〔五〕。掃逋醜於漢渚，滌僭逆於岷山。羈巢處於西木，引鼻飲於源淵。惠要褫而思韙，援冠弁而來虔。

視治城而北屬，懷文獻之收揚。匪元首之康哉，孰股肱之惟良。譬觀曲而識節，似綴組以成章。業彌纏而彌微，事愈有而莫傷。

次石頭之雙岸，究孫氏之初基。幸漢庶之漏網，憑江介以抗維。初鵲起於富春，果鯨躍於川湄。匝三世而國盛，歷五偽而宗夷。察成敗之相仍，猶脣亡而齒寒。載十二而謂紀，豈蜀滅而吳安。衆咸昧於謀兆，羊獨悟於理端。請廣武以誨情，樹襄陽以作藩。拾建業其如遺，沿萬里而誰難。疾魯荒之詖辭，惡京陵之譖言。責當朝之憚貶，對囊籍而興歎。

敦怙寵而判違，敵既勍而國圮。彼問鼎而何階，必先賊於君子。原性分之異託，雖殊塗而歸美。或卷舒以愚智，或治亂其如矢。謝昧迹而託規，卒安身以全里。周顯節而犯逆，抱正情而喪己。

薄四望而尤眄，歎王路之中鯁。蠢于越之妖燼，敢淩蹈於五嶺。崩雙嶽於中流，擬凶威於荆郢。隱雷霆於帝坐，飛芒鏃於宮省。于時朝有遷都之議，人無守死之志。

寧役。

師旅痛於久勤，城墉闕於素備。安危勢在不侔，衆寡形於見事。於赫淵謀，研其神策。緩轡待機，追奔躡迹。遇雷池而振曜，次彭蠡而殲滌。穆京甸以清晏，撤多壘而

造白石之祠壇，懟二豎之無君。踐掖庭以幽辱，凌祧社而火焚。愍文康之罪己，嘉忠武之立勳。道有屈於災蝕，功無謝於如仁。

訊落星之饗旅，索舊棲於吴餘。迹階阤而不見，横榛卉以荒除。彼生成之樂辰，亦猶今之在余。慨齊吟於爽鳩，悲唐歌於山樞。

弔僞孫於涂首〔六〕，率君臣以奉疆。時運師以伐罪，偏投書於武王。迄西北之落紐，乏東南以振綱。誠鉅平之先覺，實中興之後祥。據左史之攸徵，胡影迹之可量。

過江乘而責始，知遇雄之無謀。厭紫微之宏凱，甘陵波而遠遊。越雲夢而南泝，臨浙河而東浮。榖連弩於川上，候蛟龍於中流。

爰薄方與，迺届歐陽。入夫江都之域，次乎廣陵之鄉。易千里之曼曼，泝江流之湯湯。洊赤圻以經復，越二門而起漲。眷北路以興思，看東山而怡目。林叢薄，路逶迤，石參差，山盤曲。水激瀨而駿奔，日映石而知旭。審兼照之無偏，怨歸流之難濯。羡輕鯈之涵泳，觀翔鷗之落啄。在飛沈其順從，顧微躬而緬邈。

於是抑懷蕩慮，揚搉易難。利涉以吉，天險以艱。于敵伊阻，在國斯便。勾踐行霸於琅邪，夫差爭長於黄川。葛相發歎而思正，曹后愧心於千魂。登高堞以詳覽，知吴濞之衰盛。戒東南之逆氣，成劉后之駥聖。藉鹽鐵之殷阜，臨淮楚之剽輕。盛几杖而弭心，怒抵局而遂爭。忿爰盎之扶禍，惜徒傷於家令。匪條侯之忠毅，將七國之陵正。褒漢藩之治民，並訪賢以招明。佞文辯其誰在，曰鄒陽與枚生。據忠辭於吴朝，執義説於梁庭。敷高才於兔園，雖正言而免刑。闕里既已千載，深儒流於末學。欽仲舒之睟容，遵縫掖於前躅。對園囿而不闚，下帷幙而論屬。相端、非之兩驕，遭弘、偃之雙慝。恨有道之無時，步險塗以側足。

聞宣武之大閲，反師旅於此廛。自皇運之都東，始昌業以濟難。抗素旄於秦嶺，揚朱旗於巴川。懼帝系之墜緒，故黜昏而崇賢。嘉收功以垂世，嗟在嗣而覆旃。德非陟而繼宰，釁踰禹其必顛。

造步丘而長想〔七〕，欽太傅之遺武。思嘉遁之餘風，紹素履之落緒。民志應而顧税，國屯難而思撫。譬乘舟之待楫，象提鈞之假縷。總出入於和就，兼仁用於默語。弘九流以擊四維，復先陵而清舊宇。却西州之成功，指東山之歸予。惜圖南之啓運，恨鵬翼之未舉。

發津潭而迴邁，逗白馬以憩舲。貫射陽而望邗溝，濟通淮而薄角城〔八〕。城坡陁兮淮驚波，平原遠兮路交過。面芃野兮悲橋梓，遡急流兮苦磧沙。敻千里而無山，緬百谷而有居。被宿莽以迷徑，覩生煙而知墟。□□□□□□謂信美其可娛。身少長於樂土，實長歎於荒餘。

□□□□具瘁〔九〕，值歲寒之窮節。視曾雲之崔巍，聆悲飆之掩屑。彌晝夜以滯淫，怨凝陰之方結。望新晴於落日，起明光於躋月。眷轉蓬之辭根，悼朔鴈之赴越。披微物而疚情，此思心其可說。問傜役其幾時，駭閲景於輿没。感曰歸於采薇，予來思於雨雪。豈初征之懼對，冀鸛鳴之在垤。

□□□□踰宿〔一〇〕，鶩吾楫於邳鄉。奚車正以事夏，虺左相以輔湯。綿三代而享邑，廁踐土之一匡。嗟仲幾之寵侮，遂捨存以徵亡。喜薛宰之善對，美士彌之能綱。升曲垣之逶迤，訪淮陰之所都。原入跨之達恥，俟遭時以遠圖。捨西楚以擇木，追南漢以定謨。亂孟津而魏滅，攀井陘而趙徂。播靈威於齊横，振餘猛於龍且。觀讓通而告狶，曷始智而終愚。

迄沂上而停柮，登高圮而不進。石幽期而知賢，張揣景而示信。本文成之素心，要王子於雲仞。豈無累於清霄，直有概於貞吝。始熙績於武關，卒敷功於皇胤。處夷險以解挫，弘憂虞以時順。矜若華之翳晷，哀飛驂之落駿。傷粒食而興念，眷逸翮而思振。

戾臣山而東顧，美相公之前代。嗟殘虜之將糜，熾餘燄於海濟。驅鮐稚於淮曲，暴鰥孤於泗澨。託末命□□雲〔一〕，冀靈武之北閲。惟授首之在晨，當盛暑而選徒。肅嚴威以振響，漸温澤而沾腴。既雲撤於朐城，遂席卷於齊都。曩四關其奚阻，道一變而是乎。

傷炎季之崩弛，長逆布以滔天。假父子以詐愛，借兄弟以僞恩。相魏武以譎狂，宄謨奮於東藩。桴未譟於東郭，身已馘於樓門。

審貢牧於前説，證所作於舊徐。聆泗川之浮磬，翫夷水之蠙珠。草漸苞於熾壤，桐孤榦於嶧隅。慨禹迹於尚世，惠遺文於夏書。

紛征邁之淹留，彌懷古於舊章。商伯文於故服，咸徵名於彭、殤。眺靈壁之曾峯，投呂縣之迅梁。想蹈水之行歌，雖齊汨其何傷。啓仲尼之嘉問，告性命以依方。豈苟然於迂論，聆寓言於達莊。

於是濫石橋，登戲臺。策馬鈞渚，息轡城隅。永感四山，零淚雙渠。怨物華之推驛，慨舟壑之遞遷。謂徂歲之悠闊，結幽思之方根。感皇祖之徽德，爰識沖而量淵。

降俊明以鏡鑑，迴風猷以昭宣。道既底於國難，惠有覃於黎元。士頌歌於政教，民謡詠於渥恩。兼採芑之致美，協漢廣之發言。彊虎氏之搏翼，濁雲網於所禁。驅黔萌以蘊崇，取園陵而湮沈。錫殘落於河西，序淪胥於漢陰。攻方城而折扃，擾譙潁其誰任。世闕才而貽亂，時得賢而興治。救祖考之邦壤，在幽人而枉志。體飛書之遠情，悟犒師之通識。追明達之高覽，契古今而同事。拔淵謨於潛機，騁神鋒於雲旆。驅斥澤而風靡，蹙坑谷而鳥竄。中華免夫左衽，江表此焉緩帶。既剋黜於肥六，又作鎮於彭沛。晏皇塗於國内，震天威於河外。掃東齊而已寧，指西嶠而將泰。值秉均而代謝，寔大業之興廢。心無忝於欒生，事有像於燕惠。抱明哲之不伐，奉宏勳而是税。捐七州以爰來，歸五湖以投袂。屈盛績於平生，申遠期於暮歲。

訪曩載於宋鄙，採陽秋於魯經。晉申好於東吴，鄭憑威於南荆。故反師於曹門，將以塞於夷庚〔一二〕。納五叛以長寇，伐三邑以侵彭。美西鉏之忠辭，快韓厥之奇兵。

追項王之故臺，迹霸楚之遺端。挺宏志於總角，奮英勢於弱冠。氣蓋天而倒日，力拔山而傾湍。始飆起於勾越，中電激於衡關。興偏慮於攸吝，忘即易於所難。忌陳錦而莫照，思反鄉而有歎。且夫殺義害嬰，而慢豐疑〔一三〕，緤賢不策，失位誰持〔一四〕。迨理屈而愈閉〔一五〕，方怨天而懷悲。對駿騅以發憤，傷虞姝於末詞。

陟亞父之故營，諒謀始之非託。遭衰嬴之崩綱，值威炎之結絡。迄皓首於阜陵，猶謬覺於然諾。視一人於三傑，豈在己之庸弱。置豐沛而不舉，故自同於俎鑊。

發下口而游歷，迄西山而弭轡。觀終古之幽憤，懷元王之沖粹。丁戰國之權爭，方恬心於道肆[一六]。學浮丘以就德，友三儒以成類。潔流始於初源，累仁基於前美。撥楚族之休烈，傳芳素於來祀。彊見譽於清虛，德致稱於千里。或避寵以辭姻，或遺榮而不仕。政直言以安身，駿絶才以喪己。驅信道之成終，表昧世之虧始。悟介焉之已差，則不俟於終日。既防萌於未著，雖念德其何益。

爾乃孟陬發節，雷隱蟄驚。散葉荑柯，芳蘤飾萌。麥萋萋於旄丘，柳依依於高城。相睢鳩之集河，觀鳴鹿之食苹。沂泗遠兮清川急，秋冬近兮緒風襲。風流蕙兮水增瀾，訴愁衿兮鑑戚顔。愁盈根而蘊際，戚發條而成端。嗟我行之彌日，待征邁而言旋。荷慶雲之優渥，周雙七於此年。陶逸豫於京甸，違險難於行川。轉歸舷而眷戀[一七]，望脩檣而流漣。願關鄴之遄清，遲華鑾之凱旋。穆淳風於六合，溥洪澤於八埏。須賢愚於大小，順規矩於方圓。固四民之獲所，宜税稷於萊田。苦邯鄲之難步，庶行迷之易痊。長守朴以終稔，亦拙者之政焉。

仍除宋國黃門侍郎，遷相國從事中郎，世子左衛率。坐輒殺門生，免官。高祖受命，降公爵爲侯，食邑五百户。起爲散騎常侍，轉太子左衛率。靈運爲性褊激，多愆禮度，朝廷唯以文義處之，不以應實相許。自謂才能宜參權要，既不見知，常懷憤憤。廬陵王義真少好文籍，與靈運情款異常。少帝即位，權在大臣，靈運構扇異同，非毀執政，司徒徐羨之等患之，出爲永嘉太守。郡有名山水，靈運素所愛好，出守既不得志，遂肆意游遨，徧歷諸縣，動踰旬朔，民間聽訟，不復關懷。所至輒爲詩詠，以致其意焉。在郡一周，稱疾去職，從弟晦、曜、弘微等並與書止之〔一八〕，不從。

靈運父祖並葬始寧縣，并有故宅及墅，遂移籍會稽，脩營別業，傍山帶江，盡幽居之美。與隱士王弘之、孔淳之等縱放爲娛，有終焉之志。每有一詩至都邑，貴賤莫不競寫，宿昔之間，士庶皆徧，遠近欽慕，名動京師。作山居賦并自注，以言其事。曰：

古巢居穴處曰巖棲，棟宇居山曰山居，在林野曰丘園，在郊郭曰城傍，四者不同，可以理推。言心也，黄屋實不殊於汾陽。即事也，山居良有異乎市廛。抱疾就閑，順從性情，敢率所樂，而以作賦。揚子雲云：「詩人之賦麗以則。」文體宜兼，以成其美。今所賦既非京都宮觀遊獵聲色之盛，而敍山野草木水石穀稼之事，才乏昔人，心放俗外，詠於文則可勉而就之，求麗，邈以遠矣。覽者廢張、左之艷辭，尋臺、皓之深意，去飾取素，儻值其心耳。意實言表，而書不盡，遺迹索意，託之有賞。其辭曰：

謝子卧疾山頂，覽古人遺書，與其意合，悠然而笑曰：夫道可重，故物爲輕；理宜存，故事斯忘。古今不能革，質文咸其常。合宮非縉雲之館，衢室豈放勛之堂。邁深心於鼎湖，送高情於汾陽。嗟文成之却粒，願追松以遠遊。嘉陶朱之鼓棹，迺語種以免憂。判身名之有辨，權榮素其無留。孰如牽犬之路既寡，聽鶴之塗何由哉。理以相得爲適，古人遺書，與其意合，所以爲笑。孫權亦謂周瑜「公瑾與孤意合」。夫能重道則輕物，存理則忘事，古今質文可謂不同，而此處不異。縉雲、放勛不以天居爲所樂，故合宮、衢室，皆非淹留，鼎湖、汾陽，乃是所居。□文成張良，却粒棄人間事〔一九〕，從赤松子遊。陶朱范蠡，臨去之際，亦語文種云云。謂二賢既權榮素，故身名有判也。牽犬，李斯之歎。聽鶴，陸機領成都衆大敗後，云「思聞華亭鶴唳，不可復得」。

若夫巢穴以風露貽患，則大壯以棟宇祛弊；宮室以瑶琁致美，則白賁以丘園殊世。惟上託於巖壑〔二〇〕，幸兼善而罔滯。雖非市朝而寒暑均也，雖是築構而餝朴兩逝。易云，上古穴居野處〔二一〕，後世聖人易之以宮室，上棟下宇，以蔽風雨，蓋取諸大壯。琁堂自是素，故曰白賁最是上爻也。此堂世異矣。謂巖壑道深於丘園，而不爲巢穴，斯免□□得寒暑之適〔二二〕，雖是築構，無妨非朝市云云。

昔仲長願言，流水高山；應璩作書，邙阜洛川。勢有偏側，地闕周員。銅陵之奥，卓氏充釽摫之端〔二三〕；金谷之麗，石子致音徽之觀。徒形域之薈蔚，惜事異於栖盤。至若鳳、叢二臺，雲夢、青丘，漳渠、淇園，橘林、長洲，雖千乘之珍苑，孰嘉遯之所遊。且山川之未備，亦何議於兼求。

仲長子云：「欲使居有良田廣宅，在高山流川之畔。溝池自環，竹木周布，場圃在前，果園在後。」應璩與程文信書云〔二四〕：「故求道田，在關之西，南臨洛水，北據邙山，託崇岫以爲宅，因茂林以爲蔭。」謂二家山居，不得周員之美。揚雄蜀都賦云：「銅陵衍〔二五〕。」卓王孫採山鑄銅，故漢書貨殖傳云：「卓氏之臨卭，公擅山川。」揚雄方言：「梁、益之間裁木爲器曰釽，裂帛爲衣曰摫。」金谷，石季倫之别廬，在河南界，有山川林木池沼水碓。其鎮下邳時，過遊賦詩，一代盛集。謂二地雖珍麗，然制作非栖盤之意也。鳳臺，秦穆公時秦女所居，以致簫史。叢臺，趙之崇館。張衡謂趙築叢臺於前，楚建章華於後。楚之雲夢，大中□居長飲賦〔二六〕：楚靈王遊雲夢之中，息於荆臺之上。前方淮之水，左洞庭之波，右顧彭蠡之濤，南望巫山之阿，遂造章華之臺。亦見諸史。淮南青丘，齊之海外，皆獵所。司馬相如云：「秋田乎青丘，徬徨乎海外。」漳渠，史起爲魏文侯所起，溉水之所。淇園，衞之竹園，在淇水之澳，詩人所載。橘林，蜀之園林，揚子雲蜀都賦亦云橘林。左太沖謂户有橘柚之園。長洲，吴之苑囿，左亦謂長洲之茂苑，因江海洲渚以爲苑囿□。□□□□□□□〔二七〕，故□表此園之珍靜〔二八〕。千乘讌嬉之所，非幽人憩止之鄉〔二九〕，且山川亦不能兼茂，隨地勢所遇耳。

覽明達之撫運，乘機緘而理默。指歲暮而歸休，詠宏徽於刊勒。狹三閭之喪江〔三〇〕，矜望諸之去國。選自然之神麗，盡高棲之意得。

余祖車騎建大功淮、肥，江左得免横流之禍。後及太傅既薨，遠圖已輟〔三一〕，於是便求解駕東歸，以避君側之亂。廢興隱顯，當是賢達之心，故選神麗之所，以申高棲之意。經始山川，實基於此。

仰前哲之遺訓，俯性情之所便。奉微軀以宴息，保自事以乘閑。愧班生之夙悟，慙尚子之晚研。年與疾而偕來，志乘拙而俱旋。謝平生於知遊，棲清曠於山川。

謂經始此山，遺訓於後也。性情各有所便，山居是其宜也。易云：「向晦入宴息。」莊周云：「自事其心。」此二是其所處。班嗣本不染世，故曰夙悟；尚平未能去累，故曰晚研。想遲二人，更以年衰疾至。志寡求拙曰乘〔三二〕，并可山居。曰與知遊別，故曰謝平生；就山川，故曰棲清曠。

其居也，左湖右江，往渚還汀。面山背阜，東阻西傾。抱含吸吐，款跨紆縈。緜聯邪亘，側直齊平。

枚乘曰：「左江右湖，其樂無有。」此吴客説楚公子之詞。當謂江都之野，彼雖有江湖而乏山巖，此憶江湖左右與之同，而山嶽形勢，池城所無也。往渚還汀，謂四面有水；面山背阜，亦謂東西有山，便是四水之裏也。抱含吸吐〔三三〕，謂中央復有川。款跨紆縈，謂邊背相連帶。迂回處謂之邪亘；平正處謂之側直。

近東則上田、下湖，西谿、南谷，石埭、石滂，閔硎、黄竹。決飛泉於百仞，森高薄

於千麓。寫長源於遠江，派深毖於近瀆。上田在下湖之水口，名爲田口。下湖在田之下下處，並有名山川。西谿、南谷分流，谷鄣水畎入田口。西谿水出始寧縣西谷鄣〔三四〕，是近山之最高峯者，西溪便是□之背〔三五〕。入西谿之裏，得石埭，以石爲阻，故謂爲埭。石滂在西谿之東，從縣南入九里，兩面峻峭數十丈，水自上飛下。比至外谿，封墱十數里，皆飛流迅激，左右巖壁緑竹。閔硎，在石滂之東谿，逶迤下注良田。黄竹與其連，南界莆中也。

近南則會以雙流，縈以三洲。表裏回游，離合山川。崿崩飛於東峭，槃傍薄於西阡。拂青林而激波，揮白沙而生漣。雙流，謂剡江及小江，此二水同會於山南，便合流注下。三洲在二水之口，排沙積岸，成此洲漲。表裏離合〔三六〕，是其皃狀也。崿者謂回江岑，在其山居之南界，有石跳出，將崩江中，行者莫不駭慄。槃者是縣故治之所，在江之□□用槃石竟渚〔三七〕，並帶青林而連白沙也。

近西則楊、賓接峯，唐皇連縱。室、壁帶谿，曾、孤臨江。竹緣浦以被緑，石照澗而映紅。月隱山而成陰，木鳴柯以起風。楊中、元賓，並小江之近處，與山相接也。唐皇便從北出。室，石室，在小江口南岸。壁，小江北岸。並在楊中之下。壁高四十丈，色赤，故曰照澗而映紅。曾山之西，孤山之南〔三八〕，王子所經始，並臨江，皆被以緑竹。山高月隱，便謂爲陰；鳥集柯鳴，便謂爲風也。

近北則二巫結湖，兩智通沼〔三九〕。橫、石判盡，休、周分表。引脩隄之逶迤，吐泉流之浩漾。山𡾊下而回澤，瀨石上而開道。大小巫湖，中隔一山。外智周回，在圻西北〔四〇〕。邊浦出江，並是美處。義熙中，王穆之居大巫湖，經始處所猶在。兩智皆長溪，外智出山之後四五里許，裏智亦隔一山，出新埭。橫山，野舍之北面。常石，野舍之西北。巫湖舊唐，故曰脩隄。長谿甚遠，故曰泉流。常石𡾊□□□□故曰山𡾊下而回澤〔四一〕。裏智漫石數里，水從上過，故曰瀨石上而開道。休山東北，周里山在休之南，並是北邊。

遠東則天台、桐柏，方石、太平，二韭、四明，五奧、三菁。表神異於緯牒，驗感應於慶靈。淩石橋之莓苔，越楢谿之紆縈。天台、桐柏，七縣餘地，南帶海。二韭、四明、五奧，皆相連接，奇地所無，高於五嶽，便是海中三山之流。韭以菜爲名。四明、方石，四面自然開窗也。五奧者，曇濟道人、蔡氏、郗氏、謝氏、陳氏各有一奧，皆相掎角，並是奇地。三菁，太平之北。太平，天台之始。方石，直上萬丈，下有長谿，亦是縉雲之流云。此諸山並見圖緯，神仙所居。往來要徑石橋，過楢谿，人跡之艱，不復過此也。

遠南則松箴、棲雞，唐嵫、漫石。崪、嵊對嶺，𡻂、孟分隔。入極浦而邅回，迷不知其所適。上嵚崎而蒙籠，下深沈而澆激。棲雞，在保口之上，別浦入其中，周回甚深，四山之裏。松箴在棲雞之上，緣江。唐嵫入太平水路，上有瀑布數百丈。漫石在唐嵫下，郗景興經始精舍，亦是名山之流。崪、嵊與分界，去山八十里，故曰遠南。前嶺鳥道，正當五十里高，左右所無，就下地形高，乃當不稱。遠望[illegible]山甚奇，謂白爍尖者最高，下有良田，王敬弘經始精舍。曇濟道人住孟山，名曰孟埭，芋薯之嘐田。清溪秀竹，迴開巨石，有趣之極。此中多諸浦澗，傍依茂林，迷不知所通，嶔崎深沈，處處皆然，不但一處。

遠西則下闕[四二]。

遠北則長江永歸，巨海延納。崐漲緬曠，島嶼綢沓。山縱橫以布護，水迴沈而縈浥。信荒極之綿眇，究風波之睽合。江從山北流，窮上虞界，謂之三江口，便是大海。老子謂海爲百谷王，以其善處下也。海人謂孤山爲崐。薄洲有山，謂之島嶼，即洲也。漲者，沙始起將欲成嶼，縱橫無常，於一處迴沈相縈擾也。大荒東極，故爲荒極。風波不恒，爲睽合也。

徒觀其南術之□□□□□□□□□岸測深，相渚知淺[四三]。洪濤滿則曾石沒，清瀾減則沈沙顯。及風興濤作，水勢奔壯。于歲春秋，在月朔望。湯湯驚波，滔滔駭浪。電激雷崩，飛流灑漾。凌絶壁而起岑，橫中流而連薄。始迅轉而騰天，終倒底而見壑。此楚貳心醉於吴客，河靈懷慙於海若。南術是其臨江舊宅，門前對江，三轉曾山，路窮四江，對岸西面常石。此二山之間，西南角岸孤山，此二山皆是狹處，故曰生嶮。勇門以南上便大閬，故曰成衍。岸高測深，渚下知淺也。江中有孤石沈沙，隨水增減，春秋朔望，是其盛時。

故枚乘云，楚太子有疾，吴客問之，舉秋濤之美，得以瘳病。太子，國之儲貳，故曰楚貳。河靈，河伯居河，所謂河靈。懼於海若，事見莊周秋水篇。

爾其舊居，曩宅今園，枌槿尚援，基井具存〔四四〕。曲術周乎前後，直陌矗其東西。豈伊臨谿而傍沼，迺抱阜而帶山。考封域之靈異，實兹境之最然。葺駢梁於巖麓，棲孤棟於江源。敞南户以對遠嶺，闢東窗以矚近田。田連岡而盈疇，嶺枕水而通阡。葺室在宅裏山之東麓。東窗矚田，兼見江山之美。三間故謂之駢梁。門前一棟，枕巘上，存江之嶺，南對江上遠嶺。此二館屬望，殆無優劣也。

阡陌縱横，塍埒交經。導渠引流，脉散溝并。蔚蔚豐秫，苾苾香秔〔四五〕。送夏蚤秀，迎秋晚成。兼有陵陸，麻麥粟菽。候時覘節，遞蓺遞孰。供粒食與漿飲〔四六〕，謝工商與衡牧。生何待於多資，理取足於滿腹。許由云：「偃鼠飲河，不過滿腹。」謂人生食足，則歡有餘，何待多須邪。工商衡牧，似多須者，若少私寡欲，充命則足。但非田無以立耳。

自園之田，自田之湖。泛濫川上，緬邈水區。濬潭澗而窈窕，除菰洲之紆餘。毖温泉於春流，馳寒波而秋徂。風生浪於蘭渚，日倒景於椒塗。飛漸榭於中沚，取水月之歡娱。旦延陰而物清，夕棲芬而氣敷。顧情交之永絶，覲雲客之暫如。此皆湖中之美，但患言不盡意，萬不寫一耳。諸澗出源入湖，故曰濬潭澗。澗長是以窈窕。除菰以作洲〔四七〕，言所以紆餘也。

水草則萍藻薀茭，藋蒲芹蓀，蒹菰蘋蘩，蓴荇菱蓮。雖備物之偕美，獨扶渠之華鮮。播緑葉之鬱茂，含紅敷之繽翻。怨清香之難留，矜盛容之易闌。必充給而後搴，豈蕙草之空殘。卷敂弦之逸曲，感江南之哀歎。秦箏倡而溯游往，唐上奏而舊愛還。

搴出離騷。敂弦是采菱歌。江南是相和曲，云江南采蓮。秦箏倡蒹茄篇，唐上奏蒲生詩，皆感物致賦。魚藻蘋蘩荇亦有詩人之詠，不復具敍。

本草所載，山澤不一。雷、桐是別，和、緩是悉。參核六根，五華九實。二冬並稱而殊性，三建異形而同出。水香送秋而擢蒨，林蘭近雪而揚猗。卷柏萬代而不殞，伏苓千歲而方知。映紅葩於緑蔕，茂素蕤於紫枝。既住年而增靈，亦驅妖而斥疵。

本草所出藥處，於今不復依，隨土所生耳。此境出藥甚多，雷公、桐君，古之采藥。醫緩，古之良工，故曰別悉。參核者，雙核桃杏人也。六根者，苟七根、五茄根、葛根、野葛根、□□根也〔四八〕。五華者，堇華、芫華、樣華、菊華、旋覆華也。九實者，連前實、槐實、柏實、兔絲實、女貞實、蛇床實、蔓荆實、蓼實、□□也〔四九〕。二冬者，天門、麥門冬。三建者，附子、天雄、烏頭。水香，蘭草。林蘭，支子。卷柏、伏苓，並皆仙物。凡此衆藥，事悉見於神農。

其竹則二箭殊葉，四苦齊味。水石別谷，巨細各彙。既脩竦而便娟，亦蕭森而蓊蔚。露夕沾而悽陰，風朝振而清氣。捎玄雲以拂杪〔五〇〕，臨碧潭而挺翠。蔑上林與淇澳，驗東南之所遺。企山陽之游踐，遲鸞鷖之棲託。憶崑園之悲調，慨伶倫之哀籥。衛女行而思歸詠，楚客放而防露作。二箭，一者苦箭，大葉；一者笄箭，細葉。四苦，青苦、白苦、紫苦、黄苦。水竹，依水生，甚細密，吳中以爲宅援。石竹，本科叢大，以充屋榱，巨者竿挺之屬，細者無箐之流也。倐竦、便娟、蕭森、蓊蔚，皆竹貌也。上林，關中之禁苑，淇澳，衛地之竹園，方此皆不如。東南會稽之竹箭，唯此地最富焉。山陽，竹林之游；鸞鷖，棲食之所。崑山之竹任爲笛，黄帝時，伶倫斬其厚均者吹之，爲黄鍾之宮。衛女思歸，作竹竿之詩，楚人放逐，東方朔感江潭而作七諫。

其木則松柏檀櫟，□□桐楡〔五一〕。檿柘穀楝，楸梓檉樗。剛柔性異，貞脆質殊。卑高沃堉，各隨所如。榦合抱以隱岑，杪千仞而排虚。夌岡上而喬竦，蔭澗下而扶疏。沿長谷以傾柯，攢積石以插衢。華映水而增光，氣結風而回敷。當嚴勁而葱倩，承和煦而芬腴。送墜葉於秋晏，遲含蕚於春初。皆木之類，選其美者載之。山脊曰岡。岡上澗下，長谷積石，各隨其方。離騷云：「青春受謝〔五二〕，白日昭只。」詩云「蕚不韡韡」也。

植物既載，動類亦繁。飛泳騁透〔五三〕，胡可根源。觀貌相音，備列山川。寒燠順節，隨宜匪敦。草、木、竹，植物。魚、鳥、獸，動物。獸有數種〔五四〕，有騰者，有走者。走者騁，騰者透。謂種類既繁，不可根源，但觀其貌狀，相其音聲，則知山川之好。興節隨宜，自然之數，非可敦戒也。

魚則鰻鱧鮒鱮，鱒鯇鰱鯿，魴鮪魦鱖，鱨鯉鯔鱣。輯采雜色，錦爛雲鮮。唼藻戲浪，汎荇流淵。或鼓鰓而湍躍，或掉尾而波旋。鱸鮆乘時以入浦，鱤魮沿瀨以出泉。

鰻音優。鱧音禮。鮒音附。鱮音敘。鱒音寸袞反。鯇音睆。鰱音連。鯿音毖仙反。魴音房。鮪音痏。魦音沙。鱖音居綴反。鱨音上羊反。鯔音比之反。鱣音竹仚反。皆說文、字林音。詩云：「錦衾有爛。」故云錦爛。鱸鮆一時魚。鱤音感。魮音迅。皆出谿中石上，恒以爲翫。

鳥則鶤鴻鶂鵠，鶖鷺鴇鶬。雞鵻繡質，鷮鸐綬章。晨鳧朝集，時鷮山梁。海鳥違風，朔禽避涼。荑生歸北，霜降客南。接響雲漢，侶宿江潭。聆清哇以下聽，載王子而上參。薄回涉以弁翰，映明壑而自玩。

鶤音昆。鴻音洪。鶂音溢[五五]。左傳云：「六鶂退飛」，字如此。鵠音下竺反。鶖音秋。鷺音路。鴇音保。鶬音相。唐公之馬，與此鳥色同，故謂爲鶬，音相。鷄鵻鷮鸐，見張茂先博物志。鸐音翟，亦雉之美者，此四鳥並美采質。鳧音符，野鴨也，常待晨而飛。鷮音巳消反，長尾雉也。論語云：「山梁雌雉，時哉時哉。」海鳥爰居，臧文仲不知其鳥，以爲神也。事見左傳。朔禽，雁也，寒月轉往衡陽。禮記，霜始降，雁來賓。歲莫云，雁北向[五六]。政是陽初生時，荑生歸北，霜降客南。山雞映水自翫其羽儀者[五七]。

山上則猨猑貍貛，犴獌猰猛。山下則熊羆豺虎，羱鹿麢麖。擲飛枝於窮崖，踔空絶於深硎。蹲谷底而長嘯，攀木杪而哀鳴。猨音袁。猑音魂。貍音力之反。貛音火丸反。犴音五懸反〔五八〕。獌音曼，似貛而長，狼之屬，一曰貙。猰音安黠反。猛音弋生反，貍之黄黑者，一曰似貁。豺音在皆反。羱音元，野羊大角。麢音鬼珉反。麖音京，能踔擲。虎長嘯，猨哀鳴，鳴聲可翫。

緡綸不投，罝羅不披。磻弋靡用，蹄筌誰施。鑑虎狼之有仁，傷遂欲之無崖。顧弱齡而涉道，悟好生之咸宜。率所由以及物，諒不遠之在斯。撫鷗鯈而悦豫，杜機心於林池。八種皆是魚獵之具。自少不殺，至乎白首，故在山中〔五九〕，而此歡永廢。莊周云，虎狼仁獸，豈不父子相親。世云虎狼暴虐者，政以其如禽獸，而人物不自悟其毒害，而言虎狼可疾之甚，苟其遂欲，豈復崖限。自弱齡奉法，故得免殺生之事。苟此悟萬物好生之理。易云：「不遠復，無祇悔。」庶乘此得以入道。莊周云，海人有機心，鷗鳥舞而不下。今無害彼之心，各説豫於林池也。

敬承聖誥，恭窺前經。山野昭曠，聚落羶腥。故大慈之弘誓，拯羣物之淪傾。豈寓地而空言，必有貸以善成。欽鹿野之華苑，羡靈鷲之名山。企堅固之貞林，希菴羅之芳園。雖綷容之緬邈，謂哀音之恒存。建招提於幽峯，冀振錫之息肩。庶鐙王之贈席，想香積之惠餐。事在微而思通〔六〇〕，理匪絶而可温。賈誼弔屈云：「恭承嘉惠。」敬承，亦此之流。聚落是墟邑，謂歌哭諍訟，有諸諠譁，不及山野爲僧居止也。經教欲令在山中，皆有成文。老子云：「善貸且善成。」此道惠物也。鹿苑，説四真諦處。靈鷲山，説般若法華處。堅固林，説泥洹處。菴羅園，説不思議處。今旁林蓺園制苑，仿佛在昔，依然託想，雖綷容緬邈，哀音若存也。招提，謂僧不能常住者，可持作坐處也。所謂息肩。鐙王、香積，事出維摩經。論語云：「温故知新。」理既不絶，更宜復温，則可待爲己之日用也〔六一〕。

爰初經略，杖策孤征。入澗水涉，登嶺山行。陵頂不息，窮泉不停。櫛風沐雨，犯露乘星。研其淺思，罄其短規。非龜非筮，擇良選奇。翦榛開逕，尋石覓崖。四山周回，雙流逶迤。面南嶺，建經臺；倚北阜，築講堂。傍危峯，立禪室；臨浚流，列僧房。對百年之高木〔六二〕，納萬代之芬芳。抱終古之泉源，美膏液之清長。謝麗塔於郊郭，殊世間於城傍。欣見素以抱樸，果甘露於道場。云初經略，躬自履行，備諸苦辛也。罄其淺短，無假於龜筮，貧者既不以麗爲美，所以即安茅茨而已。是以謝郊郭而殊城傍。然清虛寂漠，實是得道之所也。

苦節之僧，明發懷抱。事紹人徒，心通世表。是遊是憩，倚石構草。寒暑有移，至業莫矯。觀三世以其夢，撫六度以取道。乘恬知以寂泊，含和理之窈窕。指東山以冥期，實西方之潛兆。雖一日以千載，猶恨相遇之不早。謂曇隆、法流二法師也〔六三〕。二公辭恩愛，棄妻子，輕舉入山，外緣都絕，魚肉不入口，糞掃必在體，物見之絕歎，而法師處之夷然。詩人西發不勝造道者，其亦如此。往石門瀑布中路高棲之游，昔告離之始，期生東山，沒存西方。相遇之欣，實以一日爲千載，猶慨恨不早。

賤物重己，棄世希靈。駭彼促年，愛是長生。冀浮丘之誘接，望安期之招迎。甘松桂之苦味，夷皮褐以頹形。羨蟬蛻之匪日，撫雲蜺其若驚。陵名山而屢憩，過巖室而披情。雖未階於至道，且緬絕於世纓。指松菌而興言，良未齊於殤彭。此一章敍仙學者雖未及佛道之高〔六四〕，然出於世表矣。浮丘公是王子喬師，安期先生是馬明生師，二事出列仙傳。洞真經云：「今學仙者亦明師以自發悟，故不辭苦味頹形也。」莊周云：「和以天倪。」倪者〔六五〕，崖也。數經歷名山，遇余巖室，披露其情性，且獲長生。方之松菌殤彭，邈然有間也。

山作水役，不以一牧。資待各徒，隨節競逐。陟嶺刊木，除榛伐竹。抽笋自篁，擿箬于谷。楊、勝所拮，秋、冬藴獲。野有蔓草，獵涉蘡薁。亦醞山清，介爾景福。苦以术成，甘以播熟。慕椹高林，剥芨巖椒。掘蒨陽崖，擿䔿陰摽。晝見搴茅，宵見索綯。芟菰翦蒲，以薦以茭。既坭既埏，品收不一。其灰其炭〔六六〕，咸各有律。六月採蜜，八月樸栗。備物爲繁，略載靡悉。此一章謂是山作及水役採拾諸事也。然漁獵之事皆不載。楊，楊桃也。山間謂之木子。葍音覆，字出字林。詩人云：「六月食鬱及薁。」獵涉字出爾雅。术，术酒，味苦〔六七〕。播，播酒，味甘，並至美，兼以療病。播治癰核，术治痰冷。椹音甚，味似菰菜而勝，刊木而作之，謂之慕。芨音及，採以爲紙。蒨音倩，採以爲渫。擗音拗，採以爲飲。採蜜撲栗，各隨其月也。

若迺南北兩居，水通陸阻。觀風瞻雲，方知厥所。兩居謂南北兩處，各有居止。峯嶠阻絶，水道通耳。觀風瞻雲，然後方知其處所。南山則夾渠二田，周嶺三苑。九泉别澗，五谷異巘。羣峯參差出其間，連岫複陸成其坂。衆流溉灌以環近，諸堤擁抑以接遠。遠堤兼陌，近流開湍。淩阜泛波，水往步還。還回往匝，枉渚員巒。呈美表趣，胡可勝單。抗北頂以葺館，瞰南峯以啓軒〔六八〕。羅曾崖於户裏，列鏡瀾於窗前。因丹霞以赬楣，附碧雲以翠椽。視奔星之俯馳，顧□□之未牽〔六九〕。鵾鴻翻翥而莫及，何但鷰雀之翩翾。氿泉傍出，潺湲於東檐；桀壁對跱，硿礲於西霤。脩竹葳蕤以翳薈，灌木森沈以蒙茂。蘿曼延以攀援，花芬薰而媚秀。日月投光於柯間，風露披清於崿岫。夏涼寒燠，隨時取適。階基回互，橑櫺乘隔。此焉卜寢，翫水弄石。邇即回眺，終歲罔斁。傷美物之遂化，怨浮齡之如借。眇遯逸於人羣，長寄心於雲霓。南山是開創卜居之處也。從江樓步路，跨越山嶺，綿亘田野〔七〇〕，或升或降，當三里許。塗路所經見也，則喬木茂竹，緣畛彌阜，橫波疎石，側道飛流，以爲寓目之美觀。及至所居之處，自西山開道，迄于東山，二里有餘。南悉連嶺疊鄣，青翠相接，雲煙霄路，殆無倪際。從逕入谷，凡有三口。方壁西南石門世□南□池東南〔七一〕，皆別載其事。緣路初入，行於竹逕，半路闊，以竹渠澗。既入東南傍山渠，展轉幽奇，異處同美。路北東西路，因山爲鄣。正北狹處，踐湖爲池。南山相對，皆有崖巖。東北枕壑，下則清川如鏡，傾柯盤石，被隩映渚。西巖帶林，去潭可二十丈許，葺基構宇，在巖林之中〔七二〕，水衞石階，開窗對山，仰眺曾峯，俯鏡濬壑。去巖半嶺〔七三〕，復有一樓。迴望周眺，既得遠趣，還顧西館，望對窗户。緣崖下者，密竹蒙逕，從北直南，悉是竹園。東西百丈，南北百五十五丈。北倚近峯，南眺遠嶺，四山周回，溪澗交過，水石林竹之美，巖岫㟪曲之好，備盡之矣。刊翦開築，此焉居處，細趣密翫，非可具記，故較言大勢耳。越山列其表側傍緬□□爲異觀也〔七四〕。

因以小湖，鄰於其隈。衆流所湊，萬泉所回。氿濫異形，首毖終肥。別有山水，路邈緬歸。氿、濫、肥、毖，皆是泉名，事見於詩。云此萬泉所湊，各有形勢。

求歸其路，迺界北山。棧道傾虧，蹬閣連卷。復有水逕，繚繞回圓。瀰瀰平湖，泓泓澄淵。孤岸竦秀，長洲芊綿。既瞻既眺，曠矣悠然。及其二川合流，異源同口。赴隘入險，俱會山首。瀨排沙以積丘，峯倚渚以起阜。石傾瀾而捎巖，木映波而結藪。逕南漘以橫前，轉北崖而掩後。隱叢灌故悉晨暮，託星宿以知左右。往反經過，自非巖澗，便是水逕，洲島相對，皆有趣也。

山川澗石，州岸草木。既標異於前章，亦列同於後牘。山匪砠而是岵，川有清而無濁。石傍林而插巖，泉協澗而下谷。淵轉渚而散芳，岸靡沙而映竹。草迎冬而結葩，樹凌霜而振綠。向陽則在寒而納煦，面陰則當暑而含雪。連岡則積嶺以隱嶙，舉峯則羣竦以巀嶭。浮泉飛流以寫空，沈波潛溢於洞穴。凡此皆異所而咸善，殊節而俱悅。土山載石曰砠。山有林曰岵。此章謂山川衆美，亦不必有，故總敘其最。居山之後事，亦皆有尋求也。

春秋有待，朝夕須資。既耕以飯，亦桑貿衣。藝菜當肴，採藥救頹。自外何事，順性靡違。法音晨聽，放生夕歸。研書賞理，敷文奏懷。凡厥意謂，揚較以揮。且列于言，誡特此推〔七五〕。謂寒待綿纊，暑待絺綌，朝夕飡飲，設此諸業以待之。藥以療疾，又在其外，事之相推，自不得不然。至於聽講放生，研書敷文，皆其所好。韓非有揚較，班固亦云「揚較古今」，其義一也。左思曰：「爲左右揚較而陳之。」

北山二園，南山三苑。百果備列，乍近乍遠。羅行布株，迎早候晚。猗蔚溪澗，森疎崖巘。杏壇、㮈園，橘林、栗圃。桃李多品，梨棗殊所。枇杷林檎，帶谷映渚。椹梅流芬於回巒，椑柿被實於長浦。莊周云：「漁父見孔子杏壇之上。」維摩詰經㮈樹園。揚雄蜀都賦云橘林。左太沖亦云：「户有橘柚之園。」桃李所殖甚多，棗梨事出北河、濟之間，淮、潁諸處，故云殊所也。

畦町所藝，含蘂藉芳，蓼蕺葼薺，葑菲蘇薑。綠葵眷節以懷露，白薤感時而負霜。寒葱摽倩以陵陰，春藿吐苕以近陽。葑菲見詩柏舟中。管子曰：「北伐山戎，得寒葱。」庾闡云，寒葱挺園。灌蔬自供，不待外求者也。

弱質難恒，頹齡易喪。撫鬢生悲，視顔自傷。承清府之有術，冀在衰之可壯。尋名山之奇藥，越靈波而憩轅。採石上之地黄，摘竹下之天門。摭曾嶺之細辛，拔幽澗之溪蓀。訪鍾乳於洞穴，訊丹陽於紅泉。此皆住年之藥，即近山之所出，有采拾，欲以消病也。

安居二時，冬夏三月。遠僧有來，近衆無闕。法鼓朗響，頌偈清發。散華霏蕤，流香飛越。析曠劫之微言，説像法之遺旨。乘此心之一豪，濟彼生之萬理。啓善趣於南倡，歸清暢於北机。非獨愜於予情，諒僉感於君子。山中兮清寂，羣紛兮自絶。周聽兮匪多，得理兮俱悦。寒風兮搔屑，面陽兮常熱。炎光兮隆熾，對陰兮霜雪。愒曾臺兮陟雲根，坐澗下兮越風穴。在兹城而諧賞，傳古今之不滅。衆僧冬夏二時坐，謂之安居，輒九十日。衆遠近聚萃，法鼓、頌偈、華、香四種，是齋講之事。析説是齋講之議。乘此之心，可濟彼之生。南倡者都講，北机者法師。山中靜寂，實是講説之處。兼有林木，可隨寒暑，恒得清和，以爲適也。

好生之篤，以我而觀。懼命之盡，吝景之懽。分一往之仁心，拔萬族之險難。招驚魂於殆化，收危形於將闌。漾水性於江流，吸雲物於天端。覩騰翰之頏頡，視鼓鰓之往還。馳騁者儻能狂愈，猜害者或可理攀。云物皆好生，但以我而觀，便可知彼之情。吝景懼命，是好生事也。能放生者，但有一往之仁心，便可拔萬族之險難。水性雲物，各尋其生。老子云：「馳騁田獵，令人心發狂。」猜害者恒以忍害爲心，見放生之理，或可得悟也。

哲人不存，懷抱誰質。糟粕猶在，啓縢剖袠。見柱下之經二，覩濠上之篇七。承未散之全樸，救已穨於道術。嗟夫！六藝以宣聖教，九流以判賢徒。國史以載前紀，家傳以申世模。篇章以陳美刺，論難以覈有無。兵技醫日，龜筴筮夢之法，風角冢宅，筭數律曆之書。或平生之所流覽，並於今而棄諸。驗前識之喪道，抱一德而不渝。莊周云「輪扁語齊桓公，公之所讀書，聖人之糟粕」。縢者，金縢之流也。柱下，老子。濠上，莊子。二、七，是篇數也。云此二書，最有理，過此以往，皆是聖人之教，獨往者所棄。

伊昔齠齔，實愛斯文。援紙握管，會性通神。詩以言志，賦以敷陳。箴銘誄頌，咸各有倫。爰暨山棲，彌歷年紀。幸多暇日，自求諸己。研精靜慮，貞觀厥美。懷秋成章，含笑奏理。謂少好文章，及山棲以來，别緣既闌，尋慮文詠，以盡暇日之適。便可得通神會性，以永終朝。

若迺乘攝持之告，評養達之篇。畏絶迹之不遠，懼行地之多艱。均上皇之自昔，忌下衰之在斿。投吾心於高人，落賓名於聖賢。廣滅景於崆峒，許遁音於箕山。愚假駒以表谷，涓隱巖以搴芳。□□□□□□□□□□萊庇蒙以織畚〔七六〕。皓棲商而頣志，卿寢茂而敷詞。□□□□□□□〔七七〕，鄭别谷而永逝。梁去霸而之會，□□□□□□〔七八〕。高居唐而胥宇，臺依崖而穴墀。咸自得以窮年，眇貞思於所遺。老子云：「善攝生者。」莊子云，謂之不善持生。又云，養生有無崖，達生者不務生之所無奈何。絶迹，上皇，下衰，賓名，義亦皆出莊周。廣成子在崆峒之上，黄帝之師也。許由隱於箕山，堯以天下讓而不取。愚公居于駒阜〔七九〕，齊桓公逐鹿入山，見之。涓子隱於宕山，好餌术，告伯陽琴心三篇。庚桑偏得老子之道，居㟪壘之山。楚狂接輿，楚王聞其賢，使使者聘之，於是遂游諸名山，在蜀峨眉山上。徐無鬼巖棲，魏侯勞之，問：「先生苦山林矣，乃肯見寡人。」無鬼問：「君絀嗜欲，屏好惡，則耳目察矣。」常采芧栗。老萊子耕於蒙山之陽，著書十五篇，言道家之事，織畚爲業。四皓避秦亂，入商洛深山，漢祖召不能出。司馬長卿高才，而處世不樂預公卿大事，病免，家居茂陵。鄭子真耕隱谷口，大將軍王鳳禮聘不屈〔八〇〕，遂與弟子别於山阿，終身不反。梁伯鸞隱霸陵山中，耕織以自娱，後復入會稽山。臺孝威居武安山下，依崖爲土室，采藥自給。高文通居西唐山，從容自娱也。

曁其窈窕幽深，寂漠虚遠。事與情乖，理與形反。既耳目之靡端，豈足跡之所踐。藴終古於三季，俟通明於五眼。權近慮以停筆，抑淺知而絶簡。謂此既非人跡所求，更待三明五通，然後可踐履耳。故停筆絶簡，不復多云，冀夫賞音悟夫此旨也。

太祖登祚，誅徐羡之等，徵爲祕書監，再召不起，上使光禄大夫范泰與靈運書敦獎之，乃出就職。使整理祕閣書，補足遺闕〔八一〕。又以晉氏一代，自始至終，竟無一家之史，令靈運撰晉書，粗立條流。書竟不就。尋遷侍中，日夕引見，賞遇甚厚。靈運詩書皆兼獨絶，每文竟，手自寫之，文帝稱爲二寶。既自以名輩，才能應參時政，初被召，便以此自許，既至，文帝唯以文義見接，每侍上宴，談賞而已。王曇首、王華、殷景仁等，名位素不踰之，並見任遇〔八二〕，靈運意不平，多稱疾不朝直。穿池植援，種竹樹堇，驅課公役，無復期度。出郭游行，或一日百六七十里，經旬不歸，既無表聞，又不請急。上不欲傷大臣，諷旨令自解。靈運乃上表陳疾，上賜假東歸。將行，上書勸伐河北曰：

自中原喪亂，百有餘年，流離寇戎，湮没殊類。先帝聰明神武，哀濟羣生，將欲盪定趙魏，大同文軌，使久凋反於正化，偏俗歸於華風。運謝事乖，理違願絶，仰德抱悲，恨存生盡。況陵塋未幾，凶虜伺隙，預在有識，誰不憤歎。而景平執事，並非其才，且遘紛京師，豈慮託付。遂使孤城窮陷，莫肯拯赴〔八三〕。忠烈囚朔漠，緜河三千，翻爲寇有。晚遣鎮戍，皆先朝之所開拓，一旦淪亡，此國恥宜雪，被於近事者也。又北境自染逆虜，窮苦備罹，徵調賦斂，靡有止已，所求不獲，輒致誅殞，身禍家破，闔門比屋，此亦仁者所爲傷心者也。

咸云西虜舍末，遠師隴外，東虜乘虛，呼可掩襲。西軍既反，得據關中，長圍咸陽，還路已絶，雖遣救援，停住河東，遂乃遠討大城，欲爲首尾。而西寇深山重阻，根本自固，徒棄巢窟，未足相拯。師老於外，國虛於內，時來之會，莫復過此。觀兵燿威，實在茲日。若相持未已，或生事變，忽值新起之衆，則異於今，苟乖其時，難爲經略，雖兵食倍多，則萬全無必矣。又歷觀前代，類以兼弱爲本，古今聖德，未之或殊。豈不以天時人事，理數相得，興亡之度，定期居然。故古人云：「既見天殃，又見人災，乃可以謀。」昔魏氏之彊，平定荆、冀，乃乘袁、劉之弱；晉世之盛，拓開吴、蜀，亦因葛、陸之衰。此皆前世成事，著於史策者也。自羌平之後，天下亦謂虜當俱滅，長驅滑臺，席卷下城，奪氣喪魄，指日就盡。但長安違律，潼關失守，用緩天誅，假延歲月，日來至今，十有二載，是謂一紀，曩有前言。況五胡代數齊世，虜期餘命，盡於來年。自相攻伐，兩取其困，卞莊之形，驗之今役。仰望聖澤，有若渴飢，注心南雲，爲日已久。來蘇之冀，實歸聖明，此而弗乘，後則未兆。即日府藏，誠無兼儲，然凡造大事，待國富兵彊，不必乘會，於我爲易，貴在得時。器械既充，衆力粗足，方於前後，乃當有優。常議損益，久證冀州口數，百萬有餘，田賦之沃，著自貢典，先才經創，基趾猶存，澄流引源，桑麻蔽野，彊富之實，昭然可知。爲國長久之計，孰若一往之費邪。

或懲關西之敗，而謂河北難守。二境形勢，表裏不同，關西雜居，種類不一，昔在前漢，屯軍霸上，通火甘泉。況乃遠戍之軍，值新故交代之際者乎。河北悉是舊户，差無雜人，連嶺判阻，三關作隘。若遊騎長驅，則沙漠風靡；若嚴兵守塞，則冀方山固。昔隴西傷破，鼂錯興言；匈奴慢侮，賈誼憤歎。方於今日，皆爲賒矣。晉武中主耳，值孫晧虐亂，天祚其德，亦由鉅平奉策，荀、賈折謀，故能業崇當年，區宇一統〔八四〕。況今陛下聰明聖哲，天下歸仁，文德與武功並震，霜威共素風俱舉，協以宰輔賢明，諸王美令，岳牧宣烈，虎臣盈朝，而天威遠命〔八五〕，亦何敵不滅〔八六〕，剗伊頑虜，假日而已哉。伏惟深機志務，久定神謨。臣卑賤側陋，竄景巖穴，實仰希太平之道，傾覩岱宗之封，雖乏相如之筆，庶免史談之憤，以此謝病京師，萬無恨矣。久欲上陳，懼在觸冒〔八七〕，蒙賜恩假，暫違禁省，消渴十年，常慮朝露，抱此愚志，昧死以聞。

靈運以疾東歸，而遊娛宴集，以夜續晝，復爲御史中丞傅隆所奏，坐以免官。是歲，元嘉五年。

靈運既東還，與族弟惠連、東海何長瑜、潁川荀雍、泰山羊璿之，以文章賞會，共爲山澤之游，時人謂之四友。惠連幼有才悟，而輕薄不爲父方明所知。靈運去永嘉還始寧，時方明爲會稽郡。靈運嘗自始寧至會稽造方明，過視惠連，大相知賞。時長瑜教惠連讀書，亦在郡内，靈運又以爲絶倫，謂方明曰：「阿連才悟如此，而尊作常兒遇之。何長瑜當今仲宣，而飴以下客之食。尊既不能禮賢，宜以長瑜還靈運。」靈運載之而去。荀雍字道雍，官至員外散騎郎。璿之字曜璠，臨川内史，爲司空竟陵王誕所遇，誕敗坐誅。長瑜文才之美，亞於惠連，雍、璿之不及也。臨川王義慶招集文士，長瑜自國侍郎至平西記室參軍。嘗於江陵寄書與宗人何勗，以韻語序義慶州府僚佐云：「陸展染鬢髮，欲以媚側室。青青不解久，星星行復出。」如此者五六句，而輕薄少年遂演而廣之，凡厥人士，並爲題目，皆加劇言苦句，其文流行。義慶大怒，白太祖除爲廣州所統曾城令。及義慶薨，朝士詣第敍哀，何勗謂袁淑曰：「長瑜便可還也。」淑曰：「國新喪宗英，未宜便以流人爲念。」廬陵王紹鎮尋陽，以長瑜爲南中郎行參軍，掌書記之任〔八八〕。行至板橋，遇暴風溺死。

靈運因父祖之資，生業甚厚。奴僮既衆，義故門生數百，鑿山浚湖，功役無已。尋山陟嶺，必造幽峻，巖嶂千重，莫不備盡。登躡常著木履〔八九〕，上山則去前齒，下山去其後齒。嘗自始寧南山伐木開逕，直至臨海，從者數百人。臨海太守王琇驚駭，謂爲山賊，徐知是靈運乃安。又要琇更進，琇不肯，靈運贈琇詩曰：「邦君難地嶮，旅客易山行。」在會稽亦多徒衆，驚動縣邑。太守孟顗事佛精懇，而爲靈運所輕，嘗謂顗曰：「得道應須慧業文人〔九〇〕，生天當在靈運前，成佛必在靈運後。」顗深恨此言。

會稽東郭有回踵湖，靈運求決以爲田，太祖令州郡履行。此湖去郭近，水物所出，百姓惜之，顗堅執不與。靈運既不得回踵，又求始寧岯崲湖爲田，顗又固執。靈運謂顗非存利民，正慮決湖多害生命，言論毁傷之，與顗遂構讎隙。因靈運横恣〔九一〕，百姓驚擾，乃表其異志，發兵自防，露板上言。靈運馳出京都，詣闕上表曰：「臣自抱疾歸山，于今三載，居非郊郭，事乖人間，幽棲窮巖，外緣兩絶，守分養命，庶畢餘年。忽以去月二十八日得會稽太守臣顗二十七日疏云：『比日異論噂嗒，此雖相了，百姓不許寂默，今微爲其防。』披疏駭惋，不解所由，便星言奔馳，歸骨陛下。及經山陰，防衞彰赫，彭排馬槍，斷截衢巷，偵邏縱横，戈甲竟道。不知微臣罪爲何事。及見顗，雖曰見亮，而裝防如此，唯有罔懼。臣昔忝近侍〔九二〕，豫蒙天恩，若其罪迹炳明，文字有證，非但顯戮司敗，以正國典，普天之下，自無容身之地。今虚聲爲罪，何酷如之。夫自古讒謗，聖賢不免，然致謗之來，要有由趣。

或輕死重氣，結黨聚羣，或勇冠鄉邦，劍客馳逐。未聞俎豆之學，欲爲逆節之罪；山棲之士，而構陵上之釁。今影迹無端，假謗空設，終古之酷，未之或有。匪吝其生，實悲其痛。誠復内省不疚，而抱理莫申。是以牽曳疾病，束骸歸款。仰憑陛下天鑒曲臨，則死之日，猶生之年也。臣憂怖彌日，羸疾發動，尸存恍惚，不知所陳。」

太祖知其見誣，不罪也。不欲使東歸，以爲臨川内史，加秩中二千石〔九三〕。在郡遊放，不異永嘉，爲有司所糾。司徒遣使隨州從事鄭望生收靈運，靈運執録望生，興兵叛逸，遂有逆志，爲詩曰：「韓亡子房奮，秦帝魯連恥。本自江海人，忠義感君子。」追討禽之，送廷尉治罪。廷尉奏靈運率部衆反叛，論正斬刑，上愛其才，欲免官而已，彭城王義康堅執謂不宜恕，乃詔曰：「靈運罪釁累仍，誠合盡法。但謝玄勳參微管，宜宥及後嗣，可降死一等，徙付廣州。」

其後秦郡府將宗齊受至涂口〔九四〕，行達桃墟村，見有七人下路亂語，疑非常人，還告郡縣，遣兵隨齊受掩討，遂共格戰，悉禽付獄。其一人姓趙名欽，山陽縣人，云：「同村薛道雙先與謝康樂共事，以去九月初，道雙因同村成國報欽云：『先作臨川郡、犯事徙送廣州謝，給錢令買弓箭刀楯等物，使道雙要合鄉里健兒，於三江口篡取謝。若得者，如意之後，功勞是同。』遂合部黨要謝，不及。既還飢饉，緣路爲劫盜。」有司又奏依法收治，太祖詔於廣州行棄市刑。臨死作詩曰：「龔勝無餘生，李業有終盡。嵇公理既迫，霍生命亦殞。悽悽凌霜葉，網網衝風菌。邂逅竟幾何，脩短非所愍。送心自覺前，斯痛久已忍。恨我君子志，不獲巖上泯。」詩所稱龔勝、李業，猶前詩子房、魯連之意也。時元嘉十年，年四十九〔九五〕。所著文章傳於世。子鳳蚤卒。

史臣曰：民禀天地之靈，含五常之德，剛柔迭用，喜愠分情。夫志動於中，則歌詠外發。六義所因，四始攸繫，升降謳謡，紛披風什。雖虞夏以前〔九六〕，遺文不覩，禀氣懷靈，理無或異。然則歌咏所興，宜自生民始也。周室既衰，風流彌著，屈平、宋玉，導清源於前，賈誼、相如，振芳塵於後，英辭潤金石，高義薄雲天。自兹以降，情志愈廣。王褒、劉向、揚、班、崔、蔡之徒，異軌同奔，遞相師祖。雖清辭麗曲，時發乎篇，而蕪音累氣，固亦多矣。若夫平子艷發，文以情變，絕唱高蹤，久無嗣響。至于建安，曹氏基命，二祖陳王〔九七〕，咸蓄盛藻，甫乃以情緯文，以文被質。自漢至魏，四百餘年，辭人才子，文體三變。相如巧爲形似之言，班固長於情理之説，子建、仲宣以氣質爲體，並標能擅美，獨映當時。是以一世之士，各相慕習，原其飇流所始，莫不同祖風、騷。徒以賞好異情，故意製相詭。降及元康，潘、陸特秀，律異班、賈，體變曹、王，縟旨星稠，繁文綺合。綴平臺之逸響，採南皮之高韻，遺風餘烈，事極江右。有晉中興，玄風獨振，爲學窮於柱下，博物止乎七篇，馳騁文辭，義單乎此。自建武暨乎義熙，歷載將百，雖綴響聯辭，波屬雲委，莫不寄言上德，託意玄珠，遒麗之辭，無聞焉爾。仲文始革孫、許之風，叔源大變太元之氣。爰逮宋氏，顏、謝騰聲。靈運之興會標舉，延年之體裁明密，並方軌前秀，垂範後昆。若夫敷衽論心，商榷前藻，工拙之數，如有可言。夫五色相宣，八音協暢，由乎玄黃律呂，各適物宜。欲使宮羽相變，低昂互節〔九八〕，若前有浮聲，則後須切響。一簡之内，音韻盡殊；兩句之中，輕重悉異。妙達此旨，始可言文。至於先士茂製，諷高歷賞，子建函京之作，仲宣霸岸之篇，子荆零雨之章，正長朔風之句，並直舉胸情，非傍詩史，正以音律調韻，取高前式。自騷人以來，多歷年代，雖文體稍精，而此秘未覩〔九九〕。至於高言妙句，音韻天成，皆闇與理合，匪由思至。張、蔡、曹、王，曾無先覺，潘、陸、謝、顏，去之彌遠。世之知音者，有以得之，知此言之非謬。如曰不然，請待來哲。

校勘記

〔一〕皇晉□□河汾　二字空格，百三家集本謝康樂集作「受命」，謝康樂集一本作「鼎移」。

〔二〕立熙載於唐后　孫彪考論卷三：「經傳皆言申祖四岳。『立』字疑『岳』字之訛。」

〔三〕闕郊伺鄙□□□□　四字空格，謝康樂集一本作「圍郭攻城」。

〔四〕謝履長於庭階　孫虨考論卷三：「『履長』疑『履綦』之誤。」

〔五〕燮時雍於祖宗□□□□□□　六字空格，謝康樂集一本作「布乂安於海甸」。

〔六〕弔僞孫於涂首　「涂首」，原作「徐首」。孫虨考論卷三：「按吴志，晧致印綬於琅邪王伷。武，伷謚也。時伷軍向涂中，『徐首』當作『涂首』。」按孫説是，今據改。

〔七〕造步丘而長想　「步丘」，原作「步兵」。錢大昕考異卷二四：「『步兵』當作『步丘』。」按步丘在廣陵，見晉書卷七九謝安傳。今改正。

〔八〕濟通淮而薄角城　「角城」，原作「甬城」，史書中「角城」、「甬城」互見，今據水經注卷三〇淮水、魏書卷五四高閭傳、卷一〇六中地形志中改。説見本書卷三五州郡志一校勘記〔四二〕。

〔九〕□□□□具瘁　謝康樂集一本作「哀神形之具瘁」。

〔一〇〕□□□□踰宿　謝康樂集一本作「停驂騑于踰宿」。

〔一一〕託末命□□雲　「末命」，原作「未命」，據謝康樂集改。又空格處，南監本注「闕」，北監本注「闕二字」，殿本、局本注「缺二字」，謝康樂集注「原缺」，一本作「于風」。

〔一二〕將以塞於夷庚　「夷庚」，原作「夷庾」，南監本作「夷陵」，今據殿本、局本、謝康樂集改。按左傳成公十八年：「今將崇諸侯之姦，而披其地，以塞夷庚。」杜預注：「夷庚，吴晉往來之要道。」

〔一三〕而慢豐疑　疑句有奪誤。按吴金華宋書校點續議(續二):「『慢』的原形應當是『蔑』。」

〔一四〕失位誰持　「持」,原作「時」,據殿本、局本改。

〔一五〕迨理屈而愈閉　「迨」,原作「造」,據殿本、局本改。

〔一六〕方恬心於道肆　「恬」,原作「括」,據殿本改。

〔一七〕轉歸舷而眷戀　「舷」,原作「弦」。孫虨考論卷三:「『弦』蓋『舷』誤文。」按孫説是,今據改。

〔一八〕從弟晦曜弘微等並與書止之　「曜」,原作「燿」,據南監本、殿本、南史卷一九謝靈運傳改。按謝曜亦見於本書卷五八謝弘微傳。

〔一九〕□文成張良却粒棄人間事　一字空格,原作「之」,據北監本、殿本改。按謝康樂集闕文。

〔二〇〕惟上託於巖壑　「託」,原作一字空格,南監本注「缺」字,北監本、殿本、局本注「闕」字,今據謝康樂集補。按又一本空格處作「棲」字。

〔二一〕上古穴居野處　「野」,原作「周」,據南監本、北監本、汲本、殿本、局本、謝康樂集改。

〔二二〕斯免□□得寒暑之適　二字空格,謝康樂集一本作「拘滯」。

〔二三〕卓氏充鈲摫之端　「鈲摫」,原作「鈲槻」,據文選卷四左思蜀都賦改,下注文並改。蜀都賦云:「藏鏹巨萬,鈲摫兼呈。」揚雄方言:「梁、益之間裁木爲器曰鈲,裂帛爲衣曰摫。」

〔二四〕應璩與程文信書云　「應璩」,原作「應據」,據南監本、汲本、局本、謝康樂集改。張元濟校勘記:「『應據』當作『應璩』。」

〔二五〕揚雄蜀都賦云銅陵衍　「賦」字原闕，據南監本、北監本、汲本、殿本、局本補。「衍」，原作「而」，據南監本、北監本、汲本、殿本、局本、百三家集本謝康樂集改。

〔二六〕楚之雲夢大中□居長飲賦　一字空格，謝康樂集一本作「山」。孫虨考論卷三：「居長飲賦有脱誤。此蓋引邊文禮章華臺賦也。」

〔二七〕因江海洲渚以爲苑囿□□□□□□□□□　九字空格，南監本作六字空格，北監本、汲本、殿本、局本作八字空格，謝康樂集一本補「也長洲亦珍靈之所産」九字。

〔二八〕故□表此園之珍靜　一字空格，謝康樂集一本作「特」。

〔二九〕非幽人憩止之鄉　「幽人」及「鄉」三字原闕，據百三家集本謝康樂集補。按此句謝康樂集一本作「非隱逸憩止之地」。

〔三〇〕狹三閭之喪江　類聚卷六四引謝靈運山居賦作「悼三閭之浮江」。

〔三一〕遠圖已輟　「遠圖」，原作「建圖」，據文選卷一九謝靈運述祖德詩注引山居賦注改。按靈運述祖德詩亦云「遠圖因事止」。

〔三二〕志寡求拙曰乘　「乘」，原作「事」，據殿本、局本改。按上文云「志乘拙而俱旋」。

〔三三〕抱含吸吐　「吸吐」，原作「吐吸」，據南監本、局本、百三家集本謝康樂集乙正。

〔三四〕西谿水出始寧縣西谷鄣　「始」字原闕，據南監本、殿本、局本補。

〔三五〕西溪便是□之背　一字空格，謝康樂集一本作「山」。

〔三六〕表裏離合　「離」字原闕，據百三家集本謝康樂集補。按山居賦正文有「表裏回游，離合山川」。

〔三七〕在江之□□用槃石竟渚　二字空格，謝康樂集一本作「東西」。按原注句有訛奪，補「東西」二字，文義亦不可通。

〔三八〕孤山之南　「之」，原作「水」，據南監本、殿本、局本改。

〔三九〕兩⿱利日通沼　錢大昕考異卷二四：「『⿱利日』不見字書，訪之通人，亦無知者。」李慈銘札記：「⿱利日，必非誤字。蓋當時吾越方言也。」

〔四〇〕在圻西北　原作「在西圻北」，據南監本、局本、百三家集本謝康樂集改。

〔四一〕常石巘□□□□故曰山巘下而回澤　四字空格，謝康樂集一本作「低而水曲」。又「山巘下而回澤」，原作「下巘而回澤」，據正文改。

〔四二〕遠西則下闕　「遠西則」下，三朝本闕四十字，殿本、局本、謝康樂集闕四十四字，全宋文闕四十三字。以上字數，各本皆據山居賦正文行數計算。謝康樂集一本補「邛州緑嶺，菌桂臨巖。旁挺龍目，側生荔枝。布緑葉之萋萋，結朱實之離離。匝隆冬而不凋，常蔚鬱以依依」。本注云：「本左太沖蜀都賦也。」按龍目、荔枝，越中所不植，此正文及注文四十八字，顯係後人所補，非靈運原作。今於「遠西則」下補小字注「下闕」二字。

〔四三〕徒觀其南術之□□□□□□□□□□岸測深相渚知淺　原作「徒觀其南術之□□□生巘

□□成衍□岸測深相渚知淺」。蓋注文中有「故曰生巘」、「故曰成衍」語，後人採之以補正文，中空二、三字以示其間有奪文，非靈運原賦句法如此。謝康樂集一本作「徒觀其南術之臨池生巘望遠成衍窺岸測深相渚知淺」，亦不足據。今十字並空白，以示其慎。

〔四四〕爾其舊居曩宅今園枌槿尚援基井具存　「枌」字下原有二字空格，據謝康樂集刪。孫虨考論卷三：「此處無闕字。」李慈銘札記：「此處所闕二字，當在『曩宅』之下。『園』與『存』爲韻。」

〔四五〕蔚蔚豐秫苾苾香秔　「秫」，原作「秋」。孫虨考論卷三：「『秋』疑『秫』字誤。」按孫説是，今據改。

〔四六〕供粒食與漿飲　「漿」字原闕，據殿本、局本、百三家集本謝康樂集補。

〔四七〕除菰以作洲　原作「除菰作洲洲」，據殿本、局本改。

〔四八〕六根者苟七根五茄根葛根野葛根□□根也　按六根數之止五根，疑有脱誤。二字空格，謝康樂集一本作「白芽」。

〔四九〕九實者連前實槐實柏實兔絲實女貞實蛇床實蔓荆實蓼實□□也　二字空格，謝康樂集一本作「黃實」。

〔五〇〕捎玄雲以拂杪　「捎玄」，原作「玄捎」，據南監本、殿本、局本乙正。

〔五一〕其木則松柏檀櫟□□桐楡　二字空格，謝康樂集一本作「梗楠」。

〔五二〕離騷云青春受謝　「受」，原作「者」，據南監本、殿本、局本、謝康樂集改。按離騷亦作「受」。

〔五三〕飛泳騁透　「騁」，原作「騎」，據南監本、殿本、局本改。按下注文云「走者騁」，作「騁」是。

〔五四〕獸有數種　「數」，原作「相」，據殿本、局本改。

〔五五〕鴉音溢　「溢」字原闕，據殿本、局本、謝康樂集補。

〔五六〕雁北向　「雁」，原作「歲」，據南監本、北監本、汲本、殿本、局本、謝康樂集改。

〔五七〕山雞映水自翫其羽儀者　「雞」，原作一字空格，據汲本、局本、百三家集本謝康樂集補。

〔五八〕犴音五懸反　「五」，原作「立」，據南監本、殿本、局本改。按廣韻「二十八翰」犴作「五干切」。

〔五九〕故在山中　原作「故在山中中」，據北監本、汲本、殿本、局本、萬曆本謝康樂集删一「中」字。按百三家集本謝康樂集作「故在山林中」。

〔六〇〕事在微而思通　「微」字原闕，據殿本、局本、百三家集本謝康樂集補。

〔六一〕則可待爲己之日用也　「待」，萬曆本謝康樂集作「恃」。

〔六二〕對百年之高木　「高木」，南監本、局本、萬曆本謝康樂集作「喬木」。

〔六三〕謂曇隆法流二法師也　「曇隆」，原作「曇降」，據殿本、百三家集本謝康樂集改。

〔六四〕此一章敍仙學者雖未及佛道之高　「章」，原作「言」，據殿本、謝康樂集改。

〔六五〕和以天倪倪者　二「倪」字，原並作「兒」，據殿本、局本改。按莊子寓言作「倪」。

〔六六〕其灰其炭　「其炭」二字原闕，據殿本、謝康樂集補。

〔六七〕朮朮酒味苦　「苦」，原作「甘」，據南監本、殿本、局本、謝康樂集改。

〔六八〕瞰南峯以啓軒　「瞰」，原作「殷」，據類聚卷六四引謝靈運山居賦、萬曆本謝康樂集改。

〔六九〕顧□□之未牽　二字空格，謝康樂集一本作「飛埃」二字。

〔七〇〕綿亘田野　「亘」，原作「具」，據北監本、汲本、殿本、局本、謝康樂集改。

〔七一〕方壁西南石門世□南□池東南　二處空格，謝康樂集一本「世」下作「稱」字，「南」下作「有」字。

〔七二〕在巖林之中　「巖」，原作一字空格，據南監本、北監本、汲本、殿本、局本、百三家集本謝康樂集補。

〔七三〕去巖半嶺　「去」，原作一字空格，據南監本、北監本、汲本、殿本、局本、百三家集本謝康樂集補。

〔七四〕越山列其表側傍緬□□爲異觀也　二字空格，謝康樂集一本作「雲霓」二字。

〔七五〕且列于言誠特此推　李慈銘札記：「『誠特』疑『試待』之誤。」

〔七六〕□□□□□□□□□□□□□萊庇蒙以織畚　十七字空格，南監本、北監本注「闕十七字」，百三家集本謝康樂集有「庚宅壘以葆和，輿涉峩而善狂」十二字，又「萊庇蒙以織畚」下，有「徐韜魏而採芋」六字。「庚宅壘以葆和，輿涉峩而善狂」十二字，謝康樂集一本又作「庚依崐以入道，輿却聘以徜徉」。疑皆後人據注文補入者，非靈運原文。

〔七七〕卿寢茂而敷詞□□□□□□　六字空格，南監本、北監本注「闕五字」，殿本注「闕六字」。謝康樂集連寫，不云有闕文。錢大昕諸史拾遺：「一本連寫，不云有闕，然以韻求之，亦不甚叶。」又謝康樂集一本作「籍嗜酒以長嘯」。亦後人所補，非靈運原文。

〔七八〕梁去霸而之會□□□□□□　六字空格，南監本、北監本、殿本注「闕六字」。謝康樂集連寫，不云有闕文。錢大昕諸史拾遺：「一本連寫，不云有闕，然以韻求之，亦不甚叶。」

〔七九〕愚公居于駒阜　「駒阜」，原作「欲阜」，據殿本、局本、謝康樂集改。

〔八〇〕病免家居茂陵鄭子真耕隱谷口大將軍王鳳禮聘不屈　此二十二字原作空格，據謝康樂集補。又謝康樂集一本作「嘗著子虛賦。阮籍嗜酒，能嘯，聲若鳳音。鄭生好隱居，入山中」二十三字，蓋後人既妄補正文於前，又妄補注文於後，皆非靈運原文。

〔八一〕補足遺闕　「遺」字原闕，據册府卷六〇八補。

〔八二〕「書竟不就尋遷侍中」至「名位素不踰之並見任遇」　「竟不就」至「名位素不踰之並」八十九字原闕，據南監本、北監本、汲本、殿本、局本、通志卷一三二謝靈運傳補，並參校南史卷一九謝靈運傳、册府卷八三八、御覽卷六三四引宋書。按通志當襲自南史，疑南史謝靈運傳脱漏數十字。南監以下諸本，應依據無脱訛之南史補。本書於劉義隆稱廟號作太祖，南史舉謚法稱文帝，本段兩見「文帝」，此是南監本等用南史補本書之明證。

〔八三〕莫肯拯赴　「拯赴」，原作「極」一字，萬曆本謝康樂集作「拯」一字，今據册府卷四七七改。

〔八四〕區宇一統　「宇」，原作「于」，據南監本、北監本、汲本、殿本、局本、謝康樂集、册府卷四七七改。

〔八五〕而天威遠命　「威」，原作「或」，據萬曆本謝康樂集、册府卷四七七改。

〔八六〕亦何敵不滅　「何」，原作「同」，據南監本、殿本、局本、册府卷四七七改。

〔八七〕懼在觸冒　「觸冒」，原作「觸置」，據册府卷四七七改。按「觸置」無義。本書卷四一后妃孝武文穆王皇后傳附王藻傳云：「敢緣恩燾，觸冒披聞。」與此同。

〔八八〕掌書記之任　「書」字原闕，據南史卷一九謝靈運傳附何長瑜傳、册府卷七二七、卷八九五補。

〔八九〕登躡常著木履　「履」，南史卷一九謝靈運傳、册府卷八五五、御覽卷三八、卷六九八引宋書作「屐」。疑作「屐」是。

〔九〇〕得道應須慧業文人　「文人」，南史卷一九謝靈運傳、御覽卷四九八引沈約宋書、卷六五四引宋書作「丈人」。蓋南史慧業句絕，丈人以稱孟顗，文義自較宋書爲勝。然慧業文人之語，已多見古人引用，故今因仍不改。

〔九一〕因靈運橫恣　「因」上，册府卷九三二有「顗」字。

〔九二〕臣昔忝近侍　「近」字原疊，據南監本、北監本、汲本、殿本、局本、册府卷九三二删。

〔九三〕加秩中二千石　「加」，原作一字空格，南監本、北監本、汲本、殿本、局本作「賜」，今據册府卷一九〇、卷九三二補。

〔九四〕其後秦郡府將宗齊受至涂口　「宗齊受」，南史卷一九謝靈運傳作「宋齊受」。「涂口」，原作「除口」，據南史改。按涂口，即今江蘇六合瓜埠口。

〔九五〕時元嘉十年年四十九　「年」字原不疊，據南監本、殿本、局本補。王鳴盛十七史商榷卷五九：「靈運死時元嘉十年，年四十九。下『年』字脱。」

〔九六〕雖虞夏以前　「前」字原闕，據南監本、殿本、局本補。按文選卷五〇沈約謝靈運傳論亦有「前」字。

〔九七〕二祖陳王　「二祖」，文選卷五〇沈約謝靈運傳論作「三祖」。二祖謂操、丕，三祖謂操、丕、叡。

〔九八〕低昂互節　文選卷五〇沈約謝靈運傳論作「低昂舛節」。

〔九九〕自騷人以來多歷年代雖文體稍精而此秘未覩　「多歷年代雖文體稍精而」十字原闕，據文選卷五〇沈約謝靈運傳論補。

宋書卷六十八

列傳第二十八

武二王

彭城王義康　南郡王義宣

彭城王義康，年十二，宋臺除督豫司雍并四州諸軍事、冠軍將軍、豫州刺史。時高祖自壽陽被徵入輔，留義康代鎮壽陽。又領司州刺史，進督徐州之鍾離、荆州之義陽諸軍事。永初元年，封彭城王，食邑三千户，進號右將軍〔一〕。二年，徙監南豫豫司雍并五州諸軍事、南豫州刺史，將軍如故。三年，遷使持節、都督南徐兗二州揚州之晉陵諸軍事、南徐州刺史〔二〕，將軍如故。太祖即位，增邑二千户，進號驃騎將軍，加散騎常侍，給鼓吹一部。尋加開府儀同三司。元嘉三年，改授都督荆湘雍梁益寧南北秦八州諸軍事、荆州刺史〔三〕，給班劍三十人，持節、常侍、將軍如故。義康少而聰察，及居方任，職事修理。

六年，司徒王弘表義康宜還入輔，徵侍中、都督揚南徐兗三州諸軍事、司徒、録尚書事，領平北將軍、南徐州刺史，持節如故。二府並置佐領兵，與王弘共輔朝政。弘既多疾，且每事推謙，自是内外衆務，一斷之義康。太子詹事劉湛有經國才，義康昔在豫州，湛爲長史，既素經情款，至是意委特隆，人物雅俗，舉動事宜，莫不咨訪之，故前後在藩，多有善政，爲遠近所稱。九年，弘薨，又領揚州刺史。其年太妃薨，解侍中，辭班劍。十二年，又領太子太傅，復加侍中、班劍。

義康性好吏職，鋭意文案，糾剔是非，莫不精盡。既專總朝權，事決自己，生殺大事，以録命斷之。凡所陳奏，入無不可，方伯以下，並委義康授用，由是朝野輻湊，勢傾天下。義康亦自强不息，無有懈倦。府門每旦常有數百乘車，雖復位卑人微，皆被引接。又聰識過人，一聞必記，常所暫遇，終生不忘，稠人廣席，每標所憶以示聰明，人物益以此推服之。愛惜官爵，未嘗以階級私人，凡朝士有才用者，皆引入己府，無施及忤旨，即度爲臺官。自下樂爲竭力，不敢欺負。太祖有虚勞疾，寢頓積年，每意所想〔四〕，便覺心中痛裂，屬纊者相係。義康入侍醫藥〔五〕，盡心衛奉，湯藥飲食，非口所嘗不進；或連夕不寐，彌日不解衣；内外衆事，皆專決施行。十六年，進位大將軍，領司徒，辟召掾屬。

義康素無術學，闇於大體，自謂兄弟至親，不復存君臣形迹，率心逕行，曾無猜防。私置僮部六千餘人，不以言臺。四方獻饋，皆以上品薦義康，而以次者供御。上嘗冬月噉甘，歎其形味並劣，義康在坐曰：「今年甘殊有佳者。」遣人還東府取甘，大供御者三寸。尚書僕射殷景仁爲太祖所寵，與太子詹事劉湛素善，而意好晚衰。湛常欲因宰輔之權以傾之，景仁爲太祖所保持，義康屢言不見用，湛愈憤。南陽劉斌，湛之宗也，有涉俗才用，爲義康所知，自司徒右長史擢爲左長史。從事中郎琅邪王履、主簿沛郡劉敬文、祭酒魯郡孔胤秀，並以傾側自入，見太祖疾篤，皆謂宜立長君。上疾嘗危殆，使義康具顧命詔。義康還省，流涕以告湛及殷景仁，湛曰：「天下艱難，詎是幼主所御。」義康、景仁並不答。而胤秀等輒就尚書儀曹索晉咸康末立康帝舊事〔六〕，義康不知也。及太祖疾豫，微聞之。而斌等既爲義康所寵，又威權盡在宰相，常欲傾移朝廷，使神器有歸。遂結爲朋黨，伺察省禁，若有盡忠奉國，不與己同志者，必構造愆釁，加以罪黜。每採拾景仁短長，或虛造異同以告湛。自是主相之勢分，內外之難結矣。

義康欲以斌爲丹陽尹，言次啓太祖，陳其家貧。上覺其旨，義康言未卒〔七〕，上曰：「以爲吳郡。」後會稽太守羊玄保求還，義康又欲以斌代之，又啓太祖曰：「羊玄保欲還，不審以誰爲會稽？」上時未有所擬〔八〕，倉卒曰：「我已用王鴻。」自十六年秋，不復幸東府。

上以嫌隙既成，將致大禍。十七年十月，乃收劉湛付廷尉，伏誅。又誅斌及大將軍録事參軍劉敬文、賊曹參軍孔邵秀、中兵參軍邢懷明、主簿孔胤秀、丹陽丞孔文秀、司空從事中郎司馬亮、烏程令盛曇泰等。徙尚書庫部郎何默子、餘姚令韓景之、永興令顏遥之、湛弟黄門侍郎素、斌弟給事中温於廣州，王履廢於家。胤秀始以書記見任，漸預機密，文秀、邵秀，皆其兄也〔九〕。司馬亮，孔氏中表，並由胤秀而進。懷明、曇泰爲義康所遇。默子、景之、遥之，劉湛黨也。

其日敕義康入宿〔一〇〕，留止中書省，其夕分收湛等，青州刺史杜驥勒兵殿内，以備非常。遣人宣旨告以湛等罪釁，義康上表遜位曰：「臣幼荷國靈，爵遇踰等。陛下推恩睦親，以隆棠棣，愛忘其鄙，寵授遂崇，任總内外，位兼台輔。不能正身率下，以肅庶僚，暱近失所，漸不自覺，致令毁譽違實，賞罰謬加，由臣才弱任重，以及傾撓。今雖罪人即戮，王猷載靜，養釁貽垢，實由於臣。鞠躬慄悚，若墮谿壑，有何心顏，而安斯寵，輒解所職，待罪私第。」改授都督江州諸軍事、江州刺史，持節、侍中、將軍如故，出鎮豫章。停省十餘日，桂陽侯義融、新喻侯義宗、祕書監徐湛之往來慰視。於省奉辭，便下渚。上唯對之慟哭，餘無所言。上又遣沙門釋慧琳視之，義康曰：「弟子有還理不？」慧琳曰：「恨公不讀數百卷書。」征虜司馬蕭斌，昔爲義康所暱，劉斌等害其寵，讒斥之。乃以斌爲諮議參軍，領豫章太守，事無大小，皆以委之。司徒主簿謝綜，素爲義康所狎，以爲記室參軍，左右愛念者，並聽隨從至豫章。辭州，見許，增督廣交二州湘州之始興諸軍事。資奉優厚，信賜相係，朝廷大事，皆報示之。義康未敗，東府聽事前井水忽涌溢，野雉江鷗並飛入所住齋前。

龍驤參軍巴東扶令育詣闕上表曰：

蓋聞哲王不逆切旨之諫，以博聞爲道；人臣不忌殲夷之罰，以盡言爲忠。是故周昌極諫，馮唐面折，孝惠所以克固儲嗣，魏尚所以復任雲中。彼二臣豈好逆主干時，犯顔違色者哉。又爰盎之諫孝文曰：「淮南王若道遇疾死〔一二〕，則陛下有殺弟之名。奈何？」文帝不用，追悔無及。臣草莽微臣，竊不自揆，敢抱葵藿傾陽之心，仰慕周易匪躬之志，故不遠六千里，願言命侶，謹貢丹愚，希垂察納。

伏惟陛下躬執大象，首出萬物，王化咸通，三才必理，闢天人之路〔一三〕，開大道之門，搜殊逸于巖穴，招奇英於側陋，窮谷無白駒之倡，喬岳無遺寶之嗟，豈特羅飛翮于垂天，網沈鱗於溟海。況於彭城王義康，先朝之愛子，陛下之次弟哉。一旦黜削，遠送南垂，恩絶于内，形隔於遠，躬離明主，身放聖世，草萊黔首，皆爲陛下痛之。臣追惟景平、元嘉之釁，幾於危殆，三公託以興廢之宜，密懷不臣之計，台輔伺隙於京甸，强楚窺窬於上流，或苞惡而窺國〔一三〕，或顯逆而陵主，有生之所惴恐，神祇之所忿忌也。賴宗社靈長，廟筭流遠，灑滌塵埃，殲馘醜類，氛霧時靖，四門載清。當爾之時，義康豈不預參皇謀，均此休否哉。且陛下舊楚形勝，非親勿居，遂以驃騎之號，任以藩夏之重，撫政南郢，綏民遏寇，播皇宋之澤，以洽幽荒。陛下之潤，被之九有，豈直南荆之民沾渥而已焉。遂召之以宰輔，又寄之以和味，既居三事，又牧徐、揚，所以幽顯齊歡，人神同抃。莫不言陛下授之爲得，義康受之爲是也。今如何信疑貌之似〔一四〕，闕兄弟之恩乎。若有迷謬之愆，可責之罪，正可數之以善惡，導之以義方。且廬陵王往事，足以知今，此乃陛下前車之殷鑒，後乘之靈龜也。夫曾子之不殺，忠臣之篤譬；二告而猶織，仁王之令範。故詩云「無信人之言，人實不信」。又云兄弟雖鬩，不廢親也。尚書曰：「克明俊德，以親九族。」九族既睦，可以親百姓。兄弟安可棄乎。

臣伏願陛下上尋往代黜廢之禍，下惟近者讒言之釁。廬陵王既申冤魂於后土，彭城王亦弭疑愆於宋京，豈徒皇代當今之計，蓋乃良史萬代之美也。且諂諛難辨，是非易黷，福始禍先，古人所畏。故愛身之士，自爲己計，莫不結舌杜口，孰肯冒忌干主哉。臣以頑昧，獨獻微管，所以勤勤懇懇，必訴丹誠者，實恐義康年窮命盡，奄忽于南，遂令陛下有棄弟之責。臣雖微賤，竊爲陛下羞之。況書言記事，史豈能屈典謨而諱哉。脱如臣慮，陛下恨之何益。揚子雲曰：「獲福之大，莫先於和穆；遘禍之深，莫過於内難。」每服斯言，以爲警戒。臣將恐天下風靡，離間是懼，遂令宇内遷觀，民庶革心，欲致康哉，實爲難也。陛下徒云惡枝之宜伐，豈悟伐柯之傷樹，乃往古之所悲，當今所宜改也。陛下若蕩以平聽，屏此猜情，垂訊芻蕘之謀，曲察狂瞽之計，一發非意之詔，逮訪博古之士，速召義康返于京甸，兄弟協和，君臣緝穆，息宇内之譏，絶多言之路，如是則四海之望塞，讒説之道消矣。何必司徒公、揚州牧，然後可以安彭城王哉。若臣所啓違憲，於國爲非，請即伏誅，以謝陛下。雖復分形赴鑊，煮體烹屍，始願所甘，豈不幸甚。

表奏，即收付建康獄，賜死。

會稽長公主，於兄弟爲長，太祖至所親敬。義康南上後，久之，上嘗就主宴集甚懽，主起再拜稽顙，悲不自勝。上不曉其意，自起扶之。主曰：「車子歲暮，必不爲陛下所容，今特請其生命。」因慟哭。上流涕，舉手指蔣山曰：「必無此慮。若違今誓，便是負初寧陵〔一五〕。」即封所飲酒賜義康，并書曰：「會稽姊飲宴憶弟，所餘酒今封送。」車子，義康小字也。

二十二年，太子詹事范曄等謀反，事逮義康，事在曄傳。有司上曰：「義康昔擅國權，恣心凌上，結朋樹黨，苞納凶邪。重釁彰著，事合明罰。特遭陛下仁愛深至，敦惜周親，封社不削，爵寵無貶。四海之心，朝野之議，咸謂皇德雖厚，實橈典刑。而義康曾不思此大造之德，自出南服，詭飾情貌，外示知懼，内實不悛。窮好極欲，干請無度。聖慈含弘，每不折舊，矜釋屢加，恩疇已往。而陰敦行李，方啓交通之謀，潛資左右，以要死士之命。崎嶇伺隙，不忘窺窬。時猶隱忍，罰止僕侍。狂疾之性，永不懲革，兇心遂成，悖謀仍構。遠投羣醜，千里相結，再議宗社，重闚鼎祚。賴陛下至誠感神，宋曆方永，故姦事昭露，罪人斯得。周公上聖，不辭同氣之刑；漢文仁明，無隱從兄之惡。況義康釁深二叔，謀過淮南，背親反道，自棄天地。臣等參議，請下有司削義康王爵，收付廷尉法獄治罪。」詔特宥大辟。於是免義康及子泉陵侯允〔一六〕、女始寧豐城益陽興平四縣主爲庶人，絶屬籍，徙付安成郡。以寧朔將軍沈邵爲安成公相，領兵防守。義康在安成讀書，見淮南厲王長事，廢書歎曰：「前代乃有此，我得罪爲宜也。」

二十四年，豫章胡誕世、前吴平令袁惲等謀反，襲殺豫章太守桓隆、南昌令諸葛智之〔一七〕，聚衆據郡，復欲奉戴義康。太尉録尚書江夏王義恭等奏曰：「投畀之言，義著雅篇，流極之教，事在書典。庶人義康負釁深重，罪不容戮。聖仁不忍，屢加遲回，宥其大辟，賜遷近甸，斯乃至愛發天，超邈終古。曾不遇愆甘引，而譏言同衆，佷悖徼幸，每形辭色，內宣家人，外動民聽，不逞之族，因以生心。胡誕世假竊名號，搆成凶逆。杜漸除微，古今所務，況禍機驟發，庸可忽乎。臣等參議，宜徙廣州遠郡，放之邊表，庶有防絕。」奏可，仍以安成公相沈邵爲廣州事。未行，值邵病卒，索虜來寇瓜步，天下擾動。上慮異志者或奉義康爲亂，世祖時鎮彭城，累啓宜爲之所，太子及尚書左僕射何尚之並以爲言。二十八年正月，遣中書舍人嚴龍齎藥賜死〔一八〕。義康不肯服藥，曰：「佛教自殺不復得人身，便隨宜見處分。」乃以被揜殺之，時年四十三，以侯禮葬安成。

六子：允、肱、珣、昭、方、曇辯。允初封泉陵縣侯，食邑七百户。昭、方並早夭。允等留安成，元凶得志，遣殺之。

世祖大明四年，義康女玉秀等露板辭曰：「父凶滅無狀，孤負天明，存荷優養，没蒙加禮，明罰羽山，未足劾法。烏鳥微心，昧死上訴，乞反葬舊塋，糜骨鄉壤。」詔聽，并加資給。前廢帝永光元年，太宰江夏王義恭表曰：「臣聞忝祖遠之，猶或慮親〔一九〕，降霍省序，義重令戚。故嚴道疾終，嗣啓方宇，阜陵愆屏，身遲晚恩。竊惟故庶人劉義康昔昧姦回，自貽非命，沈魂漏籍，垂誡來典。運革三朝，歲盈三紀，天地改朔，日月再升，陶形賦氣，咸蒙更始。義康妻息漂没，早違盛化，衆女孤弱，永淪黔首。即情原舋，本非己招，感事哀煢，俯增傷咽。敢緣陛下聖化融泰，春澤覃被，慈育羣生，仁被泉草。實希洗宥，還齒帝宗，則施及陳荄，榮施朽壤〔二〇〕。臣特憑國私，冒以誠表，塵觸靈威，伏紙悲悸。」詔曰：「太宰表如此，公緣情追遠，覽以增慨〔二一〕。昔淮、楚推恩，胙流支胤，抑法弘親，古今成準。使以公表付外〔二二〕，依旨奉行。故泉陵侯允橫罹凶虐，可特爲置後。」太宗泰始四年，復絶屬籍，還爲庶人。

南郡王義宣，生而舌短，澀於言論。元嘉元年，年十二，封竟陵王，食邑五千户。仍拜左將軍，鎮石頭。七年，遷使持節、都督徐兗青冀幽五州諸軍事、徐州刺史，將軍如故，猶戍石頭。八年，又改都督南兗、兗州刺史，當鎮山陽〔二三〕，未行。明年，遷中書監，進號中軍將軍，加散騎常侍，給鼓吹一部。時竟陵羣蠻充斥，役刻民散，改封南譙王，又領石頭戍事。十三年，出都督江州豫州之西陽晉熙新蔡三郡諸軍事、鎮南將軍、江州刺史〔二四〕。

初，高祖以荆州上流形勝，地廣兵彊，遺詔諸子次第居之。謝晦平後，以授彭城王義康。義康入相，次江夏王義恭。又以臨川王義慶宗室令望，且臨川烈武王有大功於社稷，義慶又居之。其後應在義宣。上以義宣人才素短，不堪居上流。十六年，以衡陽王義季代義慶，而以義宣代義季爲南徐州刺史，都督南徐州軍事、征北將軍，持節如故。加散騎常侍。而會稽公主每以爲言，上遲回久之，二十一年，乃以義宣都督荆雍益梁寧南北秦七州諸軍事、車騎將軍、荆州刺史，持節、常侍如故。先賜中詔曰：「師護以在西久，比表求還，出内左右，自是經國常理，亦何必其應於一往。今欲聽許，以汝代之。護雖無殊績，潔己節用，通懷期物，不恣羣下。此信未易，非唯聲著西土，朝野以爲美談。在彼已有次第，爲士庶所安，論者乃謂未議遷之，今之回换，更在欲爲汝耳。汝與護年時一輩，各有其美〔二五〕，物議亦互有少劣。若今向事脱一減之者，既於西夏交有巨礙，遷代之譏，必歸責於吾矣。復當爲護怨，非但一誚而已也。如此則公私俱損，爲不可不先共善詳。此事亦易勉耳，無爲使人動生評論也。」師護，義季小字也。

義宣至鎮，勤自課厲，政事脩理。白晳，美鬚眉，長七尺五寸，腰帶十圍，多畜嬪媵，後房千餘，尼媪數百，男女三十人。崇飾綺麗，費用殷廣。進位司空，改侍中，領南蠻校尉。二十七年，索虜南侵，義宣慮寇至，欲奔上明。及虜退，太祖詔之曰：「善脩民務，不須營潛逃計也。」

三十年，遷司徒、中軍將軍、揚州刺史，侍中如故。未及就徵，値元凶弑立，以義宣爲中書監、太尉，領司徒、侍中如故。義宣聞之，即時起兵，徵聚甲卒，傳檄近遠。會世祖入討，義宣遣參軍徐遺寶率衆三千，助爲前鋒。世祖即位，以義宣爲中書監、都督揚豫二州、丞相、録尚書六條事、揚州刺史〔二六〕，加羽葆、鼓吹，給班劍四十人，持節、侍中如故。改封南郡王，食邑萬户。進謚義宣所生爲獻太妃。封次子宜陽侯愷爲南譙王，食邑千户。義宣固辭内任，及愷王爵。於是改授都督荆湘雍益梁寧南北秦八州諸軍事、荆湘二州刺史，持節、侍中、丞相如故。降愷爲宜陽縣王。義宣將佐以下，並加賞秩。長史張暢，事在本傳。諮議參軍蔡超專掌書記并參謀，除尚書吏部郎，仍爲丞相諮議參軍、南郡内史，封汝南縣侯，食邑千户。司馬竺超民爲黄門侍郎，仍除丞相司馬、南平内史。其餘各有差。

義宣在鎮十年，兵彊財富，既首創大義，威名著天下，凡所求欲，無不必從。朝廷所下制度，意所不同者，一不遵承。嘗獻世祖酒，先自酌飲，封送所餘，其不識大體如此。初，臧質陰有異志，以義宣凡弱，易可傾移，欲假手爲亂，以成其姦。自襄陽往江陵見義宣，便盡禮，事在質傳。及至江州，每密信説義宣，以爲「有大才，負大功，挾震主之威，自古尠有全者，宜在人前，蚤有處分。且萬物莫不係心於公，整衆入朝，内外孰不欣戴。不爾一旦受禍〔二七〕，悔無所及。」義宣陰納質言，而世祖閨庭無禮，與義宣諸女淫亂，義宣因此發怒，密治舟甲，克孝建元年秋冬舉兵。報豫州刺史魯爽、兖州刺史徐遺寶使同。爽狂酒失旨，其年正月便反。遣府户曹送版，以義宣補天子，并送天子羽儀。遺寶亦勒兵向彭城。義宣及質狼狽起兵。二月二十六日，加都督中外諸軍事，置左右長史、司馬，使僚佐悉稱名。

遣傳奉表曰：

臣聞博陸毗漢，獲疑宣后；昌國翼燕，見猜惠王。常謂異姓震主，嫌隙易構；葭莩淳戚，昭亮可期。臣雖庸懦，少希忠謹。值巨逆滔天，忘家殉國，雖曆筭有歸，微績不樹，竭誠盡愚，貫之幽顯。而微疑莫監，積毀日聞；投杼之聲，紛紜溢聽。諒緣姦臣交亂，成是貝錦。夫澆俗之季，少貞節之臣；冰霜競至，靡後彫之木。並寢處凶世，甘榮僞朝，皆纓冕之所棄，投畀之所取。至乃位超昔寵，任參大政，惡直醜勳，妄生邪說，疑惑明主，誣罔視聽。又南從郡僚，勞不足紀，横叨天功，以爲己力，同弊相扇，圖傾宗社。臧質去歲忠節，勳高古賢，魯爽協同大義，志契金石，此等猜毀，必欲禍陷。昔汲黯尚存，劉安寢志；孔父既逝，華督縱逆。臣雖不武，績著艱難，復肆讒狡，規見誘召。宗祀之危，綴旒非所。

臣託體皇基，連暉日月，王室顛墜，咎在微躬，敢忘抵鼠之忌，甘受犯墉之責。輒徵召甲卒，分命衆藩，使忠勤申憤，義夫効力，戮此凶醜，謝愆闕廷，則進不負七廟之靈，退無愧二朝之遇。臨表感愧，辭不自宣。

上詔答曰：

皇帝敬問。朕以不天，招罹屯難，家國阽危，剪焉將及。所以身先八百，雪清冤恥，遠憑高竿，共濟艱難。遂登寡闇，嗣奉洪祀，尊戚酬勳，寔表心事，粃政闕職，所願匡拯。而嘉言蔑聞，末德先著，勤王之績未終，毀冕之圖已及。臧質嶮躁無行，見棄人倫，以此不識，志在問鼎，凶意將逞，先借附從，扇誘欺熾，成此亂階。如使羣逆並濟，衆邪競逐，將恐瞻烏之命，未識所止，搆怨連禍，孰知其極。公明有不照，背本崇姦，迷昵讒醜，還謀社稷，雖履霜有日，諠議糾紛。朕以至道無私，杜遏疑議，信理推誠，暴於遐邇。不虞物變難籌，醜言遂驗，是用悼心失圖，忽忘寢食。

今便親御六師，廣命羣牧，告靈誓衆，直造柴桑，梟轘元惡，以謝天下。然後警蹕清江，鳴鑾郢路，投戈襲衮，面稟規勗。有宋不造，家禍仍纏，昔歲事寧，方承遠訓，冀以虛薄，永弭厥艱。豈謂曾未朞稔，復覩斯釁，二祖之業，將墜于淵，仰瞻鴻基，但深感慟。

太傅江夏王義恭又與義宣書曰：

頃聞之道路云，二魯背叛，致之有由，謂不然之言，絕於智者之耳。忽見來表，將興晉陽之甲，驚愕駭惋，未譬所由。若主幼臣強，政移冢宰，或時昏下縱，在上畏逼，然後賢藩忠構，覩難赴機。未聞聖主御世，百辟順軌，稱兵於言興之初，扶危於既安之日，以此取濟，竊爲大弟憂之。昔歲二凶構逆，四海同奮，弟協宣忠孝，奉戴明主，元功盛德，既已昭著，皇朝欽嘉，又亦優渥。丞相位極人臣，江左罕授，一門兩王〔二八〕，舉世希有。表倍推誠，彰於見事，出納之宜，唯意所欲。哀升進益，方省後命，一旦棄之，可謂運也。吾等荷先帝慈育，得及人羣，思報厚恩，昊天罔極，竭力盡誠，猶懼無補。奈何妄聽邪說，輕造禍難。國靡流言，遽歸愆於二叔；世無鼂錯，仍襲轍於七藩。棄漢蒼之令範，遵齊冏之敗跡。

往時仲堪假兵靈寶，旋害其族；孝伯授之劉牢，忠誠逝踵。皆曩代之成事，當今之殷鑒也。臧質少無美行，弟所具悉，憑恃末戚，並有微勤，承乏推遷，遂超倫伍，藉西楚彊力，圖濟其私。凶謀若果，恐非復池中物。魯宗父子，世爲國冤，太祖方弘遐略，故爽等均雍齒之封。令據有五州，虎兕出於匣，是須爲劉淵耳。徐遺寶是垣護之婦弟，前因護之歸於吾，苦求北出，不樂遠西。近磐桓湖陸，示遺劉雍，其意見可。雍是徐沖舅，適有密信，誓倒戈。自虜侵境以來，公私彫弊，安以撫之，庶可寧靜，弟復隨而擾亂，吾恐邊鄙皆爲禾黍。宜遠尋高祖創業艱難，近念家國比者禍釁，時息兵戈，共安社稷。責躬謝過〔二九〕，誅除險佞，追保前勳，傳美竹帛。昔梁孝悔罪，景帝垂恩，阜質改過，肅宗降澤。忠焉之誨，聊希往言；禍福之機，明者是察。

主上神武英斷，羣策如林〔三〇〕，忠臣發憤，虎士投袂，雄騎布野，舳艫蓋川。吾以不才，忝權節鉞，總督羣帥，首戒戎先，指晨電舉，式清南服。所以積行緩期，冀弟不遠而悟。如其遂溺姦説者，天實爲之。臨書慨懣，不識次第。

義宣移檄諸州郡，加進號位。遣參軍劉諶之、尹周之等率軍下就臧質。雍州刺史朱脩之起兵奉順。義宣二月十一日率衆十萬發自江津，舳艫數百里。是日大風，船垂覆没，僅得入中夏口。以第八子慆爲輔國將軍，留鎮江陵。遣魯秀、朱曇韶萬餘人北討朱脩之。秀初至江陵，見義宣，既出，拊膺曰：「阿兄誤人事，乃與癡人共作賊，今年敗矣。」義宣至尋陽，與質俱下，質爲前鋒。至鵲頭，聞徐遺寶敗，魯爽於小峴授首，相視失色。世祖使鎮北大將軍沈慶之送爽首示義宣，并與書：「僕荷任一方，而釁生所統。近聊率輕師，指往翦撲，軍鋒裁交，賊爽授首。公情契異常，或欲相見，及其可識，指送相呈。」義宣、質並駭懼。

上先遣豫州刺史王玄謨舟師頓梁山洲内，東西兩岸爲卻月城，營栅甚固。義宣屢與玄謨書，要令降，玄謨書報曰：

頻奉二誨，伏對戰駭。先在彭、泗，聞諸將皆云必有今日之事，以鄙意量，謂無此理。去年九月，故遣參軍先僧瑗脩書表心，并密陳入相之計，欲使周旦之美，復見於今。豈意理數難推，果至於此。昔因幸會，蒙國士之顧，思報厚德，甘起泉壤，豈謂一旦事與願違。公崇長姦回，自放西服，信邪細之説，忘大節之重，溺流狡之志，滅君親之恩，狎玩極寵，越希非覬，祖宗世祀，自圖顛覆，瞑目行事，未有如斯之甚者也，乃復枉覃書檄，遠示見招。此則丹心微款，未亮於高鑑，赤誠幽志〔三一〕，虚感於平日，環念周回，始悟知己之爲難也。公但念提職在昔，不思善教有本，徒見徐、魯去就，未知仗義有人，豈不惜哉！有臣則欲其忠，誘人而導諸逆，君子忠恕，其如是乎？苟不忠恕，則擇木之翰，有所不集矣。夫挑妾者愛其易，求妻則敬其難。若承命如響，將焉用之。原轂存輿，無禮必及，竊恐荆郢之士，已當潛貳其懷，非皇都陋臣，秉義不徙。公雖心迷迹往，猶願勉建良圖。柳撫軍忠壯慷慨〔三二〕，亮誠有素，新亭之勳，莫與爲等，而妄信姦虚，坐相貶謗，不亦惑哉。

幸承人乏，夙誡前驅，精甲已次近路；鎮軍駱驛繼發；太傅、驃騎嗣董元戎；乘輿親御六師，威靈遐振。人百其氣，慕義如林，舟騎雲回，赫弈千里。輒屬鞬秉鋭，與執事周旋，授命當仁，理無所讓。夫君道既盡，民禮亦絶，執筆裁答，感慨交懷。

撫軍柳元景據姑孰爲大統，偏帥鄭琨、武念戍南浦。質逕入梁山，去玄謨一里許結營，義宣屯蕪湖。五月十九日，西南風猛〔三三〕，質乘風順流攻玄謨西壘，冗從僕射胡子友等戰失利〔三四〕，棄壘渡就玄謨。質又遣將龐法起數千兵從洲外趨南浦，仍使自後掩玄謨。與琨、念相遇，法起戰大敗，赴水死略盡。二十一日，義宣至梁山，質上出軍東岸攻玄謨。玄謨分遣游擊將軍垣護之、竟陵太守薛安都等出壘奮擊，大敗質軍，軍人一時投水。護之等因風縱火，焚其舟乘，風勢猛盛，烟燄覆江。義宣時屯西岸，延火燒營殆盡。諸將乘風火之勢，縱兵攻之，衆一時奔潰。

義宣與質相失，各單舸迸走，東人士庶並歸順，西人與義宣相隨者，船舸猶有百餘。女先適臧質子，過尋陽，入城取女，載以西奔。至江夏，聞巴陵有軍，被抄斷，回入逕口，步向江陵。衆散且盡，左右唯十許人，脚痛不復能行，就民僦露車自載。無復食，緣道求告。至江陵郭外，遣人報竺超民，超民具羽儀兵衆迎之。時外猶自如舊，帶甲尚萬餘人。義宣既入城，仍出聽事見客，左右翟靈寶誡使撫慰衆賓，以「臧質違指授之宜，用致失利，今治兵繕甲，更爲後圖，昔漢高百敗，終成大業」。而義宣忘靈寶之言，誤云「項羽千敗」。衆咸掩口而笑。魯秀、竺超民等猶爲之爪牙，欲收合餘燼，更圖一決，而義宣惛墊無復神守，入内不復出。左右腹心，相率奔叛。魯秀北走，義宣不復自立，欲隨秀去，乃於内戎服，幐囊盛糧，帶佩刀，攜息慆及所愛妾五人，皆著男子服相隨。城内擾亂，白刃交橫，義宣大懼落馬，仍便步地，超民送城外，更以馬與之，超民因還守城。義宣冀及秀，望諸將送北入虜。既失秀所在，未出郭，將士逃散盡，唯餘慆及五妾兩黄門而已。夜還向城，入南郡空廨，無牀，席地至旦。遣黄門報超民，超民遣故車一乘，載送刺姦。義宣送止獄户〔三五〕，坐地歎曰：「臧質老奴誤我。」始與五妾俱入獄，五妾尋被遣出，義宣號泣語獄吏曰：「常日非苦，今日分别始是苦。」

大司馬江夏王義恭諸公王八座與荆州刺史朱脩之書曰：「義宣反道叛恩，自陷極逆。大義滅親，古今同准。無將之誅，猶或囚殺，況醜文悖志，宣灼遐邇，鋒指絳闕，兵纏近郊，釁逼憂深，臣主旰食。賴朝略震明，祖宗靈慶，罪人斯得，七廟弗隳。司刑定罰，典辟攸在。而皇慈逮下，愍其愚迷，抑法申情，屢奏不省，人神悚遑，省心震惕。義宣自絶於天，理無容受。社稷之慮，臣子責深。便宜專行大戮，以紓國難。但加諸斧鉞，有傷聖仁，示以弘恩，使自爲所，上全天德，下一洪憲。臨書悲慨，不復多云。」書未達，脩之至江陵，已於獄盡焉。時年四十〔三六〕。世祖聽還葬。

義宣子愃、慆、恢、憬、惔、悛、惇、慆、伯實、業、悉達、法導、僧喜、慧正、慧知、明瓕、虞、妙覺、寶明凡十八人〔三七〕，愃、恢、惔、惇並於江寧墓所賜死，悛、悉達早卒，餘並與義宣俱爲朱脩之所殺。蔡超及諮議參軍顔樂之、徐壽之等諸同惡，並伏誅。超，濟陽考城人。父茂之，侍廬陵王義真讀書，官至彭城王義康驃騎從事中郎，始興太守。超少有才學，初爲兗州主簿，時令百官舉才，超與前始寧令同郡江淳之、前征南參軍會稽賀道養並爲興安侯義賓所表薦。竺超民，青州刺史竺夔子也。

恢字景度，既嫡長，少而辯慧，義宣甚愛重之。年十一，拜南譙王世子，除給事中。義宣爲荆州，常停都邑。太祖欲令還西，乃以爲河東太守，加寧朔將軍。頃之，徵爲黄門侍郎。元凶弒立，恢爲侍中。義宣起義，劭收恢及弟愷、惔、悰、憬、惿繫于外，散騎郎沈焕防守之。焕密有歸順意，謂恢等曰：「禍福與諸郎同之，願勿憂。」及臧質自白下上趨廣莫門，劭令焕殺恢等。焕乃解其桎梏，率所領數十人與恢等向廣莫門欲出。門者歫之，焕曰：「臧公已至，凶人走矣。此司空諸郎，並能爲諸君得富貴，非徒免禍而已，勿相留。」亦值質至，因以得出。恢至新亭，即除侍中。俄遷侍中、散騎常侍、西中郎將、湘州刺史。義宣并領湘州，轉恢侍中，領衞尉。晉氏過江，不置城門校尉及衞尉官，世祖欲重城禁〔三八〕，故復置衞尉卿。衞尉之置，自恢始也。轉右衞將軍，侍中如故。義宣舉兵反，恢與兄弟姊妹一時逃亡。恢藏江寧民陳銑家，有告之者，録付廷尉。恢子善藏，與恢俱死。

愷字景穆，生而養於宫内，寵均皇子。十歲，封宜陽縣侯。仍爲建威將軍、南彭城沛二郡太守。遷步兵校尉，轉黄門侍郎，太子中庶子，領長水校尉。元凶以愷爲散騎常侍。

世祖以爲祕書監。未拜，遷輔國將軍、南彭城下邳二郡太守。其年，轉五兵尚書，進爵爲王。義宣反問至，愷於尚書寺内，著婦人衣，乘問訊車，投臨汝公孟詡〔三九〕。詡於妻室内爲地窟藏之，事覺，收付廷尉，并詡伏誅〔四〇〕。悏封臨武縣侯〔四一〕，年十八卒，謚曰悼侯。悰封湘南縣侯。憬封祁陽縣侯。

徐遺寶字石儁，高平金鄉人。初以新亭戰功，爲輔國將軍、衛軍司馬、河東太守，不之官。遷兗州刺史，將軍如故，戍湖陸。封益陽縣侯，食邑二千五百户〔四二〕。義宣既叛〔四三〕，遣使以遺寶爲征虜將軍、徐州刺史，率軍出瓜步。遺寶遣長史劉雍之襲彭城，寧朔司馬明胤擊破之。更遣高平太守王玄楷與雍之復逼彭城。時徐州刺史蕭思話未之鎮，因詔安北司馬夏侯祖權率五百人馳往助胤，既至，擊玄楷斬之，雍之還湖陸。遺寶復遣土人檀休祖應玄楷〔四四〕，聞敗，亦潰散。遺寶棄城奔魯爽，爽敗，逃東海郡界，土人斬送之，傳首京邑。

夏侯祖權，譙人也。以功封祁陽縣子，食邑四百户。大明中，爲建武將軍、兗州刺史，卒官。謚曰烈子。

史臣曰：襄陽龐公謂劉表曰：「若使周公與管、蔡處茅屋之下，食藜藿之羹，豈有若斯之難。」夫天倫由子，共氣分形，寵愛之分雖同，富貴之情則異也。追味尚長之言，以爲太息。

校勘記

〔一〕永初元年封彭城王食邑三千户進號右將軍　本書卷三武帝紀下，永初元年六月丁卯，劉裕即帝位，同月乙亥，封義康爲彭城王。本書卷四九虞丘進傳云：「元熙二年，宋王令書以爲高祖第四子義康右將軍司馬。」因劉裕尚未即帝位，故有「宋王令書」之語。是義康於晉末已進號爲右將軍之證。此記義康進號右將軍在永初元年，恐誤。

〔二〕遷使持節都督南徐兗二州揚州之晉陵諸軍事南徐州刺史　「遷」，原作一字空格，南監本、北監本、汲本、殿本、局本作「授」。今據册府卷二一七八補。

〔三〕改授都督荆湘雍梁益寧南北秦八州諸軍事荆州刺史　「寧」字原闕，據册府卷二一七八補。孫彪考論卷三：「案止七州，蓋脱『寧』字。」

〔四〕每意所想　南史卷一三宋宗室及諸王上武帝諸子彭城王義康傳、册府卷二八五作「每意有所想」。

〔五〕義康入侍醫藥　「入侍」二字原闕，據南史卷一三宋宗室及諸王上武帝諸子彭城王義康傳、册府卷二八五補。

〔六〕而胤秀等輒就尚書儀曹索晉咸康末立康帝舊事　「儀曹」，原作「議曹」，據南史卷一三宋宗室及諸王上武帝諸子彭城王義康傳改。按尚書有儀曹，無議曹。

〔七〕義康言未卒　「言」字原闕，據殿本、局本補。

〔八〕上時未有所擬　「擬」字原闕，北監本、殿本、局本作「屬」，今據南史卷一三宋宗室及諸王上武帝諸子彭城王義康傳、通鑑卷一二三宋紀元嘉十七年補。

〔九〕文秀邵秀皆其兄也　「邵秀」，原作「邵」，據殿本、局本補正。

〔一〇〕其日敕義康入宿　「敕」，原作「剌」，據通鑑卷一二三宋紀元嘉十七年改。孫彪考論卷三：「『剌』字疑是『敕』字。」

〔一一〕淮南王若道遇疾死　「疾」字原闕，據册府卷五四一補。

〔一二〕闢天人之路　「天人」，原作「大人」，據册府卷五四一改。

〔一三〕或苞惡而窺國　此句原闕，據册府卷五四一補。

〔一四〕今如何信疑貌之似　「疑貌之似」，通鑑卷一二三宋紀元嘉十八年作「疑似之嫌」。

〔一五〕便是負初寧陵　「是」字原闕，據南史卷一三宋宗室及諸王上武帝諸子彭城王義康傳、御覽卷八四四引宋書、通鑑卷一二三宋紀元嘉十七年補。

〔一六〕於是免義康及子泉陵侯允　「允」，原作「亢」，據殿本、局本改。下並改。

〔一七〕襲殺豫章太守桓隆南昌令諸葛智之　「桓隆」，本書卷五文帝紀作「桓隆之」。六朝人名後之

「之」字，有時可省去。「諸葛智之」，本書卷五〇胡藩傳作「諸葛和之」。

〔一八〕遣中書舍人嚴龍齎藥賜死　「嚴龍」，南史卷一三宋宗室及諸王上武帝諸子彭城王義康傳作「嚴龐」。

〔一九〕猶或慮親　「或」，原作「惑」，據南監本、北監本、殿本、局本、册府卷二八四改。

〔二〇〕榮施朽壤　「朽」，原作「污」，張元濟校勘記：「當作『朽』。」按張説是，今據改。册府卷二八四作「榮加幽壤」。

〔二一〕覽以增慨　「增」，原作「憎」，據南監本、北監本、汲本、殿本、局本、册府卷二八四改。「慨」，册府卷二八四作「懷」。

〔二二〕使以公表付外　張元濟、張森楷校勘記：「『使』當作『便』。」

〔二三〕八年又改都督南兗兗州刺史當鎮山陽　按本書卷三五州郡志一，南兗州山陽郡，義熙中分廣陵立。此既云義宣當鎮山陽，則所任乃南兗州刺史。本書卷五文帝紀亦云義宣元嘉八年爲南兗州刺史。疑「兗州」前佚「南」字。

〔二四〕十三年出都督江州豫州之西陽晉熙新蔡三郡諸軍事鎮南將軍江州刺史　「西陽」，原作「西陵」。錢大昕考異卷二四：「『西陵』蓋『西陽』之訛。州郡志，西陽本屬豫州，孝武孝建元年度郢州，明帝泰始五年又度豫，後又還郢。考漢之西陽在淮水之南，即今光山縣地。晉南渡後，荆州刺史庾翼表移西陽、新蔡二郡荒民就陂田於尋陽，而江州界内遂有僑立之西陽郡矣。

自後西陽與新蔡、汝南、潁川，謂之豫州四郡。江州刺史常兼督之。義熙土斷，省汝南、潁川兩郡，又分廬江立晉熙郡。故自義熙十二年訖元嘉之末，除江州督者，必兼督豫州之西陽、新蔡、晉熙三郡也。」按錢説是，今改正。

〔二五〕各有其美 「其」字原闕，據南監本、北監本、汲本、殿本、局本補。按南史卷一三宋宗室及諸王上武帝諸子南郡王義宣傳、册府卷一九六亦有「其」字。

〔二六〕以義宣爲中書監都督揚豫二州丞相録尚書六條事揚州刺史 「丞相録尚書六條事揚州」十字原闕，據南史卷一三宋宗室及諸王上武帝諸子南郡王義宣傳、册府卷二六八、卷二七八補。

〔二七〕不爾一旦受禍 「爾」，原作「待」，據南監本、北監本、汲本、殿本、局本、南史卷一三宋宗室及諸王上武帝諸子南郡王義宣傳改。

〔二八〕一門兩王 「一」字原闕，據南監本、北監本、汲本、殿本、局本補。

〔二九〕責躬謝過 「過」字原闕，據南監本、北監本、汲本、殿本、局本補。

〔三〇〕羣策如林 「策」，原作「風」，據南監本、北監本、殿本、局本改。

〔三一〕赤誠幽志 「赤誠」，原作「赤城」。張元濟校勘記、孫虨考論卷三並云「赤城」疑作「赤誠」。按張、孫説是，今據改。

〔三二〕柳撫軍忠壯慷慨 「柳」，原作「抑」，張森楷校勘記、孫虨考論並云「抑」當作「柳」。今據改。按時柳元景爲撫軍將軍。

〔二三〕五月十九日西南風猛　通鑑考異卷五云：「義宣傳曰：『五月十九日，西南風猛。』宋略曰：『己亥，質遣尹周之攻梁山西壘，陷之。』按長曆，是月丁酉朔，三日己亥，八日甲辰，十八日甲寅。宋略於己亥上有甲辰，下有甲寅，然則決非十九日與己亥。或者是己酉與辛亥也。」

〔二四〕冗從僕射胡子友等戰失利　「胡子友」，本書卷七四臧質傳、卷八八薛安都傳作「胡子反」。

〔二五〕義宣送止獄户　「送止」，原作「止止」，據南監本、北監本、殿本、局本改。

〔二六〕時年四十　按上文云義宣元嘉元年（四二四）年十二封竟陵王，是應生於晉安帝義熙九年（四一三），至孝建元年（四五四）義宣卒時年當爲四十二歲。

〔二七〕「義宣子悰愷恢憬惔悏惇慆伯實」至「實明凡十八人」　殿本考證：「下文稱恢爲嫡長，又云劭收恢及弟愷、惔、悰、憬、悏繫于外，是悰、愷皆恢之弟也。南史亦云長子恢，此傳敍恢於悰、愷之後，恐誤。」又，上文云元嘉三十年孝武帝封義宣次子「宜陽侯愷爲南譙王」，下文云「劭收恢及弟愷、惔、悰、憬、悏繫于外」，則愷爲義宣次子而年長於悰。本書卷六孝武帝紀、南史卷一三宋宗室及諸王上武帝諸子南郡王義宣傳、通鑑卷一二七宋紀元嘉三十年皆云愷爲義宣次子。此敍愷於悰後，亦誤。

〔二八〕世祖欲重城禁　「世祖」，原作「孝武」，據類聚卷四九引沈約宋書、御覽卷二三〇引宋書改。按本書例稱廟號。

〔三九〕投臨汝公孟詡　「孟詡」，原作「蓋詡」，據南史卷一三宋宗室及諸王上武帝諸子南郡王義宣傳、册府卷八〇三改。孟詡爲孟昶之孫，孟靈休之子。孟靈休爲臨汝公，見本書卷七一徐湛之傳。孟詡時當襲爵爲臨汝公。

〔四〇〕并詡伏誅　「并」字原闕，據南史卷一三宋宗室及諸王上武帝諸子南郡王義宣傳補。

〔四一〕悏封臨武縣侯　「悏」，原作「恢」，孫虨考論卷三：「『恢』字訛。上云悏早卒，蓋『悏』字也。」按孫説是，今改正。

〔四二〕封益陽縣侯食邑二千五百户　「二千五百户」，本書卷七七沈慶之傳載元嘉三十年封功臣詔作「一千五百户」。按平定元凶之功，以沈慶之及柳元景爲最高，皆封縣公，食邑三千户；宗慤功次之，封縣侯，食邑二千户。遺寶功又次於慤，雖封縣侯而邑又當次之。此作「二千五百户」，恐誤。

〔四三〕義宣既叛　「叛」，原作「没」，據南監本、殿本、局本改。

〔四四〕遺寶復遣土人檀休祖應玄楷　「土人」，原作「士人」，北監本、汲本、殿本、局本作「使人」，今據南監本改。

宋書卷六十九

列傳第二十九

劉湛　范曄

劉湛字弘仁，南陽涅陽人也。祖耽，父柳，並晉左光禄大夫、開府儀同三司。湛出繼伯父淡，襲封安衆縣五等男。少有局力，不尚浮華。博涉史傳，諳前世舊典，弱年便有宰世情，常自比管夷吾、諸葛亮，不爲文章，不喜談議。本州辟主簿，不就，除著作佐郎，又不拜。高祖以爲太尉行參軍〔一〕，賞遇甚厚。高祖領鎮西將軍、荆州刺史，以湛爲功曹，仍補治中別駕從事史，復爲太尉參軍，世子征虜西中郎主簿。父柳亡於江州，州府送故甚豐，一無所受，時論稱之。服終，除祕書丞，出爲相國參軍。謝晦、王弘並稱其有器幹。

高祖入受晉命，以第四子義康爲冠軍將軍、豫州刺史，留鎮壽陽。以湛爲長史、梁郡太守。義康弱年未親政，府州軍事悉委湛〔二〕。府進號右將軍，仍隨府轉。義康以本號徙爲南豫州，湛改領歷陽太守。爲人剛嚴用法，姦吏犯贓百錢以上，皆殺之，自下莫不震肅。廬陵王義真出爲車騎將軍、南豫州刺史，湛又爲長史，太守如故。義真時居高祖憂，使帳下備膳，湛禁之，義真乃使左右索魚肉珍羞，於齋内別立廚帳。會湛入，因命臑酒炙車螯，湛正色曰：「公當今不宜有此設。」義真曰：「旦甚寒，一盌酒亦何傷。長史事同一家，望不爲異。」酒既至，湛因起曰：「既不能以禮自處，又不能以禮處人。」

景平元年，召入，拜尚書吏部郎，遷右衞將軍。出督廣交二州諸軍事、建威將軍、平越中郎將、廣州刺史。嫡母憂去職。服闋，爲侍中。撫軍將軍江夏王義恭鎮江陵，以湛爲使持節、南蠻校尉、領撫軍長史，行府州事。時王弘輔政，而王華、王曇首任事居中，湛自謂才能不後之，不願外出，是行也，謂爲弘等所斥，意甚不平，常曰：「二王若非代邸之舊，無以至此，可謂遭遇風雲。」湛負其志氣，常慕汲黯、崔琰爲人，故名長子曰黯字長孺，第二子曰琰字季珪。琰於江陵病卒，湛求自送喪還都，義恭亦爲之陳請，太祖答義恭曰：「吾亦得湛啓事，爲之酸懷，乃不欲苟違所請。但汝弱年，新涉庶務，八州殷曠，專斷事重，疇諮委仗，不可不得其人，量筭二三，未獲便相順許。今答湛啓，權停彼葬。頃朝臣零落相係，寄懷轉寡，湛實國器，吾乃欲引其令還，直以西夏任重，要且停此事耳。汝慶賞黜罰，豫關失得者，必宜悉相委寄。」

義恭性甚狷隘，年又漸長，欲專政事，每爲湛所裁，主佐之間，嫌隙遂構。太祖聞之，密遣使詰讓義恭，并使深加諧緝。義恭具陳湛無居下之禮，又自以年長，未得行意，雖奉詔旨，頗有怨言。上友于素篤，欲加酬順，乃詔之曰：「事至於此，甚爲可歎。當今之才〔三〕，委授已爾，宜盡相彌縫，取其可取，棄其可棄。汝疏云『泯然無際』，如此甚佳。彼多猜，不可令萬一覺也。汝年已長，漸更事物，且羣情矚望，不以幼昧相期，何由故如十歲時，動止諮問。但當今所專，必是小事耳。亦恐量此輕重，未必盡得，彼之疑怨，兼或由此邪。」

先是，王華既亡〔四〕，曇首又卒，領軍將軍殷景仁以時賢零落，白太祖徵湛。八年，召爲太子詹事，加給事中、本州大中正，與景仁並被任遇。湛常云：「今世宰相何難，此政可當我南陽郡漢世功曹耳。」明年，景仁轉尚書僕射，領選、護軍將軍，湛代爲領軍將軍。十二年，又領詹事。湛與景仁素欵，又以其建議徵之，甚相感説。及俱被時遇，猜隙漸生，以景仁專管内任，謂爲間己。時彭城王義康專秉朝權，而湛昔爲上佐，遂以舊情委心自結，欲因宰相之力以回主心，傾黜景仁，獨當時務。義康屢構之於太祖，其事不行。義康寮屬及湛諸附隸潛相約勒，無敢歷殷氏門者。湛黨劉敬文父成未悟其機，詣景仁求郡，敬文遽往謝湛曰：「老父悖耄，遂就殷鐵干禄。由敬文闇淺，上負生成，合門慙懼，無地自處。」敬文之姦諂無愧如此。

義康擅勢專朝，威傾内外，湛愈推崇之，無復人臣之禮，上稍不能平。湛初入朝，委任甚重，日夕引接，恩禮綢繆。善論治道，并諳前世故事，敍致銓理，聽者忘疲。每入雲龍門，御者便解駕，左右及羽儀隨意分散，不夕不出，以此爲常。及至晚節，驅煽義康，凌轢朝廷，上意雖内離，而接遇不改。上嘗謂所親曰：「劉班初自西還，吾與語，常看日早晚，慮其當去。比入，吾亦看日早晚，慮其不去。」湛小字班虎，故云班也。遷丹陽尹，金紫光禄大夫，加散騎常侍，詹事如故。

十七年，所生母亡。時上與義康形迹既乖，釁難將結，湛亦知無復全地。及至丁艱，謂所親曰：「今年必敗。常日正賴口舌爭之，故得推遷耳。今既窮毒，無復此望，禍至其能久乎！」

十月，詔曰：「劉湛階藉門蔭，少叨榮位，往佐歷陽，姦詖夙著。謝晦之難，潛使密告，求心即事，久宜誅屏。朕所以棄罪略瑕，庶收後効，寵秩優泰，踰越倫匹。而凶忍忌克，剛愎靡厭，無君之心，觸遇斯發。遂乃合黨連羣，構扇同異，附下蔽上，專弄威權，薦子樹親，互爲表裏，邪附者榮曜九族，乘理者推陷必至。旋觀姦慝，爲日已久，猶欲弘納遵養，冀或悛革。自邇以來，凌縱滋甚，悖言懟容，罔所顧忌，陰謀潛計，睥睨兩宮。豈唯彰暴國都，固亦達于四海。比年七曜違度，震蝕表災，侵陽之徵，事符幽顯。搢紳含憤，義夫興歎。昔齊、魯不綱，禍傾邦國；昭、宣電斷，漢祚方延。便收付廷尉，肅明刑典。」於獄伏誅，時年四十九。

子黯，大將軍從事中郎。黯及二弟亮、儼並從誅。湛弟素，黄門侍郎，徙廣州。湛初被收，歎曰：「便是亂邪。」仍又曰：「不言無我應亂，殺我自是亂法耳。」入獄見素，曰：「乃復及汝邪？相勸爲惡，惡不可爲；相勸爲善，正見今日。如何！」湛生女輒殺之，爲士流所怪。

范曄字蔚宗，順陽人，車騎將軍泰少子也。母如廁産之，額爲塼所傷，故以塼爲小字。出繼從伯弘之，襲封武興縣五等侯。

少好學，博涉經史，善爲文章，能隸書，曉音律。年十七，州辟主簿，不就。高祖相國掾，彭城王義康冠軍參軍，隨府轉右軍參軍，入補尚書外兵郎，出爲荆州别駕從事史。尋召爲祕書丞，父憂去職。服終，爲征南大將軍檀道濟司馬，領新蔡太守。道濟北征，曄憚行，辭以脚疾，上不許，使由水道統載器仗部伍。軍還，爲司徒從事中郎。頃之，遷尚書吏部郎。

元嘉九年冬，彭城太妃薨〔五〕，將葬，祖夕，僚故並集東府。曄弟廣淵，時爲司徒祭酒，其日在直。曄與司徒左西屬王深宿廣淵許，夜中酣飲，開北牖聽挽歌爲樂。義康大怒，左遷曄宣城太守。不得志，乃删衆家後漢書爲一家之作。在郡數年，遷長沙王義欣鎮軍長史，加寧朔將軍。兄暠爲宜都太守，嫡母隨暠在官。十六年，母亡，報之以疾，曄不時奔赴，及行，又攜妓妾自隨，爲御史中丞劉損所奏，太祖愛其才，不罪也。服闋，爲始興王濬後軍長史，領南下邳太守。及濬爲揚州，未親政事，悉以委曄。尋遷左衞將軍，太子詹事。

曄長不滿七尺，肥黑，禿眉鬚。善彈琵琶，能爲新聲，上欲聞之，屢諷以微旨，曄僞若不曉，終不肯爲上彈。上嘗宴飲歡適，謂曄曰：「我欲歌，卿可彈。」曄乃奉旨。上歌既畢，曄亦止弦。

初，魯國孔熙先博學有縱橫才志，文史星筭，無不兼善。爲員外散騎侍郎，不爲時所知，久不得調。初熙先父默之爲廣州刺史，以贓貨得罪下廷尉，大將軍彭城王義康保持之，故得免。及義康被黜，熙先密懷報效，欲要朝廷大臣，未知誰可動者，以曄意志不滿，欲引之。而熙先素不爲曄所重，無因進説。曄外甥謝綜，雅爲曄所知，熙先嘗經相識，乃傾身事綜，與之結厚。熙先藉嶺南遺財，家甚富足，始與綜諸弟共博，故爲拙行，以物輸之。綜等諸年少，既屢得物，遂日夕往來，情意稍款。綜乃引熙先與曄爲數，曄又與戲，熙先故爲不敵，前後輸曄物甚多。曄既利其財寶，又愛其文藝。熙先素有詞辯，盡心事之，曄遂相與異常，中莫逆之好。始以微言動曄，曄不回，熙先乃極辭譬説。曄素有閨庭論議，朝野所知，故門冑雖華，而國家不與姻娶。熙先因以此激之曰：「丈人若謂朝廷相待厚者，何故不與丈人婚，爲是門户不得邪？人作犬豕相遇，而丈人欲爲之死，不亦惑乎？」曄默然不答，其意乃定。

時曄與沈演之並爲上所知待，每被見多同。曄若先至，必待演之俱入，演之先至，嘗獨被引，曄又以此爲怨。曄累經義康府佐，見待素厚。及宣城之授，意好乖離。綜爲義康大將軍記室參軍，隨鎮豫章。綜還，申義康意於曄，求解晚隙，復敦往好。曄既有逆謀，欲探時旨，乃言於上曰：「臣歷觀前史二漢故事，諸蕃王政以訞詛幸災，便正大逆之罰。況義康姦心釁跡，彰著遐邇，而至今無恙，臣竊惑焉。且大梗常存，將重階亂，骨肉之際，人所難言。臣受恩深重，故冒犯披露。」上不納。

熙先素善天文，云：「太祖必以非道晏駕，當由骨肉相殘。江州應出天子。」以爲義康當之。綜父述亦爲義康所遇，綜弟約又是義康女夫，故太祖使綜隨從南上，既爲熙先所獎說，亦有酬報之心。廣州人周靈甫有家兵部曲，熙先以六十萬錢與之，使於廣州合兵。靈甫一去不反。大將軍府史仲承祖，義康舊所信念，屢銜命下都，亦潛結腹心，規有異志。聞熙先有誠，密相結納。丹陽尹徐湛之，素爲義康所愛，雖爲舅甥，恩過子弟，承祖因此結事湛之，告以密計。承祖南下，申義康意於蕭思話及曄，云：「本欲與蕭結婚，恨始意不果。與范本情不薄，中間相失，傍人爲之耳。」

有法略道人，先爲義康所供養，粗被知待，又有王國寺法靜尼亦出入義康家內，皆感激舊恩，規相拯拔，並與熙先往來。使法略罷道，本姓孫，改名景玄，以爲臧質寧遠參軍。熙先善於治病，兼能診脉。法靜尼妹夫許耀，領隊在臺，宿衞殿省。嘗有病，因法靜尼就熙先乞治，爲合湯一劑，耀疾即損。耀自往酬謝，因成周旋。熙先以耀膽幹可施，深相待結，因告逆謀，耀許爲內應。豫章胡遵世，藩之子也，與法略甚款，亦密相酬和。法靜尼南上，熙先遣婢採藻隨之，付以牋書，陳說圖讖。法靜還，義康餉熙先銅匕、銅鑷、袍段、棊奩等物。熙先慮事泄，酖採藻殺之。湛之又謂曄等：「臧質見與異常，歲內當還，已報質，悉攜門生義故，其亦當解人此旨，故應得健兒數百。質與蕭思話款密，當仗要之，二人並受大將軍眷遇，必無異同。思話三州義故衆力，亦不減質。郡中文武，及合諸處偵邏，亦當不減千人。不憂兵力不足，但當勿失機耳。」乃略相署置，湛之爲撫軍將軍、揚州刺史，曄中軍將軍、南徐州刺史，熙先左衞將軍，其餘皆有選擬。凡素所不善及不附義康者，又有別簿，並入死目。

熙先使弟休先先爲檄文曰：

夫休否相乘，道無恒泰，狂狡肆逆，明哲是殛。故小白有一匡之勳，重耳有翼戴之德。自景平肇始，皇室多故，大行皇帝天誕英姿，聰明叡哲，拔自藩國，嗣位統天，憂勞萬機，垂心庶務，是以邦内安逸，四海同風。而比年以來，姦豎亂政，刑罰乖淫，陰陽違舛〔六〕，致使釁起蕭墻，危禍萃集。賊臣趙伯符積怨含毒，遂縱姦凶，肆兵犯蹕，禍流儲宰，崇樹非類，傾墜皇基。罪百浞、豷，過十玄、莽，開闢以來，未聞斯比。率土叩心，華夷泣血，咸懷亡身之誠，同思糜軀之報。

湛之、曄與行中領軍蕭思話、行護軍將軍臧質、行左衞將軍孔熙先、建威將軍孔休先，忠貫白日，誠著幽顯，義痛其心，事傷其目，投命奮戈，萬殞莫顧，即日斬伯符首，及其黨與。雖豺狼即戮，王道惟新，而普天無主，羣萌莫係〔七〕。彭城王體自高祖，聖明在躬，德格天地，勳溢區宇，世路威夷，勿用南服，龍潛鳳栖，于兹六稔，蒼生饑德，億兆渴化，豈唯東征有鴟鴞之歌，陝西有勿翦之思哉。靈祇告徵祥之應，讖記表帝者之符，上答天心，下愜民望，正位辰極，非王而誰。

今遣行護軍將軍臧質等，齎皇帝璽綬，星馳奉迎。百官備禮，駱驛繼進，並命羣帥，鎮戍有常〔八〕。若干撓義徒，有犯無貸。昔年使反，湛之奉賜手勑，逆誡禍亂，預覩斯萌，令宣示朝賢，共拯危溺，無斷謀事，失於後機，遂使聖躬濫酷，大變奄集，哀恨崩裂，撫心摧哽，不知何地，可以厝身。輒督厲尪頓，死而後已。

熙先以既爲大事，宜須義康意旨，曄乃作義康與湛之書，宣示同黨曰：

吾凡人短才，生長富貴，任情用己，有過不聞，與物無恒，喜怒違實，致使小人多怨，士類不歸。禍敗已成，猶不覺悟，退加尋省，方知自招，刻肌刻骨，何所復補。然至於盡心奉上，誠貫幽顯，拳拳謹慎，惟恐不及，乃可恃寵驕盈，實不敢故爲欺罔也。豈苞藏逆心，以招灰滅，所以推誠自信，不復防護異同，率意信心，不顧萬物議論，遂致讒巧潛構，衆惡歸集。甲姦險好利，負吾事深；乙凶愚不齒，扇長無賴；丙、丁趨走小子，唯知諂進，伺求長短，共造虛說，致令禍陷骨肉，誅戮無辜。凡在過釁，竟有何徵，而刑罰所加，同之元惡，傷和枉理，感徹天地。

吾雖幽逼日苦，命在漏刻，義慨之士，時有音信。每知天文人事，及外間物情，土崩瓦解，必在朝夕。是爲釁起羣賢，濫延國家，夙夜憤踊，心腹交戰。朝之君子及士庶白黑懷義秉理者，寧可不識時運之會，而坐待橫流邪。除君側之惡，非唯一代，況此等狂亂皐骪，終古所無，加之翦戮，易於摧朽邪。可以吾意宣示衆賢，若能同心奮發，族裂逆黨，豈非功均創業，重造宋室乎。但兵凶戰危，或致侵濫，若有一豪犯順，誅及九族。處分之要，委之羣賢，皆當謹奉朝廷，動止聞啓。往日嫌怨，一時豁然，然後吾當謝辠北闕，就戮有司。苟安社稷，瞑目無恨。勉之勉之。

二十二年九月，征北將軍衡陽王義季、右將軍南平王鑠出鎮(九)，上於武帳岡祖道，曄等期以其日爲亂，而差互不得發。於十一月，徐湛之上表曰：「臣與范曄，本無素舊，中忝門下，與之鄰省，屢來見就，故漸成周旋。比年以來，意態轉見，傾動險忌，富貴情深，自謂任遇未高，遂生怨望。非唯攻伐朝士，譏謗聖時，乃上議朝廷，下及藩輔，驅扇同異，恣口肆心，如此之事，已具上簡。近員外散騎侍郎孔熙先忽令大將軍府吏仲承祖騰曄及謝綜等意，欲收合不逞，規有所建。以臣昔蒙義康接盼，又去歲羣小爲臣妄生風塵，謂必嫌懼，深見勸誘。兼云人情樂亂，機不可失，讖緯天文，並有徵驗。曄尋自來，復具陳此，并說臣論議轉惡，全身爲難。即以啓聞，被敕使相酬引，究其情狀。於是悉出檄書、選事、及同惡人名、手墨翰跡，謹封上呈，凶悖之甚，古今罕比。由臣闇於交士，聞此逆謀，臨啓震惶，荒情無措。」詔曰：「湛之表如此，良可駭惋。曄素無行檢，少負瑕釁，但以才藝可施，故收其所長，頻加榮爵，遂參清顯。而險利之性，有過谿壑，不識恩遇，猶懷怨憤〔一〇〕。每存容養，冀能悛革，不謂同惡相濟，狂悖至此。便可收掩，依法窮詰。」

其夜，先呼曄及朝臣集華林東閤，止於客省。先已於外收綜及熙先兄弟，並皆款服。于時上在延賢堂，遣使問曄曰：「以卿觕有文翰，故相任擢，名爵期懷，於例非少。亦知卿意難厭滿，正是無理怨望，驅扇朋黨而已，云何乃有異謀。」曄倉卒怖懼，不即首款。上重遣問曰：「卿與謝綜、徐湛之、孔熙先謀逆，並已答款，猶尚未死，徵據見存，何不依實。」曄對曰：「今宗室磐石，蕃嶽張跱，設使竊發僥倖，方鎮便來討伐，幾何而不誅夷。且臣位任過重，一階兩級，自然必至。如何以滅族易此。古人云：『左手據天下之圖，右手刎其喉，愚夫不爲。』臣雖凡下〔一一〕，朝廷許其觕有所及，以理而察，臣不容有此。」上復遣問曰：「熙先近在華林門外，寧欲面辨之乎？」曄辭窮，乃曰：「熙先苟誣引臣，臣當如何。」熙先聞曄不服，笑謂殿中將軍沈邵之曰：「凡諸處分，符檄書疏，皆范曄所造及治定。云何於今方作如此抵蹋邪。」上示以墨迹，曄乃具陳本末，曰：「久欲上聞，逆謀未著，又冀其事消弭，故推遷至今。負國辠重，分甘誅戮。」

其夜，上使尚書僕射何尚之視之，問曰：「卿事何得至此？」曄曰：「君謂是何？」尚之曰：「卿自應解。」曄曰：「外人傳庾尚書見憎，計與之無惡。謀逆之事，聞孔熙先説此，輕其小兒，不以經意。今忽受責，方覺爲辠。君方以道佐世，使天下無冤。弟就死之後，猶望君照此心也。」明日，仗士送曄付廷尉，入獄，問徐丹陽所在，然後知爲湛之所發。熙先望風吐款，辭氣不橈，上奇其才，遣人慰勞之曰：「以卿之才，而滯於集書省，理應有異志。此乃我負卿也。」又詰責前吏部尚書何尚之曰：「使孔熙先年將三十作散騎郎，那不作賊。」

熙先於獄中上書曰：「囚小人猖狂，識無遠概，徒狥意氣之小感，不料逆順之大方。與第二弟休先首爲姦謀，干犯國憲，虀膾脯醢，無補尤戾。陛下大明含弘，量苞天海，録其一介之節，猥垂優逮之詔。恩非望始，没有遺榮，終古以來，未有斯比。夫盜馬絶纓之臣，懷璧投書之士，其行至賤，其過至微，由識不世之恩，以盡軀命之報，卒能立功齊、魏，致勳秦、楚。囚雖身陷禍逆，名節俱喪，然少也忼慨，竊慕烈士之遺風。但墜崖之木，事絶升躋，覆盎之水，理乖收汲。方當身膏鈇鉞，詒誡方來，若使魂而有靈，結草無遠。然區區丹抱，不負夙心，貪及視息，少得申暢。自惟性愛羣書，心解數術，智之所周，力之所至，莫不窮攬，究其幽微。考論既往，誠多審驗。謹略陳所知，條牒如故別狀，願且勿遺棄，存之中書。若囚死之後，或可追存，庶九泉之下，少塞釁責。」所陳並天文占候，讖上有骨肉相殘之禍，其言深切。

曄在獄，與綜及熙先異處，乃稱疾求移考堂，欲近綜等。見聽，與綜等果得隔壁。遥問綜曰：「始被收時，疑誰所告？」綜云：「不知。」曄曰：「乃是徐童。」童，徐湛之小名仙童也。在獄爲詩曰：「禍福本無兆，性命歸有極。必至定前期，誰能延一息。在生已可知，來緣憪無識。好醜共一丘，何足異枉直。豈論東陵上，寧辨首山側。雖無嵇生琴，庶同夏侯色。寄言生存子，此路行復即。」

曄本意謂入獄便死，而上窮治其獄，遂經二旬，曄更有生望。獄吏因戲之曰：「外傳詹事或當長繫。」曄聞之驚喜，綜、熙先笑之曰：「詹事嘗共疇事時〔二〕，無不攘袂瞋目。及在西池射堂上，躍馬顧盼，自以爲一世之雄。而今擾攘紛紜，畏死乃爾。設令今時賜以性命，人臣圖主，何顏可以生存。」曄謂衛獄將曰：「惜哉！薶如此人。」將曰：「不忠之人，亦何足惜。」曄曰：「大將言是也。」

將出市，曄最在前，於獄門顧謂綜曰：「今日次第，當以位邪？」綜曰：「賊帥爲先。」在道語笑，初無暫止。至市，問綜曰：「時欲至未？」綜曰：「勢不復久。」曄既食，又苦勸綜，綜曰：「此異病篤，何事彊飯。」曄家人悉至市，監刑職司問：「須相見不？」曄問綜曰：「家人以來，幸得相見，將不暫别。」綜曰：「别與不别，亦何所存。來必當號泣，正足亂人意。」曄曰：「號泣何關人，向見道邊親故相瞻望，亦殊勝不見。吾意故欲相見。」於是呼前。曄妻先下撫其子，回罵曄曰：「君不爲百歲阿家，不感天子恩遇，身死固不足塞罪，奈何枉殺子孫。」曄乾笑云罪至而已。曄所生母泣曰：「主上念汝無極，汝曾不能感恩，又不念我老，今日奈何？」仍以手擊曄頸及頰，曄顏色不怍。妻云：「罪人，阿家莫念。」妹及妓妾來別，曄悲涕流漣，綜曰：「舅殊不同夏侯色。」曄收淚而止。綜母以子弟自蹈逆亂，獨不出視。曄語綜曰：「姊今不來，勝人多也。」曄轉醉，子藹亦醉，取地土及果皮以擲曄，呼曄爲別駕數十聲。曄問曰：「汝恚我邪？」藹曰：「今日何緣復恚，但父子同死，不能不悲耳。」曄常謂死者神滅，欲著無鬼論；至是與徐湛之書，云「當相訟地下」〔一三〕。其謬亂如此。又語人：「寄語何僕射，天下決無佛鬼。若有靈，自當相報。」收曄家，樂器服玩，並皆珍麗，妓妾亦盛飾，母住止單陋，唯有一廚盛樵薪，弟子冬無被，叔父單布衣。曄及子藹、遥、叔蔞、孔熙先及弟休先、景先、思先、熙先子桂甫、桂甫子白民、謝綜及弟約、仲承祖、許耀〔一四〕，諸所連及，並伏誅。曄時年四十八。曄兄弟子父已亡者及謝綜弟緯，徙廣州。藹子魯連，吴興昭公主外孫，請全生命，亦得遠徙，世祖即位得還。

曄性精微有思致，觸類多善，衣裳器服，莫不增損制度，世人皆法學之。撰和香方，其序之曰：「麝本多忌，過分必害；沈實易和，盈斤無傷。零藿虚燥，詹唐黏濕。甘松、蘇合、安息、鬱金、㮾多、和羅之屬，並被珍於外國，無取於中土。又棗膏昏鈍，甲煎淺俗，非唯無助於馨烈，乃當彌增於尤疾也。」此序所言，悉以比類朝士〔一五〕：「麝本多忌」，比庾炳之；「零藿虚燥」，比何尚之；「詹唐黏溼」，比沈演之；「棗膏昏鈍」，比羊玄保；「甲煎淺俗」，比徐湛之；「甘松、蘇合」，比慧琳道人；「沈實易和」，以自比也。

曄獄中與諸甥姪書以自序曰：

吾狂釁覆滅，豈復可言，汝等皆當以罪人棄之。然平生行己在懷，猶應可尋。至於能不，意中所解，汝等或不悉知。吾少嬾學問，晚成人，年三十許，政始有向耳〔一六〕。自爾以來，轉爲心化，推老將至者，亦當未已也。往往有微解，言乃不能自盡。爲性不尋注書，心氣惡，小苦思，便憒悶，口機又不調利，以此無談功。至於所通解處，皆自得之於匈懷耳。文章轉進，但才少思難，所以每於操筆，其所成篇，殆無全稱者。常恥作文士。文患其事盡於形，情急於藻，義牽其旨，韻移其意。雖時有能者，大較多不免此累，政可類工巧圖繢，竟無得也。常謂情志所託，故當以意爲主，以文傳意。以意爲主，則其旨必見；以文傳意，則其詞不流。然後抽其芬芳，振其金石耳。此中情性旨趣，千條百品，屈曲有成理。自謂頗識其數，嘗爲人言，多不能賞，意或異故也。

性別宫商，識清濁，斯自然也。觀古今文人，多不全了此處，縱有會此者，不必從根本中來。言之皆有實證，非爲空談。年少中，謝莊最有其分，手筆差易，文不拘韻故也。吾思乃無定方，特能濟難適輕重，所稟之分，猶當未盡。但多公家之言，少於事外遠致，以此爲恨，亦由無意於文名故也。

本未關史書，政恒覺其不可解耳。既造後漢，轉得統緒，詳觀古今著述及評論，殆少可意者。班氏最有高名，既任情無例，不可甲乙辨。後贊於理近無所得，唯志可推耳。博贍不可及之，整理未必愧也。吾雜傳論，皆有精意深旨，既有裁味，故約其詞句。至於循吏以下及六夷諸序論，筆勢縱放，實天下之奇作。其中合者，往往不減過秦篇。嘗共比方班氏所作，非但不愧之而已。欲偏作諸志，前漢所有者悉令備。雖事不必多，且使見文得盡。又欲因事就卷内發論，以正一代得失，意復未果。贊自是吾文之傑思，殆無一字空設，奇變不窮，同合異體，乃自不知所以稱之。此書行，故應有賞音者。紀、傳例爲舉其大略耳，諸細意甚多。自古體大而思精，未有此也。恐世人不能盡之，多貴古賤今，所以稱情狂言耳。

吾於音樂，聽功不及自揮，但所精非雅聲，爲可恨。然至於一絶處，亦復何異邪。其中體趣，言之不盡，弦外之意，虛響之音，不知所從而來。雖少許處，而旨態無極。亦嘗以授人，士庶中未有一豪似者。此永不傳矣。吾書雖小小有意，筆勢不快，餘竟不成就，每愧此名。

曄自序並實，故存之。

藹幼而整潔，衣服竟歲未嘗有塵點。死時年二十。

曄少時，兄晏常云：「此兒進利，終破門户。」終如晏言。

史臣曰：古之人云：「利令智昏。」甚矣，利害之相傾。劉湛識用才能，實苞經國之略，豈不知移弟爲臣，則君臣之道用，變兄成主，則兄弟之義殊乎。而義康數懷姦計，苟相崇説，與夫推長戟而犯魏闕，亦何以異哉。

校勘記

〔一〕高祖以爲太尉行參軍　「以」字原闕，孫虨考論卷三：「『高祖』下當脱『以』字。」按孫説是，今據補。

〔二〕義康弱年未親政府州軍事悉委湛　「府州軍事」，南史卷三五劉湛傳作「府州事」，疑是。按府有軍事，而州則無軍事。

〔三〕當今之才　「之」，殿本作「乏」。

〔四〕王華既亡　「亡」，原作「止」，據南監本、北監本、汲本、殿本、局本、南史卷三五劉湛傳改。

〔五〕元嘉九年冬彭城太妃薨　「九年」，原作「元年」。孫彪考論卷三：「彭城太妃薨在元嘉九年，此言『元年』，形近之誤。南史誤同。」按孫說是。上文有征南大將軍檀道濟北征，係元嘉七年事，此當在九年。今改正。

〔六〕刑罰乖淫陰陽違舛　「刑罰乖淫」，文苑英華卷六四五孔熙先爲彭城王檄征鎮文作「刑法違衷」，文義較勝。「違」，文苑英華作「潛」。

〔七〕羣萌莫係　「係」，原作「繼」，據殿本改。

〔八〕鎮戍有常　「有」，原作一字空格，據南監本、北監本、汲本、殿本、局本補。

〔九〕征北將軍衡陽王義季右將軍南平王鑠出鎮　按本書卷五文帝紀、卷六一武三王衡陽文王義季傳云義季是時爲「征北大將軍」。疑「征北」下佚「大」字。

〔一〇〕猶懷怨憤　「懷」字原闕，據南監本、北監本、汲本、殿本、局本補。

〔一一〕臣雖凡下　「凡」，原作「尼」，殿本、局本作「泥」。張元濟校勘記：「『尼』疑『凡』之訛。」按張校是，今據改。

〔一二〕詹事嘗共疇事時　「嘗」，原作「當可」二字，殿本、局本作「當前」二字。今據南史卷三三范泰傳附范曄傳改。

〔一三〕云當相訟地下　「訟」，原作一字空格，北監本、汲本作「從」，今據南監本、殿本、局本補。

〔一四〕許耀　原作「許曜」，據殿本、局本、本卷上文、南史卷三三范泰傳附范曄傳改正。

〔一五〕悉以比類朝士　「朝士」，原作「明士」，據南監本、殿本、局本、南史卷三三范泰傳附范曄傳、御覽卷九八一引宋書、册府卷九四四改。

〔一六〕政始有向耳　「向」，南史卷三三范泰傳附范曄傳、册府卷五六一作「尚」。

宋書卷七十

列傳第三十

袁淑

袁淑字陽源，陳郡陽夏人，丹陽尹豹少子也。

少有風氣，年數歲，伯父湛謂家人曰〔一〕：「此非凡兒。」至十餘歲，爲姑夫王弘所賞。不爲章句之學，而博涉多通，好屬文，辭采遒豔，縱横有才辯。本州命主簿，著作佐郎，太子舍人，並不就。彭城王義康命爲司徒祭酒〔二〕。義康不好文學，雖外相禮接，意好甚疏。劉湛，淑從母兄也，欲其附己，而淑不以爲意，由是大相乖失，以久疾免官。補衡陽王義季右軍主簿，遷太子洗馬，以脚疾不拜。衞軍臨川王義慶雅好文章，請爲諮議參軍。頃之，遷司徒左西屬。出爲宣城太守，入補中書侍郎，以母憂去職。服闋，爲太子中庶子。元嘉二十六年，遷尚書吏部郎。其秋，大舉北伐〔三〕，淑侍坐從容曰：「今當鳴鑾中岳，席卷趙、魏，檢玉岱宗，今其時也。臣逢千載之會，願上封禪書一篇。」太祖笑曰：「盛德之事，我何足以當之。」出爲始興王征北長史、南東海太守。淑始到府，濬引見，謂曰：「不意舅遂垂屈佐。」淑答曰：「朝廷遣下官，本以光公府望。」還爲御史中丞。

時索虜南侵，遂至瓜步，太祖使百官議防禦之術，淑上議曰：

臣聞函車之獸，離山必斃；絶波之鱗，宕流則枯。羯寇遺醜〔四〕，趨致畿甸，蟻萃螽集，聞已崩殪。天險巖曠，地限深遐，故全魏戢其圖，盛晉輟其議，情屈力殫，氣挫勇竭，諒不虞於來臨，本無怵於能濟矣。乃者變定攜遠，阻違授律，由將有弛拙，故士少鬭志。圍潰之衆，匪寇傾淪，攻制之師，空自班散，濟西勁騎，急戰鼈旅，淮上訓卒，簡備靡旗。是由綏整寡衷，戎昭多昧，遂使栲潞入患，泉伊來擾〔五〕，紛殄姬風，泯毒禹績，騰書有渭陰之迫，懸烽均咸陽之警。然而切揣虛實，伏匿先彰，校索伎能，譎詭既顯。綿地千里，彌行阻深，表裏躓硋，後先介逼。捨陵衍之習，競湍沙之利。今虹見萍生，土膏泉動，津陸陷溢，痁禍洊興，蒭藁已罩，米粟莫係，水寓衿帶，進必傾覆，河隘扁固，退亦墮滅。所謂栖烏於烈火之上，養魚於叢棘之中。

或謂損緩江右，寬繕淮内。竊謂拯扼閩城，舊史爲允，棄遠涼土，前言稱非。限此要荒，猶弗委割。況聯被京國，咫尺神甸，數州摧掃，列邑殲痍，山淵反覆，草木塗地。今丘賦千乘，井竿萬集，肩摩倍於長安，締袂百於臨淄，什一而籍，寔慊氓願，履畝以稅，既協農和。户競戰心，人含鋭志，皆欲贏糧請奮，釋緯乘城。謂宜懸金鑄印，要壯果之士，重幣甘辭，招摧決之將，舉薦板築之下，抽登臺皂之間，賞之以焚書，報之以相爵，俄而昭才賀闕，異能間至。

戎貪而無謀，肆而不整，迷乎向背之次，謬於合散之宜，犯軍志之極害，觸兵家之甚諱。咸畜憤矣，僉策戰矣，稱願影從，謡言緡命。宜選敢悍數千，鶩行潛掩，偃旗裹甲，鉗馬銜枚，檜稽而起，晨壓未陣，旌譟亂舉，火鼓四臨，使景不暇移，塵不及起，無不禽鏺獸讋，冰解霧散，掃洗噍類〔六〕，漂鹵浮山。如有決罣漏網，逡竄逗穴，命淮、汝戈船，遏其還逕，兗部勁卒，梗其歸塗。必剪元雄，懸首麾下，乃將隻輪不反，戰轊無旋矣。於是信臣騰威，武士繕力，緹組接陰，鞞柝聯響。

若其僞遁羸張，出没無際，楚言漢旆，顯默如神，固已日月蔽虧，川谷蕩貿。負塞殘孽，阻山燼黨，收險竊命，憑城借一〔七〕，則當因威席卷，乘機芟剿。泗、汴秀士，星流電燭，徐、阜巖兵，雨湊雲集，蹷亂桑溪之北，摇潰澣海以南，絶其心根，勿使能植，銜索之枯，幾何不蠹。是由涸澤而漁，焚林而狩，若浚風之儛輕籜，杲日之拂浮霜。

既而尉洽荷掠之餘，望吊網悲之鬼。然後天行樞運，猋舉煙升，青蓋西巡，翠華東幸〔八〕，經啓州野，滌一軫策〔九〕，俾高闕再勒，燕然後銘〔一〇〕。方乃奠山沉河，創禮輯策，闡燿炎、昊之遺則，貫軼商、夏之舊文。

今衆賈拳勇，而將術疎怯，意者稔泰日積，承平歲久，邑無驚赴之急，家緩餽戰之勤，闕閲訓之禮，簡參屬之飾，且亦薦採之法，庸未蒐歟。若乃邦造里選，擢論深切，躬擐盡幽，斬帶尋遠，設有沉明能照，俊偉自宣，誠感泉雨，流通金石，氣懾飛、賁，知窮苴、起，審邪正順逆之數，達昏明益損之宜，能睽合民心，愚叡物性，登丹墀而敷策，躡青蒲而揚謀，上説辰鑒，下弭素言，足以安民紓國，救災恤患。則宜拔過寵貴之上，褒升戚舊之右，別其旂章，榮其班禄，出得專譽，使不稟命，降席折節，同廣武之請，設壇致禮，均淮陰之授。必有要盟之功，竊符之捷。

夷裔暴很，內外侮棄，始附之衆，分茷無序，蠱以威利，勢必攜離，首順之徒，靡然自及。今淶繹故典，瀍土纓綏，翦焉幽播，折首凶狡。是猶眇者願明，痿之思步〔一一〕，動商遄會，功終易感。劫晉在於善覘，全鄭實寄良諜，多縱反間，汩惑心耳，發險易之前，抵興喪之術，衝其猜伏，拂其嫌嗜，汩以連率之貴，餌以析壤之資，罄筆端之用，展辭鋒之鋭，振辯則堅圍可解，馳羽而巖邑易傾。必府高土崩，枝幹瓦裂，故燕、樂相悔，項、范交疑矣。

或乃言約功深，事邇應廣，齊國反駕，趙養還君，盡輿誦之道，畢能事之効。臣幸得出内層禁，游息明代[一三]，澤與身泰，恩隨年行，無以逢迎昌運，潤飾鴻法。今塗有遺鏃，蠆未息蜂，敢思涼識，少酬閎施。但坐幕既乏昭文，免胄不能致果，竊觀都護之邊論，屬國之兵謨，終、晁之抗辭，杜、耿之言事，咸云及經之棘，猶闕上竿，燭邪之敬，裁收下策。自恥懦木，智不綜微，敢露昧見，無會昭採。

淑憙爲誇誕，每爲時人所嘲。始興王濬嘗送錢三萬餉淑，一宿復遣追取，謂使人謬誤，欲以戲淑。淑與濬書曰：「袁司直之視館，敢寓書於上國之宫尹。日者猥枉泉賦，降委弊邑。弊邑敬事是遑，無或違貳。懼非郊贈之禮，覲饗之資，不虞君王惠之於是也，是有懵焉。弗圖旦夕發咫尺之記，籍左右而請，以爲胥授失旨，爰速先幣。曾是附庸臣委末學孤聞者，如之何勿疑。且亦聞之前志曰，七年之中，一與一奪，義士猶或非之。況密邇旬次，何其哀益之亟也。藉恐二三諸侯，有以觀大國之政。是用敢布心腹。弊室弱生，砥節清廉，好是潔直，以不邪之故，而貧聞天下。寧有昧夫嗟金者哉。不腆供賦，束馬先璧以俟命。唯執事所以圖之。」

遷太子左衛率。元凶將爲弒逆，其夜淑在直，二更許，呼淑及蕭斌等流涕謂曰：「主上信讒，將見罪廢。省内無過，不能受枉。明旦便當行大事，望相與勠力。」淑及斌並曰：「自古無此，願加善思。」劭怒變色，左右皆動。斌懼，乃曰：「臣昔忝伏事，常思効節，況憂迫如此，輒當竭身奉令。」淑叱之曰：「卿便謂殿下真有是邪？殿下幼時嘗患風，或是疾動耳。」劭愈怒，因問曰：「事當克不？」淑曰：「居不疑之地，何患不克。但既克之後，爲天地之所不容，大禍亦旋至耳。願急息之。」劭左右引淑衣曰：「此是何事，而可言罷。」因賜淑等袴褶〔一三〕，又就主衣取錦，截三尺爲一段，又中破，分斌、淑及左右，使以縛袴。淑出還省〔一四〕，繞牀行，至四更乃寢。劭將出，已與蕭斌同載，呼淑甚急，淑眠終不起。劭停車奉化門，催之相續。徐起至車後，劭使登車，又辭不上。劭因命左右：「與手刃。」見殺於奉化門外，時年四十六。劭即位，追贈太常，賜賵甚厚。

世祖即位，使顏延之爲詔曰：「夫輕道重義，亟聞其教；世弊國危，希遇其人。自非達義之至，識正之深者，孰能抗心衞主，遺身固節者哉。故太子左衞率淑，文辯優洽，秉尚貞慤。當要逼之切，意色不橈，厲辭道逆，氣震凶黨。虐刃交至，取斃不移。古之懷忠隕難，未云出其右者。興言嗟悼，無廢乎心。宜在加禮，永旌宋有臣焉。可贈侍中、太尉，謚曰忠憲公。」又詔曰：「袁淑以身殉義，忠烈邈古。遺孤在疚，特所矜懷。可厚加賜卹，以慰存亡。」淑及徐湛之、江湛、王僧綽、卜天與四家，於是長給廩禄。文集傳於世。

子幾、敳、稜、凝、標〔一五〕。敳，世祖步兵校尉。凝，太宗世御史中丞，出爲晉陵太守。太宗初與四方同反〔一六〕，兵敗歸降，以補劉湛冠軍府主簿〔一七〕。淑諸子並早卒。

史臣曰：天長地久，人道則異於斯。蕣華朝露，未足以言也。其間夭遽，曾何足云。宜任心去留，不以存没嬰心。徒以靈化悠遠，生不再來，雖天行路嶮，而未之斯遇，謂七尺常存，百年可保也。所以據洪圖而輕天下，恡寸陰而敗尺璧。若乃義重乎生，空炳前誥，投軀殉主，世罕其人。若無陽源之節，丹青何貴焉爾。

校勘記

〔一〕伯父湛謂家人曰　「父」字原闕，據南史卷二六袁湛傳附袁淑傳補。

〔二〕彭城王義康命爲司徒祭酒　「司徒祭酒」，原作「軍司祭酒」，據南史卷二六袁湛傳附袁淑傳改。按時無軍司祭酒之職，而彭城王時爲司徒，據本書百官志，司徒府有祭酒。

〔三〕元嘉二十六年遷尚書吏部郎其秋大舉北伐　按宋大舉北伐在元嘉二十七年秋，此於「二十六年」後即云「其秋，大舉北伐」，誤。

〔四〕羯寇遺醜　「羯」，原作「竭」，據南監本、北監本、汲本、殿本、局本、册府卷四七一改。

〔五〕遂使栲潞入患泉伊來擾　册府卷四七一作「遂使潞子入患伊川來擾」。

〔六〕掃洗譙類　「譙類」，原作「哨類」，據册府卷四七一改。

〔七〕憑城借一　「一」，原作「土」，據册府卷四七一改。按左傳成公二年：「子又不許，請收合餘燼，背城借一。」杜預注：「欲於城下，復借一戰。」

〔八〕翠華東幸　「東幸」，原作二字空格，歷代名臣奏議卷三二〇作「北狩」，今據南監本、北監本、汲本、殿本、局本補。

〔九〕滌一軫策　册府卷四七一作「蕩滌舉無遺策」。

〔一〇〕俾高闕再勒燕然後銘　「後銘」，北監本、汲本、殿本、册府卷四七一作「復銘」。

〔一一〕是猶眇者顧明痿之思步　「之」，册府卷四七一作「人」。

〔一二〕游息明代　「游息」，原作「游□心」，南監本、北監本、汲本、殿本、局本作「游心」，今據册府卷四七一訂正。

〔一三〕劭左右引淑衣曰此是何事而可言罷因賜淑等袴褶　「衣曰此是何事而可言罷因賜淑」十三字原闕，據南史卷二六袁湛傳附袁淑傳補。

〔一四〕淑出還省　「還」，原作「環」，據南史卷二六袁湛傳附袁淑傳改。

〔一五〕子幾皷稜凝標　「標」，原作「摽」，據局本改。按本書卷八四鄧琬傳、孔覬傳有晉陵太守袁標，當即袁淑子。

〔一六〕凝太宗世御史中丞出爲晉陵太守太宗初與四方同反　「同反」，原作「國反」。孫彪考論卷三：「『國反』當爲『同反』。」按孫説是，今據改。孫彪又云：「據孔覬傳，則爲晉陵太守與四方同反者乃袁標，非凝也，當有脱文，故世宗、太宗之云多誤。」按孫説是，但「太宗世」本不誤，因下敍袁標事，史有奪文，故前云「太宗世」，後云「太宗初」，語意不接。

〔一七〕以補劉湛冠軍府主簿　孫彪考論卷三：「考證云湛於元嘉十七年被誅，太宗時安得爲冠軍，『湛』字誤。按冠軍號已顯，時無其人，惟齊書李安民傳言，明帝徙安民爲劉韞冠軍司馬。韞長沙王義欣子，本傳但言其以撫軍將軍爲雍州刺史，而前爲湘州、南兗州，不見軍號，略之也。『湛』字蓋『韞』字之誤。」

宋書卷七十一

列傳第三十一

徐湛之　江湛　王僧綽

徐湛之字孝源，東海郯人。司徒羨之兄孫，吴郡太守佩之弟子也。祖欽之，祕書監。父逵之〔一〕，尚高祖長女會稽公主，爲振威將軍、彭城沛二郡太守。高祖諸子並幼，以逵之姻戚，將大任之，欲先令立功。及討司馬休之，使統軍爲前鋒，配以精兵利器，事剋，當即授荆州。休之遣魯宗之子軌擊破之，於陣見害。追贈中書侍郎。

湛之幼孤，爲高祖所愛，常與江夏王義恭寢食不離於側。永初三年，詔曰：「永興公主一門嫡長〔二〕，早罹辛苦。外孫湛之，特所鍾愛。且致節之胤，情實兼常。可封枝江縣侯，食邑五百户。」年數歲，與弟淳之共車行，牛奔車壞，左右馳來赴之。湛之先令取弟，衆咸歎其幼而有識。及長，頗涉文義〔三〕，善自位待〔四〕。事祖母及母，並以孝謹聞。元嘉二年，除著作佐郎，員外散騎侍郎，並不就。六年，東宫始建，起家補太子洗馬，轉國子博士，遷奮威將軍、南彭城沛二郡太守，徙黄門侍郎。祖母年老，辭以朝直，不拜。復授二郡，加輔國將軍，遷祕書監，領右軍將軍，轉侍中，加驍騎將軍。復爲祕書監，加散騎常侍，驍騎如故。

會稽公主身居長嫡，爲太祖所禮，家事大小，必咨而後行。西征謝晦，使公主留止臺内，總攝六宫。忽有不得意，輒號哭，上甚憚之。初，高祖微時，貧陋過甚，嘗自往新洲伐荻〔五〕，有納布衫襖等衣，皆敬皇后手自作，高祖既貴，以此衣付公主，曰：「後世若有驕奢不節者，可以此衣示之。」湛之爲大將軍彭城王義康所愛〔六〕，與劉湛等頗相附協。及劉湛得辠，事連湛之，太祖大怒，將致大辟。湛之憂懼無計，以告公主。公主即日入宫，既見太祖，因號哭下牀，不復施臣妾之禮。以錦囊盛高祖納衣，擲地以示上曰：「汝家本貧賤，此是我母爲汝父作此納衣。今日有一頓飽食，便欲殘害我兒子！」上亦號哭，湛之由此得全也。遷中護軍，未拜，又遷太子詹事，尋加侍中。

湛之善於尺牘，音辭流暢。貴戚豪家，産業甚厚。室宇園池，貴遊莫及。伎樂之妙，冠絶一時。門生千餘人，皆三吴富人之子，姿質端妍，衣服鮮麗。每出入行遊，塗巷盈滿，泥雨日，悉以後車載之。太祖嫌其侈縱，每以爲言。時安成公何勖，无忌之子也，臨汝公孟靈休，昶之子也，並各奢豪，與湛之共以肴膳、器服、車馬相尚。京邑爲之語曰：「安成食，臨汝飾。」湛之二事之美，兼於何、孟。勖官至侍中，追謚荒公。靈休善彈棊，官至祕書監。

湛之遷冠軍將軍、丹陽尹，進號征虜將軍，加散騎常侍，以公主憂不拜。過葬，復授前職，湛之表啓固辭，又詣廷尉受罪，上詔獄官勿得受，然後就命。固辭常侍，許之。二十二年，范曄等謀逆，湛之始與之同，後發其事，所陳多不盡，爲曄等款辭所連，乃詣廷尉歸罪，上慰遣令還郡。湛之上表曰：

賊臣范曄、孔熙先等，連結謀逆，法靜尼宣分往還，與大將軍臣義康共相脣齒，備於鞠對。伏尋仲承祖始達熙先等意，便極言姦狀。而臣兒女近情，不識大體，上聞之初，不務指斥，紙翰所載，尤復漫略者，實以凶計既表，逆事歸露，又仰緣聖慈，不欲窮盡，故言勢依違，未敢縷陳。情旨無隱，已昭天鑒。及羣凶收禽，各有所列，曄等口辭，多見誣謗，承祖醜言，紛紜特甚。乃云臣與義康宿有密契，在省之言，期以爲定，潛通姦意，報示天文。末云熙先縣指必同，以誑於曄，或以智勇見稱，或以愚懦爲目。既美其信懷可覆，復駭其動止必啓。凡諸詭妄，還自違伐，多舉事端，不究源統，齎傳之信，無有主名，所徵之人，又已死没，首尾乖互，自爲矛楯。即臣誘引之辭，以爲始謀之證，銜臣糾告，並見怨咎，縱肆狂言，必規禍陷〔七〕。伏自探省，亦復有由。昔義康南出之始，敕臣入相伴慰，晨夕覲對，經踰旬日。逆圖成謀，雖無顯然，懟容異意，頗形言旨。遣臣利刃，期以際會，臣苦相諫譬，深加距塞。以爲怨憤所至，不足爲慮，便以關啓，懼成虚妄，思量反覆，實經愚心，非爲納受，曲相蔽匿。又令申情范曄，釋中間之憾，致懷蕭思話，恨婚意未申，謂此僥幸，亦不宣達。陛下敦惜天倫，彰於四海，藩禁優簡，親理咸通，又昔蒙眷顧，不容自絶，音翰信命，時相往來。或言少意多，旨深文淺，辭色之間，往往難測。臣每懼異聞，皆略而不答，惟心無邪悖，故不稍以自嫌。慺慺丹實，具如此啓。至於法静所傳，及熙先等謀，知實不早，見關之日，便即以聞。雖晨光幽燭，曲昭窮款，裁以正義，無所逃刑。束骸北闕，請罪司寇，乾施含宥，未加治考，中旨頻降，制使還往，仰荷恩私，哀惶失守。

臣殃積罪深，丁罹酷罰，久應屏棄，永謝人理。況姦謀所染，忠孝頓闕，智防愚淺，闇於禍萌，士類未明其心，羣庶謂之同惡，朝野側目，衆議沸騰，專信讎隙之辭，不復稍相申體。臣雖駑下，情非木石。豈不知醜點難嬰，伏劍爲易。而靦然視息，忍此餘生，實非苟吝微命，假延漏刻。誠以負戾灰滅，貽惡方來，貪及視息，少自披訴。冀幽誠丹款，儻或昭然，雖復身膏草土，九泉無恨。顯居官次，垢穢朝班，厚顏何地〔八〕，可以自處。乞蒙隳放，伏待鈇鑕。

上優詔不許。

二十四年，服闋，轉中書令，領太子詹事。出爲前軍將軍、南兗州刺史〔九〕。善於爲政，威惠並行。廣陵城舊有高樓，湛之更加脩整，南望鍾山。城北有陂澤，水物豐盛。湛之更起風亭、月觀，吹臺、琴室，果竹繁茂，花藥成行，招集文士，盡遊玩之適，一時之盛也。時有沙門釋惠休，善屬文，辭采綺豔，湛之與之甚厚。世祖命使還俗。本姓湯，位至揚州從事史。二十六年，復入爲丹陽尹，領太子詹事，將軍如故。二十七年，索虜至瓜步，湛之領兵置佐，與皇太子分守石頭。二十八年春，魯爽兄弟率部曲歸順，爽等，魯軌子也。湛之以爲廟筭遠圖，特所奬納，不敢苟申私怨。乞屏居田里，不許。

轉尚書僕射，領護軍將軍。時尚書令何尚之以湛之國戚，任遇隆重，欲以朝政推之。凡諸辭訴，一不料省。湛之亦以職官記及令文，尚書令敷奏出内，事無不總，令缺則僕射總任。又以事歸尚之，互相推委。御史中丞袁淑並奏免官，詔曰：「令僕治務所寄，不共求體當，而互相推委，糾之是也。然故事殘舛，所以致茲疑執，特無所問，時詳正之。」乃使湛之與尚之並受辭訴。尚之雖爲令，而朝事悉歸湛之。初，劉湛伏誅，殷景仁卒，太祖委任沈演之、庾炳之、范曄等，後又有江湛、何瑀之〔一〇〕，曄誅，炳之免，演之、瑀之並卒，至是江湛爲吏部尚書，與湛之並居權要，世謂之江、徐焉。

上每有疾，湛之輒入侍醫藥。二凶巫蠱事發，上欲廢劭，賜濬死。而世祖不見寵，故累出外蕃，不得停京輦。南平王鑠、建平王宏並爲上所愛，而鑠妃即湛妹，勸上立之。元嘉末，徵鑠自壽陽入朝，既至，又失旨，欲立宏，嫌其非次，是以議久不決。與湛之屏人共言論，或連日累夕。每夜常使湛之自秉燭，繞壁檢行，慮有竊聽者。劭入弒之旦，其夕，上與湛之屏人語，至曉猶未滅燭。湛之驚起趣北户，未及開，見害。時年四十四。世祖即位，追贈司空，加散騎常侍，本官如故，謚曰忠烈公。又詔曰：「徐湛之、江湛、王僧綽門户荼酷，遺孤流寓，言念既往，感痛兼深。可令歸居本宅，厚加恤賜。」於是三家長給廩。

三子：聿之、謙之，爲元凶所殺。恒之嗣侯，尚太祖第十五女南陽公主，蚤卒，無子。聿之子孝嗣紹封，齊受禪，國除。

江湛字徽淵，濟陽考城人，湘州刺史夷子也。居喪以孝聞。愛好文義，喜彈棊鼓琴，兼明筭術。初爲著作佐郎，遷彭城王義康司徒行參軍，南譙王義宣左軍功曹，復爲義康司徒主簿，太子中舍人。司空檀道濟爲子求湛妹婚，不許。義康有命，又不從。時人重其立志。義康欲引與日夕，湛固求外出，乃以爲武陵内史，還爲司徒從事中郎，遷太子中庶子，尚書吏部郎。隨王誕爲北中郎將、南徐州刺史，以湛爲長史、南東海太守，政事悉委之〔一二〕。

元嘉二十五年，徵爲侍中，任以機密，領本州大中正，遷左衛將軍。時改選學職，以太尉江夏王義恭領國子祭酒，湛及侍中何攸之領博士〔一三〕。二十七年，轉吏部尚書。家甚貧約，不營財利，餉饋盈門，一無所受，無兼衣餘食。嘗爲上所召，值澣衣〔一四〕，稱疾經日，衣成然後赴。牛餓，馭人求草，湛良久曰：「可與飲。」在選職，頗有刻覈之譏，而公平無私，不受請謁，論者以此稱焉。

上大舉北伐，舉朝爲不可，唯湛贊成之。索虜至瓜步，領軍將軍劉遵考率軍出江上，以湛兼領軍，軍事處分，一以委焉。虜遣使求婚，上召太子劭以下集議，衆並謂宜許，湛曰：「戎狄無信，許之無益。」劭怒，謂湛曰：「今三王在阨，詎宜苟執異議。」聲色甚厲。坐散俱出，劭使班劍及左右推之，殆將側倒。劭又謂上曰：「北伐敗辱，數州淪破，獨有斬江湛，可以謝天下。」上曰：「北伐自我意，江湛但不異耳。」劭後燕集，未嘗命湛。常謂上曰：「江湛佞人，不宜親也。」上乃爲劭長子偉之娉湛第三女，欲以和之。

上將廢劭，使湛具詔草。劭之入弒也，湛直上省，聞叫譟之聲，乃匿傍小屋中。劭遣收之，舍吏紿云：「不在此。」兵士即殺舍吏，乃得湛。湛據窗受害〔一四〕，意色不撓。時年四十六。湛五子恁、恕、憖、悉、法壽，皆見殺。初，湛家數見怪異，未敗少日，所眠牀忽有數升血。世祖即位，追贈左光禄大夫、開府儀同三司，加散騎常侍，本官如故，謚曰忠簡公。

長子恁，尚太祖第九女淮陽長公主，爲著作佐郎。

王僧綽，琅邪臨沂人，左光禄大夫曇首子也。幼有大成之度，弱年衆以國器許之。好學有理思，練悉朝典。年十三，太祖引見，下拜便流涕哽咽，上亦悲不自勝。襲封豫寧縣侯〔一五〕，尚太祖長女東陽獻公主。初爲江夏王義恭司徒參軍，轉始興王文學，祕書丞，司徒左長史，太子中庶子。元嘉二十六年，徙尚書吏部郎，參掌大選。究識流品，諳悉人物，拔才舉能，咸得其分。二十八年，遷侍中，任以機密。僧綽沈深有局度，不以才能高人。先是，父曇首與王華並爲太祖所任，華子嗣人才既劣，位遇亦輕。僧綽嘗謂中書侍郎蔡興宗曰：「弟名位應與新建齊，超至今日，蓋由姻戚所致也。」新建者，嗣之封也。及爲侍中，時年二十九。始興王濬嘗問其年，僧綽自嫌蚤達，逡巡良久乃答，其謙虚自退若此。

元嘉末，太祖頗以後事爲念，以其年少，方欲大相付託，朝政小大，皆與參焉。從兄微〔一六〕，清介士也，懼其太盛，勸令損抑。僧綽乃求吴郡及廣州，上並不許。

會二凶巫蠱事泄，上獨先召僧綽具言之。及將廢立，使尋求前朝舊典。劭於東宫夜饗將士，僧綽密以啓聞，上又令撰漢、魏以來廢諸王故事。撰畢，送與江湛、徐湛之。湛之欲立隨王誕，江湛欲立南平王鑠，太祖欲立建平王宏，議久不決。誕妃即湛之女，鑠妃即湛妹。太祖謂僧綽曰：「諸人各爲身計，便無與國家同憂者。」僧綽曰：「建立之事，仰由聖懷。臣謂唯宜速斷，不可稽緩。當斷不斷，反受其亂。願以義割恩，略小不忍，不爾便應坦懷如初，無煩疑論。淮南云：『以石投水，吴越之善没取之。』事機雖密，易致宣廣，不可使難生慮表，取笑千載。」上曰：「卿可謂能斷大事。此事重，不可不殷勤三思。且庶人始亡，人將謂我無復慈愛之道。」僧綽曰：「臣恐千載之後，言陛下唯能裁弟，不能裁兒。」上默然。江湛同侍坐，出閤，謂僧綽曰：「卿向言，將不太傷切直。」僧綽曰：「弟亦恨君不直。」

及劭弒逆，江湛在尚書上省，聞變，歎曰：「不用僧綽言，以至於此。」劭既立，轉爲吏部尚書，委以事任，事在二凶傳。頃之，劭料檢太祖巾箱及江湛家書疏，得僧綽所啓饗士并廢諸王事，乃收害焉，時年三十一。因此陷北第諸王侯，以爲與僧綽有異志〔一七〕，并殺僧綽門客太學博士賈匪之、奉朝請司馬文穎、建平國常侍司馬仲秀等。世祖即位，追贈散騎常侍、金紫光禄大夫，謚曰愍侯。

初，太社西空地一區，吴時丁奉宅，孫晧流徙其家。江左初爲周顗、蘇峻宅，其後爲袁悦宅，又爲章武王司馬秀宅，皆以凶終。後給臧燾〔一八〕，亦頗遇喪禍，故世稱爲凶地。僧綽常以正達自居，謂宅無吉凶，請以爲第。始就造築，未及居而敗。

子儉嗣，昇明末，爲齊國尚書右僕射。

史臣曰：甚矣宋氏之家難也，釁釁所鍾，親地兼極，雖復傾天滅道，迹非嫌路，而灾隙内兆，邪蠱外興，天性既離，愛敬同盡，探雀請熊，非無前釁，猜防之道，有未足乎。世祖弱年輕躁，夙無朝寵，累任邊外，未嘗居中。當璧之重，將由愛立，臣主回疑，事無蚤斷。若使守器以長，命不待賢，則密禍自銷，危機可免。聖哲之訓，豈欺我哉。昔山濤舉羊祜爲太子太傅，蓋欲以後事委之，而羊公短世。僧綽綢繆主心，將任以國重，而宫車晏駕。二臣並以道德謙沖，名高兩代。胙未中年，功謝成日。惜矣哉！

校勘記

〔一〕父逵之　「逵之」，原作「達之」，據本書卷二武帝紀中、南史卷一五徐羨之傳改正。下文「逵之」並改。

〔二〕永興公主一門嫡長　南史卷一五徐羨之傳附徐湛之傳、御覽卷一五三引沈約宋書作「詔以公主一門嫡長」。按殿本考證：「按上文稱會稽公主，臧皇后傳及諸王傳皆稱會稽宣公主，此詔獨稱永興公主，豈先封永興，而後乃改封會稽歟？」

〔三〕頗涉文義　「文義」，原作「大義」，據南史卷一五徐羨之傳附徐湛之傳、御覽卷一五三引沈約宋書、册府卷三〇四改。

〔四〕善自位待　「位待」，原作「特持」，據南監本、殿本、局本、南史卷一五徐羨之傳附徐湛之傳改。按册府卷三〇四作「衞侍」。

〔五〕嘗自往新洲伐荻　「往」字原闕，據御覽卷一五三引沈約宋書補。

〔六〕湛之爲大將軍彭城王義康所愛　「義康」，原作「義宣」，據局本、南史卷一五徐羨之傳附徐湛之傳、御覽卷一五三引沈約宋書改。

〔七〕必規禍陷　「規」，原作「見」，據册府卷二〇九改。

〔八〕厚顔何地　「厚」字原闕，據南監本、北監本、汲本、殿本、局本、册府卷二〇九補。

〔九〕出爲前軍將軍南兗州刺史　按本書卷九五索虜傳云元嘉二十七年徐湛之爲「前將軍」。

〔一〇〕後又有江湛何瑀之　本書卷四一后妃前廢帝何皇后傳：「父瑀，字稺玉。」此作「何瑀之」，蓋六朝人名後之「之」字，有時可省去。按通鑑卷一二六宋紀元嘉二十八年胡三省注：「『何瑀之』恐當作『何尚之』。」蓋以何瑀雖官歷清顯，未嘗管機密，不如何尚之之當要任。然何尚之後於江湛卒，瑀之若爲尚之之誤，則明顯於「演之、瑀之並卒」而江湛爲吏部尚書不合，是胡注亦誤。疑此「何瑀之」乃「何悠之」之訛。悠之，何尚之弟，曾爲侍中，見本書卷六六何尚之傳。本卷江湛傳云：「元嘉二十五年，徵爲侍中，任以機密，領本州大中正，遷左衛將軍。時改選學職，（中略）湛及侍中何攸之領博士。」何攸之，即何悠之。江湛與悠之皆以侍中而領博士，亦見悠之爲文帝之親任。本書卷六六何尚之傳附何悠之傳云何悠之與王微相善，「悠之卒，微與偃書」。王微於元嘉三十年卒，見本書卷六二王微本傳。則悠之卒在元嘉二十五年後，三十年前。與此所敘「曄誅，炳之免，演之、瑀之並卒」，而江、徐並居權要者，時間亦正相合。

〔二〕政事悉委之　「悉」字原闕，據冊府卷七一六補。

〔三〕湛及侍中何攸之領博士　「何攸之」，當即本書卷六六何尚之傳之何悠之，疑「攸之」乃「悠之」之訛。

〔三〕值澣衣　「澣」，原作「幹」，據殿本、局本、南史卷三六江夷傳附江湛傳、御覽卷二一四、卷四八五引宋書改。

〔四〕乃得湛湛據窗受害　「湛湛」，原作「湛之湛之」，據南監本、局本刪正。洪頤煊諸史考異卷五：「此受害者是江湛，故載在本傳，（中略）校者誤於兩『湛』下添兩『之』字。」

〔一五〕襲封豫寧縣侯　「豫寧」，原作「豫章」，據本書卷六三王曇首傳、南史卷二二王曇首傳附王僧綽傳、御覽卷一五三引沈約宋書改。按晉書卷一五地理志下有豫章縣，無豫寧縣，本書卷三六州郡志二有豫寧縣，無豫章縣。僧綽襲封在宋世，當作「豫寧」。

〔一六〕從兄微　「微」，原作「徽」，據南史卷二二王曇首傳附王僧綽傳、御覽卷七三四引宋書、册府卷四六三改。殿本考證：「『徽』字即『微』字之訛。」按王微本書卷六二有傳。

〔一七〕以爲與僧綽有異志　「與」字原闕，據局本、南史卷二二王曇首傳附王僧綽傳、建康實録卷一四、册府卷九三一補。

〔一八〕後給臧燾　「臧燾」，原作「臧壽」，據南史卷二二王曇首傳附王僧綽傳、建康實録卷一四、御覽卷一八〇引宋書改。孫虨考論卷四：「『壽』當作『燾』。」

宋書卷七十二

列傳第三十二

文九王

南平穆王鑠　建平宣簡王宏　晉熙王昶　始安王休仁
晉平刺王休祐　鄱陽哀王休業　臨慶沖王休倩
新野懷王夷父　巴陵哀王休若

文帝十九男：元皇后生劭，潘淑妃生濬，路淑媛生孝武帝，吴淑儀生南平王鑠，高脩儀生廬陵昭王紹，殷脩華生竟陵王誕，曹婕妤生建平宣簡王宏，陳脩容生東海王禕，謝容華生晉熙王昶，江脩儀生武昌王渾，沈婕妤生明帝，楊脩儀生建安王休仁，邢美人生晉平王休祐，蔡美人生海陵王休茂，董美人生鄱陽哀王休業，顔美人生臨慶沖王休倩，陳美人生新野懷王夷父，荀美人生桂陽王休範，羅美人生巴陵哀王休若。劭、濬、誕、褘、渾、休茂、休範别有傳。紹出繼廬陵孝獻王義真。

南平穆王鑠字休玄，文帝第四子也。

元嘉十七年，都督湘州諸軍事、冠軍將軍、湘州刺史，不之鎮，領石頭戍事。二十二年，遷使持節、都督南豫豫司雍秦并六州諸軍事、南豫州刺史。時太祖方事外略，乃罷南豫併壽陽，即以鑠爲豫州刺史[一]，尋領安蠻校尉，給鼓吹一部。二十六年，進號平西將軍，讓不拜。

索虜大帥託跋燾南侵陳、潁，遂圍汝南懸瓠城。行汝南太守陳憲保城自固，賊晝夜攻圍之，憲且守且戰，矢石無時不交。虜多作高樓，施弩以射城内，飛矢雨下，城中負户以汲。又毁佛浮圖，取金像以爲大鉤，施之衝車端，以牽樓堞。城内有一沙門，頗有機思，輒設奇以應之。賊多作蝦蟆車以填塹，肉薄攻城，憲督厲將士，固女墻而戰，賊之死者，屍與城等，遂登屍以陵城，短兵相接，憲鋭氣愈奮，戰士無不一當百，殺傷萬計，汝水爲之不流。

相拒四十餘日，鑠遣安蠻司馬劉康祖與寧朔將軍臧質救之，虜燒攻具走。

二十七年，大舉北伐，諸蕃並出師。鑠遣中兵參軍胡盛之出汝南，到坦之出上蔡〔二〕，向長社，長社戍主魯爽委城奔走。既克長社，遣幢主王陽兒、張略等進據小索。僞豫州刺史僕蘭於大索率步騎二千攻陽兒，陽兒擊大破之。到坦之等進向大索，勞楊氏、鄭德玄、張和各起義以應坦之〔三〕，僕蘭奔虎牢。會王陽兒等至，即據大索，因向虎牢，鑠又遣安蠻司馬劉康祖繼坦之。虜永昌王宜勤庫仁真救虎牢〔四〕，坦之敗走。虜乘勝逕進，於尉武津逢康祖〔五〕，康祖戰敗見殺。賊進脅壽陽，因東過與燾會於江上。

二十八年夏，虜荆州刺史魯爽及弟秀等，率部曲詣鑠歸順。其年七月，鑠所生吳淑儀薨，鑠歸京師〔六〕，葬畢，還攝本任。時江夏王義恭領南兗州刺史，鎮盱眙〔七〕。丁母憂，還京師。上以兗土彫荒，罷南兗併南徐州，當别置淮南都督住盱眙，開創屯田，應接遠近，欲以授鑠。既而改授散騎常侍、撫軍將軍，領兵戍石頭。

元凶弑立，以爲中軍將軍，護軍、常侍如故〔八〕。世祖入討，劭屯兵京邑，使鑠巡行撫勞。劭還立南兗，以鑠爲使持節、都督南兗徐兗青冀幽六州諸軍事、征北將軍、開府儀同三司、南兗州刺史〔九〕，常侍如故。柳元景至新亭，劭親自攻之，挾鑠自隨。江夏王義恭南奔，使鑠守東府，以腹心防之。進授侍中、驃騎將軍、録尚書事，餘如故。劭迎蔣侯神於宫內，疏世祖年諱，厭祝祈請，假授位號，使鑠造策文。及義軍入宮，鑠與濬俱歸世祖，濬即伏法，上迎鑠入營。當時倉卒失國璽，事寧，更鑄給之。進侍中、司空，領兵置佐，以國哀未闋，讓侍中。

鑠素不推事世祖，又爲元凶所任，上乃以藥内食中毒殺之，時年二十三，追贈侍中、司徒。

三子：敬猷、敬淵、敬先。敬猷嗣，官至黄門郎。敬淵初封南安縣侯〔一〇〕，官至後軍將軍。敬先繼廬陵王紹。前廢帝景和末，召鑠妃江氏入宮，使左右於前逼迫之，江氏不受命。謂曰：「若不從，當殺汝三子。」江氏猶不肯。於是遣使於第殺敬猷、敬淵、敬先，鞭江氏一百。其夕廢帝亦殞。太宗即位，追贈敬猷侍中，謚曰懷王。追贈敬淵黄門侍郎，謚曰悼侯。改封孝武帝第十八子臨賀王子産字孝仁爲南平王，繼鑠後，未拜，被殺。泰始五年，立晉平王休祐第七子宣曜爲南平王繼鑠〔一一〕。休祐死，宣曜被廢還本。後廢帝元徽元年，立衡陽恭王嶷第二子伯玉爲南平王繼鑠，後官至給事中。昇明二年，謀反誅，國除。

建平宣簡王宏字休度，文帝第七子也。早喪母。

元嘉二十一年，年十一，封建平王，食邑二千户。少而閑素，篤好文籍。太祖寵愛殊常，爲立第於鷄籠山，盡山水之美。建平國職，高他國一階。二十四年，爲中護軍，領石頭戍事。出爲征虜將軍、江州刺史。二十八年，徵爲中書令，領驍騎將軍。元凶弑立，以宏爲左將軍、丹陽尹。又以爲散騎常侍、鎮軍將軍、江州刺史。世祖入討，劭録宏殿内。世祖先嘗以一手板與宏[一二]，宏遣左右親信周法道齎手板詣世祖。事平，以爲尚書左僕射，使奉迎太后，還加中軍將軍[一三]、中書監，僕射如故。臧質爲逆，宏以仗士五十人入六門。

爲人謙儉周慎，禮賢接士，明曉政事，上甚信仗之。時普責百官讜言，宏議曰：

臣聞建國之道咸殊，興王之政不一。至於開諫致寧，防口取禍，固前王同軌，後主共則。秦、殷之敗，語戮刺亡；周、漢之盛，謗升箴顯。陛下以至德神臨，垂精思治，進儒禮而崇寬教，哀獄法而黜嚴刑，表忠行而舉貞節，辟處士而求賢異，修廢官而出滯賞，撤天膳而重農食，禁貴遊而弛榷酤，通山澤而易關梁，固已海内仰道，天下知德。今復開不諱之塗，獎直辭之路，四海希風，普天幸甚。舉蒙採問，敢不悉心，謹條鄙見，置陳如左。辭理違謬，伏用震讋。

夫用兵之道，自古所慎。頃干戈未戢，戰備宜修，而卒不素練，兵非夙習。且戎衛之職，多非其才，或以資厚素加，或以禄薄帶帖，或寵由權門，恩自私假，既無將領，虛尸榮禄。至於邊城舉燧，羽驛交馳，而望其擐甲推鋒，立功閫外，譬緣木求魚，不可得矣。常謂臨難命師，皆出倉卒，驅烏合之衆，隸造次之主，貌疎情乖，有若胡、越，豈能使其同力，拔危濟難，故奔北相望，覆敗繼有。今欲改選將校，皆得其人，分臺見將，各以配給，領、護二軍，爲其總統。令撫養士卒，使恩信先加，農隙校獵，以習其事，三令五申，以齊其心，使動止應規，進退中律，然後畜鋭觀釁，因時而動，摧敵陷堅，折衝于外。孫子曰：「視卒如赤子，故可與之共死。」所以張拳効爭先之心，吮癰致必盡之命，豈不由恩著者士輕其生，令明者卒畢其力。考心迹事，如或有在，妄陳膚知，追懼乖謬。

轉尚書令，加散騎常侍，將軍如故，給鼓吹一部，尋進號衞將軍、中書監，尚書令如故。宏少而多病，大明二年疾動，求解尚書令，以本號開府儀同三司，加散騎常侍，中書監如故。未拜，其年薨，時年二十五。追贈侍中、司徒，中書監如故，給班劍二十人。上痛悼甚至，每朔望輒出臨靈，自爲墓誌銘并序。與東揚州刺史顏竣詔曰：「宏夙情業尚，素心令績，雖年未及壯，願言兼申。謂天道可倚，輔仁無妄，雖寢患淹時，慮不至禍。豈圖祐善虛設，一旦永謝，驚惋摧慟，五内交殞。平生未遠，舉目如昨，而賞對遊娱，緬同千載，哀酷纏綿，實增痛切。卿情均休戚，重以周旋，乖坼少時，奄成今古，聞問傷惋，當何可言。」五年，益諸弟國各千户，先薨者不在其例，唯宏追益。

子景素，少愛文義，有父風。大明四年，爲寧朔將軍、南濟陰太守，徙歷陽、南譙二郡太守，將軍如故。中書侍郎，不拜。監南豫豫二州諸軍事、輔國將軍、南豫州刺史，又不拜。太宗初，太子中庶子，領步兵校尉，太子左衛率，加給事中。冠軍將軍、南兗州刺史，丹陽尹，吴興太守，使持節、監湘州諸軍事、湘州刺史，將軍並如故。進號左將軍。泰始六年〔一四〕，都督荆湘雍益梁寧南北秦八州諸軍事、左將軍、荆州刺史，持節如故〔一五〕。徵爲散騎常侍、後將軍、太常，未拜。

授使持節、都督南徐南兗兗徐青冀六州諸軍事、鎮軍將軍、南徐州刺史。桂陽王休範爲逆，景素雖纂集兵衆，以赴朝廷爲名，而陰懷兩端。及事平，進號征北將軍〔一六〕。齊王爲南兗州，景素解都督。

時太祖諸子盡殞，衆孫唯景素爲長，建安王休祐諸子並廢徙，無在朝者〔一七〕。景素好文章書籍，招集才義之士，傾身禮接，以收名譽，由是朝野翕然，莫不屬意焉。而後廢帝狂凶失道，内外皆謂景素宜當神器，唯廢帝所生陳氏親戚疾忌之，而楊運長、阮佃夫並太宗舊隸，貪幼少以久其權，慮景素立，不見容於長主，深相忌憚。元徽三年，景素防閤將軍王季符失景素旨，怨恨，因單騎奔京邑，告運長、佃夫云「景素欲反」。運長等便欲遣軍討之，齊王及衛將軍袁粲以下並保持之，謂爲不然也。景素亦馳遣世子延齡還都，具自申理，運長等乃徙季符於梁州，又奪景素征北將軍、開府儀同三司。

自是廢帝狂悖日甚，朝野並屬心景素，陳氏及運長等彌相猜疑。景素因此稍爲自防之計，與司馬廬江何季穆、録事參軍陳郡殷瀰、記室參軍濟陽蔡履、中兵參軍略陽垣慶延、左右賀文超等謀之。以參軍沈顒、毌丘文子、左暄、州西曹王潭等爲爪牙。季穆薦從弟豫之爲參軍。景素遣豫之、潭、文超等去來京邑，多與金帛，要結才力之士。由是冠軍將軍黄回、游擊將軍高道慶、輔國將軍曹欣之、前軍韓道清[一八]、長水校尉郭蘭之、羽林監垣祇祖，並皆響附，其餘武人失職不得志者，莫不歸之。

時廢帝單馬獨出，遊走郊野，曹欣之謀據石頭，韓道清、郭蘭之欲説齊王使同，若不回者圖之。候廢帝出行，因衆作難，事克奉景素。景素每禁駐之，未欲怱怱舉動。運長密遣傖人周天賜僞投景素，勸爲異計，景素知爲運長所遣，即斬之，遣司馬孫謙送首還臺。元徽四年七月，垣祇祖率數百人奔景素，云京邑已潰亂，勸令速入。景素信之，即便舉兵，負戈至者數千人。運長等常疑景素有異志，及聞祇祖叛走，便纂嚴備辦。齊王出屯玄武湖，冠軍將軍任農夫、黄回、左軍將軍李安民各領步軍，右軍將軍張保率水軍，並北討。冠軍將軍、南豫州刺史段佛榮爲都統，其餘衆軍相繼進。冠軍將軍齊王世子鎮東府城。齊王知黄回有異圖，故使安民、佛榮俱行以防之。

景素欲斷據竹里，以拒臺軍。垣慶延、祇祖、沈顒等曰：「今天時旱熱，臺軍遠來疲困，引之使至，以逸待勞，可一戰而克也。」殷瀰等固爭不能得〔一九〕。農夫等既至，放火燒市邑，而垣慶延等各相顧望，並無鬭志。景素本乏威略，恇擾不知所爲。時張保水軍泊西渚，景素左右勇士數十人，並荆楚快手，自相要結，擊水軍，應時摧陷，斬張保，而諸將不相應赴，復爲臺軍所破。臺軍既薄城池，顒先衆叛走，垣祇祖次之，其餘諸軍相係奔敗。左暄驍果有膽力，欲爲景素盡節，而所配兵力甚弱，猶力戰不退，於萬歲樓下横射臺軍，不能禁，然後退散。右衛殿中將軍張倪奴、前軍將軍周盤龍攻陷京城，倪奴禽景素斬之，時年二十五，即葬京口。垣慶延、祇祖、左暄、賀文超並伏誅，殷瀰、蔡履徙梁州，何季穆先遷官，故不及禍，其餘皆逃亡，值赦得免。景素既敗，曹欣之反告韓道清、郭蘭之之謀，道清等並誅。黄回、高道慶等，齊王撫之如舊。景素子延齡及二少子，並從誅。其年冬，封長沙成王義欣子勰第三子恬爲秭歸縣侯，食邑千户，繼宏後，順帝昇明二年卒，國除。張倪奴以禽景素功，封筑陽縣侯，食邑千户。

景素敗後，故記室參軍王螭、故主簿何昌寓並上書訟景素之冤。齊受禪，建元初，故景素秀才劉璡又上書曰：

臣聞曾子孝於其親而沈乎水，介生忠於其主而焚於火，何則？仁也不必可依，信也不必可恃。昔者墨翟議雲梯於荆臺之下，宋人逐之；夷叔爲衛軍隱難於晉，公子殪之；李牧北逝彊胡之旗，南拒全秦之卒，趙王不圖其功，賜以利劍；陳蕃白首固義，忘生事主，漢靈不明其忠，卒被刑戮。彼數子者，皆身栖青雲之上，而困於泥塵之裏，誠以危行不容於衰世，孤立聚尤於衆人，加讒諂蛆蠹其中，謗隙蜂飛而至故也。臣聞浸潤之行，骨肉離絶，疑似一至，君臣易心，此中山所以歔欷奏樂，孟博所以慷慨囊頭者也。臣每惟故舉將宋建平王之禍，悲徹骨髓，氣凝霜霰。今琁鼎啓運，人神改物，生罪尚宥，死冤必申。臣誠不忍王之負謗而不雪，故敢明言其理。

臣聞孝悌爲志者，不以犯上，曾子不逆薪而爨，知其不爲暴也；秦仁獲麑，知其可爲傅也。臣聞王之事獻太妃也，朝夕不違養，甘苦不見色。帳下進珍饌，太妃未食，王投箸輟飯。太妃起居有不安，王傍行蓬髮。臣聞求忠臣者於孝子之門，安有孝如王而不忠者乎？其可明一也。

當泰始、元徽中，王公貴人無謁景寧陵者，王獨抗情而行，不以趨時捨義，出鎮入朝，必俛拜陵所。王尚不棄先君，豈背今君乎？其可明二也。

王博聞而容衆，與諫而愛士，與人言呴呴若有傷。聞人之善，譽而進之，見人之惡，掩而誨之。李蔚之，蓬廬之寒素也，王枉駕而訊之；何季穆等，宣簡王之舊也，王提挈以升之。王虛已以厚天下之士，尚不欲傷一人之心，何乃親戚圖相菹膾乎？其可明三也。

臣昔以法曹參軍，奉訊於聽朝之末。王每斷獄，降聲辭，和顏色，以待士女之訟。時見夏伯以童子縲縶，王愴然改貌，用不加刑。徐州嘗歲飢，王散秩粟俸帛，以繼民之乏。蠲理冤疑，咸息繇務，所在皆有愛於民。臣聞善人，國之紀也，安有仁於民庶，而虐其宗國者乎？其可明四也。

王脩身潔行，言無近雜，內去聲酤之娛，外無田弋之好。每所臨踐，不加穿築，直衞不繁，第宅無改。荆州高齋，刻楹柏構，王廢而不處。昔朝廷欲賜王東陵甲第，又辭而不當。兩宫所遺珍玩，塵於笥篋。無它嬖私，不耽內寵，姬嬙數人，皆詔令所賜。王身食不踰一肉，器用瓦素，時有獻鏤玉器，王顧謂何昌寓曰：「我持此安所用哉？」乃謝而反之。王恭己蹈義若此。其可明五也。

王之在荆州也，時獻太妃初薨，宋明帝新棄天下，京畿諸王又相繼非命，王乃徵入爲太常，楚下人士並勸勿下，王謂：「爲臣而距先皇之命，不忠；爲子不奉親之窀穸，不孝。」於是棄西州之重，而俯伏北闕。王若志欲倔彊，便應高枕江漢，何爲屈折而受制於人乎？其可明六也。

王名高海內，義重泰山，耆幼懷仁，士庶慕德。故從昏者忌明，同枉者毀正，搦弦爲鉤，張一作百，行坐欬嚏，皆生風塵。會王季符負辠流謗，事會讒人之心，權醜相扇，鴟梟奮翼。王雖遘愍離凶，而誠分彌款，散情中孚，揮斥滿素。虞玩之銜使歸旋，世子入質京邑，續解徐州，請身東第，後求會稽，降階外撫。虞玩、殷煥實爲詮譯，誠心殷勤，備留聖聽。王若倂張跋扈，何事若斯？其可明七也。

自是以後，日同殊論，蒼梧之衰德既彰，羣小之姦慝彌廣，下盈其毒，上不可依。時長王並見誅鋤，公卿如蹈虎尾，衆人翕翕，莫不注仰於王〔二〇〕。廂閤諸人，同謀異志，王心不從利，忠不背本，執周天賜而斬之，以距王宜與等，遣司馬孫謙歸款朝廷。王若欲擬非覬，寧當如此乎？其可明八也。

又是年五月以後，道路皆謂阮佃夫等欲潛圖宮禁，因兵北襲，而黃回、高道慶等傅構其事，武人奬亂，更相恐脅。至六月而京師徵賦車徒，將講衆北壘，都鄙疑駭，僉言釁作。坦祇祖因民情囂蕩，揚聲北奔，紿辭惑衆，窮亂極禍。會州人自都還，說：「掖門已閉，殊不知臺中安不？」王既素籍異論，謂爲信然，收率疲弱，志在投散，冰炭在懷，但恐遲後。何圖兵以順出，翻爲逆動乎？夫往來之人，諠譁幻惑，皆出輦轂，非從徐州起也。且臺以六月晦夜無何呼北兵已至，皆登陴抽刃，而朱方七月朔猶緩帶從容，其晚聞京都變亂，始乃鳩兵簡甲耳。王豈先造禍哉！其可明九也。

王聞京室有難，坐不安，食不甘，言及太后，未嘗不交巾掩泣。又臨危之際，撫檻而嘆曰：「吾恐三才於斯絶矣。」茲豈不誠在本朝，以天下爲憂乎。自非深忠遠概，孰能身滅之不恤，獨眷眷國家安危哉？其可明十也。

夫王起兵之日，止在匡救昏難，放殛姦盜，非它故也。請較言之。當時君臣之道，治亂云何？楊運長、阮佃夫爲有辠邪？爲無辠邪？若其無辠，何故爲戮？若其有辠，討之何辜？王豈不知君親之無將乎？顧以救火之家，豈遑先白丈人，非不恭也，徒以運屬陵喪，智力無所用之，蹉跌傾覆，此乃時也，豈謂反乎。果然今日王亡，明日宋亡，王何負於社稷，何媿於天下哉！

臣聞武王克商，未及下車，而封王子之墓；漢高定天下，過大梁，躡燕、代，脩信陵之祀，存望諸之裔；晉世受命，亦追王淩之冤〔三二〕，而詔其孫爲郎。夫比干，殷辛之罪人也；無忌，魏之疑臣也；樂毅，燕之逃將也；彥雲，齊之賊而晉害也。適逢聖明之君，革運創制，昭功誠，蕩嫌怨，清議以天下之善也。或殊世而相明，故四賢咸濟其令問，三后馳光於萬葉，君子榮其輝，小人服其義。今陛下尊英雄之高軌，振逸世之奇聲，何至仍衰世之異議，以掩賢人之名哉。若王之中外不明，終始慆德〔二二〕，臣懼方今之人，不復爲善矣。且世之興衰，何代無有，今齊苗裔萬世之後，其能無汚隆乎。苟前良可廢，何以勸後之能者。伏願上同周、漢，西晉之如彼，下爲來胤垂範之如此。儻能降明詔，箋枉道，使往王得洗謗議，拯冥魂，賜以王禮反葬，則民之從義，猶若回風之卷草也。臣聞鸛鳴皋垤，則降陰吐雨，騰蛇聳躍，而沈雲鬱冥。但傷臣言輕落毛，身如橫芥，神高聽邈，終焉莫省，直欲內不負心，庶將來知王之意耳。

又不省。至今上即位，乃下詔曰：「宋建平王劉景素，名父之子，少敦清尚。雖末路失圖，而原心有本。年流運改，宜弘優澤，可聽以王禮還葬舊墓。」

晉熙王昶字休道，文帝第九子也。

元嘉二十二年，年十歲，封義陽王，食邑二千户。二十七年，爲輔國將軍、南彭城下邳二郡太守。元凶弒立，加散騎常侍。世祖踐祚，遷太常，出爲東中郎將、會稽太守，尋監會稽、東陽、臨海、永嘉、新安五郡諸軍事。孝建元年，立東揚州，拜昶爲刺史〔二三〕，東中郎將如故，進號後將軍。大明元年，徵爲祕書監，領驍騎將軍，加散騎常侍，遷中軍將軍、南彭城下邳二郡太守。又出爲都督江州郢州之西陽豫州之新蔡晉熙三郡諸軍事、前將軍、江州刺史。三年，徵爲護軍將軍，給鼓吹一部，增邑千户。轉中書令、中軍將軍，尋以本號開府儀同三司，加散騎常侍、太常。從世祖南巡，坐斥皇太后龍舟，免開府，尋又以加授。前廢帝即位，出爲使持節、都督徐兗南兗青冀幽六州豫州之梁郡諸軍事、征北將軍、徐州刺史，加散騎常侍，開府如故。

昶輕訬褊急，不能祗事世祖，大明中常被嫌責，民間喧然，常云昶當有異志。永光、景和中，此聲轉甚。廢帝既誅羣公，彌縱狂悖，常語左右曰：「我即大位來，遂未常戒嚴，使人邑邑。」江夏王義恭誅後，昶表入朝，遣典籤蘧法生銜使，帝謂法生曰：「義陽與太宰謀反〔二四〕，我正欲討之，今知求還，甚善。」又屢詰問法生：「義陽謀反，何故不啓？」法生懼禍，叛走還彭城。帝因此北討，親率衆過江。法生既至，昶即聚衆起兵。統内諸郡，並不受命，斬昶使。將佐文武，悉懷異心。昶知其不捷，乃夜與數十騎開門北奔索虜，棄母妻，唯攜愛妾一人，作丈夫服，亦騎馬自隨。昶家還都，二妾各生一子。時太宗已即位，名長者曰思遠，小者曰懷遠，尋並卒。追封懷遠爲池陽縣侯，食邑千户。

泰始六年，以第六皇子燮字仲綏繼昶，改昶封爲晉熙王〔二五〕。燮襲爵，食邑三千户。

太宗既以燮繼昶，乃下詔曰：「夫虎狼護子，猴猨負孫，毒性薄情，亦有仁愛，故識念氣類，尚均羣品，況在人倫，可忘天屬。晉熙太妃謝氏，沈刻無親，物理罕比，征北公雖孝道無替，而遭此不慈，自少及長，闕恩鞠之□，乃至休否莫關，寒温不訪，晨昏屏塞，定省靡因。事無違忤，動致誚責，毒句發口，人所難聞。加惡備苦，過於讎隙，遂事憤於宗姻，義傷於行路。公故妃郗氏，婦禮無違，逢此嚴酷，遂以憂卒，用夭盛年。又謝氏食則豐珍，衣則文麗，奉己之餘，播覃羣下；而諸孫纊不温體，食不充飢，付於姑姊之手，縱以任軍之路。遇其所生，棄若糞土，繼縷比於重囚，窮困過於下使。誠皇規方遠，沙塞將一，公倏短不諱，亦難豫圖。兼妾女累弱，一第領主，防閑之道，人理斯急。朕所以詔第六子燮奉公爲胤，欲以毗整一門，爲公繼紹。但謝氏待骨肉至親，尚相棄蔑；況以義合，免苦爲難。患萌防漸，危機須斷，便可還其本家，削絶蕃秩。」先是改謝氏爲射氏。

時主幼時艱，宗室寡弱。元徽元年，燮年四歲，以爲使持節、監郢州豫州之西陽司州之義陽二郡諸軍事、征虜將軍、郢州刺史，以黄門郎王奂爲長史，總府州之任。明年，太尉、江州刺史桂陽王休範舉兵逼朝廷，燮遣中兵參軍馮景祖襲尋陽，休範留中兵參軍毛惠連、州别駕程罕之居守，開門詣景祖降。進燮號安西將軍，加督江州諸軍事，復昶所生謝氏爲晉熙國太妃。四年，又進燮鎮西將軍，加鼓吹一部。順帝即位，徵爲使持節、都督揚南徐二州諸軍事、撫軍將軍、揚州刺史。先是，齊世子爲燮安西長史，行府州事，時亦被徵爲左衞將軍，與燮俱下。會荆州刺史沈攸之舉兵反，世子因奉燮鎮尋陽之盆城，據中流，爲內外形援。攸之平，燮還京邑。齊王爲南徐州，燮解督南徐，進督南豫、江州諸軍事，進號中軍將軍、開府儀同三司，遷司徒。齊受禪，解司徒，降封陰安縣公〔三六〕，食邑千五百户。謀反，賜死。

始安王休仁，文帝第十二子也。

元嘉二十九年，年十歲，立爲建安王，食邑二千户。孝建三年，爲祕書監，領步兵校尉。尋都督南兗徐二州諸軍事、冠軍將軍、南兗州刺史。大明元年，入爲侍中，領右軍將軍。四年，出爲湘州刺史，加散騎常侍，加號平南將軍。八年，遷使持節、督江州南豫州之晉熙新蔡郢州之西陽三郡諸軍事、安南將軍、江州刺史。未拜，徙爲散騎常侍、太常，又不拜。仍爲護軍將軍，常侍如故。前廢帝永光元年，遷領軍將軍，常侍如故。景和元年，又遷使持節、都督雍梁南北秦四州諸軍事、安西將軍、寧蠻校尉、雍州刺史，未之任，留爲散騎常侍、護軍將軍〔二七〕，又加特進、左光禄大夫，給鼓吹一部。

時廢帝狂悖無道，誅害羣公，忌憚諸父，並囚之殿内，毆捶陵曳，無復人理。休仁及太宗、山陽王休祐，形體並肥壯，帝乃以竹籠盛而稱之，以太宗尤肥，號爲「猪王」，號休仁爲「殺王」，休祐爲「賊王」。以三王年長，尤所畏憚，故常録以自近，不離左右。東海王禕凡劣，號爲「驢王」，桂陽王休範、巴陵王休若年少，故並得從容。嘗以木槽盛飯，内諸雜食，攪令和合，掘地爲坑穽，實之以泥水，裸太宗内坑中，和槽食置前，令太宗以口就槽中食，用之爲歡笑。欲害太宗及休仁、休祐前後以十數，休仁多計數，每以笑調佞諛悦之，故得推遷。常於休仁前使左右淫逼休仁所生楊太妃，左右並不得已順命，以至右衛將軍劉道隆，道隆歡以奉旨，盡諸醜狀。時廷尉劉曚妾孕〔二八〕，臨月，迎入後宫，冀其生男，欲立爲太子。太宗嘗忤旨，帝怒，乃倮之，縛其手脚，以杖貫手脚内，使人檐付太官，曰：「即日屠猪。」休仁笑謂帝曰：「猪今日未應死。」帝問其故，休仁曰：「待皇太子生，殺猪取其肝肺。」帝意乃解，曰：「且付廷尉。」一宿出之。

帝將南遊荆、湘二州，明旦欲殺諸父便發。其夕，太宗克定禍難，殞帝於華林園。休仁即日推崇太宗，便執臣禮。明旦，休仁出住東府。時南平、廬陵敬先兄弟，爲廢帝所害〔二九〕，猶未殯殮，休仁、休祐同載臨之，開帷歡笑，奏鼓吹往反，時人咸非焉。

先是，廢帝進休仁爲驃騎大將軍、開府儀同三司，常侍如故。未拜，太宗令書以爲使持節、侍中、都督揚南徐二州諸軍事、司徒、尚書令、揚州刺史，加班劍二十人，給三望十五乘。時劉道隆爲護軍，休仁請求解職，曰：「臣不得與此人同朝。」上乃賜道隆死。

尋諸方逆命，休仁都督征討諸軍事，增班劍三十人。出據虎檻，進據赭圻。尋領太子太傅，總統諸軍，隨宜應接。中流平定，休仁之力也。初行，與蘇侯神結爲兄弟，以求神助〔三〇〕。及事平，太宗與休仁書曰：「此段殊得蘇侯兄弟力。」增休仁邑四千户，固辭，乃受千户。上流雖平，薛安都據彭城，招引索虜，復都督北討諸軍事，又增邑三千户，不受。時豫州刺史殷琰據壽陽，未平。晉平王休祐先督征討諸軍事，休祐出領江陵，休仁代督西討諸軍事。泰始五年，進都督豫、司二州。

休仁年與太宗隣亞，俱好文籍，素相愛友。及廢帝世，同經危難，太宗又資其權譎之力。泰始初〔三一〕，四方逆命，兵至近畿，休仁親當矢石，大勳克建，任總百揆，親寄甚隆。朝野四方，莫不輻湊。上漸不悦。休仁悟其旨，其冬，表解揚州，見許。六年，進位太尉，領司徒，固讓，又加漆輪車、劍履。太宗末年多忌諱，猜害稍甚，休仁轉不自安。及殺晉平王休祐，憂懼彌切。其年，上疾篤，與楊運長等爲身後之計，慮諸弟彊盛，太子幼弱，將來不安。運長又慮帝宴駕後，休仁一旦居周公之地，其輩不得秉權，彌贊成之。上疾嘗暴甚，内外莫不屬意於休仁，主書以下，皆往東府詣休仁所親信〔三三〕，豫自結納，其或直不得出者，皆恐懼。上既宿懷此意，至是又聞物情向之，乃召休仁入見。既而又謂曰：「夕可停尚書下省宿，明可早來。」其夜，遣人齎藥賜休仁死，時年二十九〔三三〕。

上寢疾久，内外隔絶，慮人情有同異，自力乘轝出端門。休仁死後，乃詔曰：「夫無將之誅，諒維通典，知咎自引，寔有偏介。劉休仁地屬密親，位居台重，朕友寄特深，寵秩兼茂。不能弘贊國猷，裨宣政道，而自處相任，妄生猜嫌，側納羣小之説，内懷不逞之志，晦景蔽迹，無事陽愚。因近疾患沉篤，内外憂悚，休仁規逼禁兵，謀爲亂逆。朕曲推天倫，未忍明法，申詔詰礪，辨覈事原。休仁慙恩懼罪，遽自引決。追尋悲痛，情不自勝，思屈法科，以申矜悼。可宥其二子，并全封爵。但家國多虞，釁起台輔，永尋既往，感慨追深。」

有司奏曰：「臣聞明罰無親，情屈於司綱，國典有經，威申於義滅。是以梁、趙之誅，跳出稱過，來言之罰，克入致動。謹案劉休仁苞蓄禍迹，事蔽於天明，竄匿沉姦，情宣於民聽。自以屬居戚近，早延恩睦，異禮殊義，望越常均。往歲授鉞南討，本非才命，啓行濃湖，特以親攝，仰遵廟略，俯藉衆効，屬承泰運，竊附成勳，而亟叨天功，多自臧伐。既聖明御寓，躬覽萬機，百司有紀，官方無越，而休仁矜勳怙貴，自謂應總朝權，遂妄生疑難，深自猜外。故司空晉平剌王休祐，少無令業，長滋貪暴，莅任陜荆，毒流西夏，編户嗟散，列邑彫虚，聖澤含弘，未明正憲。亟與休仁論其愆迹，辭意既密，不宜傳廣，遂飾容旨，反相勸激。休祐以休仁位居朝右，任遇優崇，必能爲己力援，故深相黨結。休祐於是輸金薦寶，承顔接意，造膝之間，必論朝政，遂無日不俱行，無時不同宿，聲酣聚集，密語清閑。休仁含姦扇惑，善於計數，説休祐使外託專愼之法，密行貪詐之心，謂朝廷不覺，人莫之悟。休祐遂乃外積怨懼，内協禍心，既得贊激，凶慝轉熾，與休仁共爲姦謀，潛伺機隙，圖造釁變，規肆凶狡。休祐致殞倉卒〔三四〕，寔維天誅，而晉平國太妃妾邢不能追懟子惡，上感曲恩，更懷不逞，巫蠱祝詛。休仁因聖躬不和，猥謀姦逆，滅道反常，莫斯爲甚，殛肆朝市，庶申國刑，而法網未加，自引厥命。天慈矜厚，減法崇恩，賜全二息，及其爵封，斯誠弘風曠德，貫絶通古，然非所以棄惡流釁，懲懼亂臣者也。臣等參議，謂宜追降休仁爲庶人，絶其屬籍，見息悉徙遠郡。休祐愆謀始露，亦宜裁黜，徙削之科，一同舊準。收邢付獄，依法窮治。」詔曰：「邢匹婦狂愚，不足與計。休仁知釁自引，情有追傷，可特爲降始安縣王，食邑千户，并停伯融等流徙，聽襲封爵。伯猷先紹江夏國，令還本，賜爵鄉侯。」

上既殺休仁，慮人情驚動，與諸方鎮及諸大臣詔曰：

休仁致殞，卿未具悉，事之始末，今疏以相示。

休祐貪恣非政，法網之所不容。昔漢梁孝王、淮南厲王無它釁悖，正以越漢制度耳。況休祐吞嚼聚斂，爲西數州之蝗，取與鄙虐，無復人情。屢得王景文、褚淵、沈攸之等啓，陳其辠惡，轉不可容。吾篤兄弟之恩，不欲致之以法，且每恨大明兄弟情薄，親見休祐屯苦之時，始得寬寧，彌不忍問。所以改授徐州，冀其去朝廷近，必應能自悛革。及拜徐州，未及之任，便徵動萬端，暴濁愈甚，既每爲民蠹，不可復全。休仁身粗有知解，兼爲宰相；又吾與其兄弟情昵，特復異常，頗與休仁論休祐釁狀。休祐以休仁爲吾所親，必應知吾意，又云休仁言對，能爲損益。遂多與財賂，深相結事，乃寢必同宿，行必共車。休仁性軟，易感說，遂成繾綣，共爲一家，是吾所吐密言，一時倒寫。吾與休仁，少小異常，唯虛心信之，初不措疑。雖爾猶慮清閑之時，非意脫有聞者。吾近向休祐推情，戒訓嚴切，休祐更不復致疑。休祐死後，吾將其內外左右，問以情狀，方知言語漏泄并具之由，彌日懊惋，心神萎孰。休仁又說休祐云：「汝但作佞，此法自足安。我常秉許爲家，從來頗得此力。但試用，看有驗不？」休祐從之，於是大有獻奉，言多乖實，積惡既不可恕。

自休祐殞亡之始，休仁款曲共知。休仁既無辠釁，主相本若一體，吾之推意，初無有間。休祐貪愚，爲天下所疾，致殞之本，爲民除患，兄弟無復多人，彌應思弔不咸，益相親信。休祐平生，狼抗無賴，吾慮休仁往哭，或生祟禍。且吾爾日本辦仗往哭，晚定不行。吾所以爲設方便，呼入在省。而休仁得吾召入，大自驚疑，遂入辭楊太妃，顔色狀意，甚與常異。既至省，楊太妃驟遣監子去來參察。從此日生嫌懼，而吾之推情，初不疑覺。從休祐死後，吾再幸休仁第，飲噉極日，排閤入内，初無猜防，休仁坐生嫌畏。

一日，吾春中多期射雉，每休仁清閑，多往雉場中，或敕使陪輦，及不行日，多不見之。每值宵，休仁輒語左右云：「我已復得今一日。」及在房内見諸妓妾，恒語：「我去不知朝夕見底，若一旦死去作鬼，亦不取汝，取汝正足亂人耳。」休祐死時，日已三晡，吾射雉，始從雉場出，休仁從騎在右，伏野中，吾遣人召之，稱云：「腹痛，不堪騎馬。」爾時諸王車皆停在朱雀門裏，日既暝，不暇遠呼車，吾衣書車近在離門裏，敕呼來，下油幢絡，擬以載之。吾由來諳悉其體有冷患，聞腹痛，知必是冷，乃敕太醫上省送供御高梁薑飲以賜之。休仁得飲，忽大驚，告左右稱：「敗今日了。」左右答曰：「此飲是御師名封題。」休仁乃令左右先飲竟，猶不甚信，乃僶俛噬之，裁進一合許。妄生嫌貳，事事如是。由來十日五日，一就問太妃。自休祐死後，每吾詔，必先至楊太妃問，如分別狀。休仁由來自營府國興生文書，一月中，史承祖齎文書呈之，忽語承祖云：「我得成許那，何煩將來。」吾虚心如舊，不復見信，既懷不安，大自嫌恐，惟以情理，不容復有善心。

休仁既經南討，與宿衞將帥經習狎共事相識者，布滿外内。常日出入，於廂下經過，與諸相識將帥，都不交言。及吾前者積日失適，休仁出入殿省，諸衞主帥裁相悉者，無不和顏厚相撫勞。爾時吾既甚惡，意不欲見外人，悠悠所傳，互言差劇。休仁規欲聞知方便，使曇度道人及勞彥遠屢求啓，闞覘吾起居。及其所啓，皆非急事，吾意亦不厝疑。吾與休仁，親情實異，年少以來，恒相追隨，情向大趣，亦往往多同，難否之日，每共契闊。休仁南討爲都統，既有勳績，狀之於心，亦何極已。但休仁於吾，望既不輕，小人無知，亦多挾背向，既生猜貳，不復自寧。夫禍難之由，皆意所不悟，如其意趣，人莫能測，事不獲已，反覆思惟，不得不有近日處分。夫於兄弟之情，不能無厚薄。休祐之亡，雖復悼念，猶可以理割遣；及休仁之殞，悲慟特深，千念不能已已，舉言傷心。事之細碎，既不可曲載詔文，恐物不必即解，兼欲存其兒子，不欲窮法。爲詔之辭，不得不云有兵謀，非事實也。故相報卿知。

上與休仁素厚，至於相害，慮在後嗣不安。休仁既死，痛悼甚至，謂人曰：「我與建安年時相鄰，少便狎從。景和、泰始之間，勳誠實重。事計交切，不得不相除。痛念之至，不能自已。今有一事不如與諸侯共説，懽適之方，於今盡矣。」因流涕不自勝。

子伯融，妃殷氏所生。殷氏，吴興太守沖女也。范陽祖翻有醫術，姿皃又美，殷氏有疾，翻入視脉，説之，遂通好。事泄，遣還家賜死。伯融歷南豫州刺史，琅邪、臨淮二郡太守，寧朔將軍、廣州刺史，不之職。廢徙丹楊縣。後廢帝元徽元年，還京邑，襲封始安王〔三五〕。弟伯猷，初出繼江夏愍王伯禽，封江夏王，邑二千户。休仁死後還本，與伯融俱徙丹楊縣。後廢帝元徽元年，賜爵都鄉侯。建平王景素爲逆，楊運長等畏忌宗室，稱詔賜伯融等死。伯融時年十九，伯猷年十一。

晉平剌王休祐，文帝第十三子也。

孝建二年〔三六〕，年十一，封山陽王，食邑二千户。大明元年，爲散騎常侍，領長水校尉，尋遷東揚州刺史。未拜，徙湘州刺史，加號征虜將軍。四年，還爲祕書監，領右軍將軍，增邑千户。遷侍中，又遷左中郎將、都官尚書，又爲祕書監，領驍騎將軍，出爲使持節、都督豫司二州南豫州之梁郡諸軍事、右將軍、豫州刺史。景和元年，入朝，進號鎮西大將軍，仍遷散騎常侍、鎮軍大將軍、開府儀同三司。

太宗定亂，以爲使持節、都督荆湘雍益梁寧南北秦八州諸軍事、驃騎大將軍、荆州刺史，開府、常侍如故。又改都督江郢雍湘五州、江州刺史〔三七〕，又改都督江南豫司州、南豫州刺史〔三八〕，改都督豫江司三州、豫州刺史。時豫州刺史殷琰據壽陽反叛，休祐出鎮歷陽，督劉勔等討琰，琰未平，勔築長圍守之。休祐復徙都督荆湘雍益梁寧南北秦八州諸軍事、荆州刺史，持節、常侍、將軍、開府並如故，增封二千户，受五百户。以山陽荒敝，改封晉平王。

休祐素無才能，彊梁自用，大明之世，年尚少，未得自專，至是貪淫，好財色。在荆州，裒刻所在，多營財貨。以短錢一百賦民，田登，就求白米一斛，米粒皆令徹白，若有破折者，悉删簡不受。民間糴此米，一升一百。至時又不受米，評米責錢。凡諸求利，皆悉如此，百姓嗷然，不復堪命。泰始六年，徵爲都督南徐南兗徐兗青冀六州諸軍事、南徐州刺史，加侍中，持節、將軍如故。上以休祐貪虐不可莅民，留之京邑，遣上佐行府州事。

休祐佷戾彊梁，前後忤上非一。在荆州時，左右苑景達善彈棊〔三九〕，上召之，休祐留不遣。上怒，詰責之曰：「汝剛戾如此，豈爲下之義！」積不能平。且慮休祐將來難制，欲方便除之。七年二月，車駕於巖山射雉，有一雉不肯入場，日暮將反，令休祐射之。語云：「不得雉，勿歸。」休祐時從在黄麾内，左右從者並在部伍後，休祐便馳去，上遣左右數人隨之。上既還，前驅清道，休祐人從悉分散，不復相得，上因遣壽寂之等諸將追之。日已欲閤，與休祐相及，逼令墜馬。休祐素勇壯有氣力，奮拳左右排擊，莫得近。有一人後引陰，因頓地，即共毆拉殺之。乃遣人馳白上，行唱：「驃騎落馬。」上曰：「驃騎體大，落馬殊不易。」即遣御醫絡驛相係。頃之，休祐左右人至，久已絶。去車脚，輿以還第，時年二十七。追贈司空，持節、侍中、都督、刺史如故，給班劍二十人，三望車一乘。時巴陵王休若在江陵，其日即馳信報休若曰：「吾與驃騎南山射雉，驃騎馬驚，與直閤夏文秀馬相蹹，文秀墮地，驃騎失鞚，馬驚，觸松樹墮地，落硎中，時頓悶，不識人，故馳報弟。」其年五月，追免休祐爲庶人。

長子士蒼，早卒。次子宣翊爲世子，爲寧朔將軍、湘州刺史，未拜，免廢。次士弘，繼鄱陽哀王休業，襲封，被廢還本。次宣彦，封原豐縣侯，爲寧朔將軍、彭城太守，未拜，免廢。次宣諒。次宣曜，出繼南平穆王鑠封，被廢還本。次宣景，次宣梵，次宣覺，次宣受，次宣則，次宣直，次宣季，凡十三子，並徙晉平郡。太宗尋病，見休祐爲祟，乃遣前中書舍人劉休至晉平撫慰宣翊等，上遂崩。後廢帝元徽元年，聽宣翊等還都。順帝昇明三年，謀反，並賜死。

鄱陽哀王休業，文帝第十五子也。

孝建二年，年十一，封鄱陽王，食邑二千户。三年，薨，追贈太常。大明六年，以山陽王休祐次子士弘嗣封。被廢還本，國除。

臨慶沖王休倩，文帝第十六子也。

孝建元年，年九歲，疾篤，封東平王，食邑二千户，未拜，薨。

大明七年，立第二十七皇子子嗣爲東平王，紹休倩後。太宗泰始二年還本，國絶。六年，以第五皇子智井爲東平王〔四〇〕，繼休倩，未拜薨。其年，追改休倩爲臨慶王，以臨賀郡爲臨慶國，立第八皇子躋爲臨慶王，食邑二千户，繼休倩後。明年，還本國。休倩，太祖所愛，故前後屢加紹門嗣。

新野懷王夷父，文帝第十七子也。

元嘉二十九年，薨，時年六歲。太宗泰始五年，追加封謚。

巴陵哀王休若，文帝第十九子也。

孝建三年，年九歲，封巴陵王，食邑二千户。大明二年，爲冠軍將軍、南琅邪臨淮二郡太守，徙南彭城、下邳二郡太守，將軍如故。四年，出爲都督徐州諸軍事、徐州刺史〔四一〕，將軍如故，增督豫州之梁郡，增邑千户。明年，徵爲散騎常侍、左中郎將、吴興太守〔四二〕。復徵爲散騎常侍、太常。未拜，前廢帝永光元年，遷左衛將軍。太宗泰始元年，遷散騎常侍、中書令，領衛尉。未拜，復爲左衛將軍，常侍、衛尉如故。又未拜，出爲使持節、都督會稽東陽永嘉臨海新安五郡諸軍事、領安東將軍、會稽太守，率衆東討〔四三〕。進督吴、吴興、晉陵三郡。尋加散騎常侍，進號衛將軍，給鼓吹一部。又進督晉安□□二郡諸軍事。

二年，遷雍梁南北秦四州荆州之竟陵隨二郡諸軍事、寧蠻校尉、雍州刺史〔四四〕，持節、常侍、將軍如故，增邑二千户，受三百户。前在會稽，録事參軍陳郡謝沈以諂佞事休若，多受賄賂。時内外戒嚴，普著袴褶，沈居母喪，被起，聲樂酣飲，不異吉人，衣冠既無殊異，並不知沈居喪，嘗自稱孤子，衆乃駭愕。休若坐與沈褻黷，致有姦私，降號鎮西將軍。又進衛將軍。典籤夏寶期事休若無禮，繫獄，啓太宗殺之，慮不被許，啓未報，輒於獄行刑，信反果錮送，而實期已死。上大怒，與休若書曰：「孝建、大明中，汝敢行此邪？」休若母加杖三百，降號左將軍，貶使持節都督爲監，行雍州刺史，使寧蠻校尉，削封五百户。四年，遷使持節、都督湘州諸軍事、行湘州刺史，將軍如故〔四五〕。六年，荆州刺史晉平王休祐入，以休若監荆州事，進號征南將軍、湘州刺史。仍爲都督荆湘雍益梁寧南北秦八州諸軍事、征西將軍、荆州刺史，持節如故〔四六〕。尋加散騎常侍，又進號征西大將軍、開府儀同三司〔四七〕。

七年，晉平王休祐被殺，建安王休仁見疑，京邑謡言休若有至貴之表〔四八〕，太宗以言報之，休若内甚憂懼。會被徵，代休祐爲都督南徐南兗徐兗青冀六州諸軍事、征北大將軍、南徐州刺史，持節、常侍、開府如故。休若腹心將佐咸謂還朝必有大禍，中兵參軍京兆王敬先固陳不宜入，勸割據荆楚以距朝廷，休若僞許之。敬先既出，執録，馳使白太宗，敬先坐誅死。休若至京口，建安王休仁又見害，益懷危慮。上以休若和善，能諧緝物情，慮將來傾幼主，欲遣使殺之。慮不奉詔，徵入朝，又恐猜駭，乃僞遷休若爲都督江郢司廣交豫州之西陽新蔡晉熙湘州之始興四郡諸軍事、車騎大將軍、江州刺史，持節、常侍、開府如故。徵還召拜，手書殷勤，使赴七月七日，即於第賜死，時年二十四。贈侍中、司空，持節、都督、刺史如故，給班劍二十人，三望車一乘。

休若既死，上與驃騎大將軍桂陽王休範書曰：

外間有一師，姓徐名紹之，狀如狂病，自云爲塗步郎所使。去三月中，忽云：「神語道巴陵王應作天子，汝使巴陵王密知之。」於是師便訪覓休若左右人，不能得。東宮典書姓何者相識，數去來，師解神語，東宮典書具道神語，東宮典書答云：「我識巴陵間一左右，當爲汝向道。」數日，東宮典書復來語師云：「我已爲汝語巴陵左右，道因達巴陵，巴陵具知，云莫聲但聽。」又頃者史官奏天文占候，頗云休若應挾異端。神道芒昧，乃不可全信，然前後相准，略亦不無髣髴。且帖肆間，自大明以來有「若好」之謠，于今未止。詔若百重章句，皆配以美辭美事，諸不逞之徒，咸云必是休若。休若且知道路有異音，里巷有「若好」之謠，在西已奇懼，致王敬先吐猖狂之言。近休祐、休仁被誅，休若彌不自安，又左右多是不相當負罪之徒，恒説以道路之言叩動之，相與唱云：「萬民之心，屬在休若」，感激其意。

尋休若從來心迹，殊有可嫌。劉亮問高次祖，汝一應識此人，當給休若。休若在東縱恣羣下無本末，還朝被貶，爵位小退，次祖被亮使歸，過問訊，大泣，語次祖云：「我東行是一段功，在郡横爲羣小輩過失，大被貶降，我實憤怨，不解劉輔國何意不作。」次祖答云：「劉輔國蒙朝廷生成之恩，豈容有此理。」推此已是有奇意。吾使諸王在蕃，正令優游而已，本不以武事，而休若在西，廣召弓馬健兒，都不啓聞。又戾道明等，昔親爲賊，罪應萬死，休若至西，大信遇之，乃潛將往不啓京。吾知汝意謂休若處奉因事事何如，心迹既不復可測，因其還朝在第與書，事事詰誚於內，許密自引分，狀如暴疾致故，差得於其名位及見子悉得全也。休若既是汝弟，使其狼心得申者，汝得守冶城邊作太尉公邪？非但事關計，亦於汝甚切，汝可密白荀太妃令知〔四九〕。

廬江王褘昔在西州，故上云冶城邊也。

休若子沖始襲封。順帝昇明三年薨，會齊受禪，國除。

史臣曰：詩云：「不自我先，不自我後。」古人畏亂世也。太宗晚途，疑隙內成，尋斧所加，先自至戚。晉剌以獷暴摧軀，巴哀由和良酖體，保身之路，未知攸適。昔之戒子，慎勿爲善，將遠有以乎。

校勘記

〔一〕即以鑠爲豫州刺史　「以」字原闕，據南監本、殿本、局本補。

〔二〕到坦之出上蔡　「到坦之出」四字原闕。孫虨考論卷四：「通鑑作『中兵參軍胡盛之出汝南，梁坦出上蔡，向長社』，考異曰：『鑠傳作「到坦之」，今從宋略。』據此則汝南下當有『到坦之出』四字。」據本書卷七四臧質傳載元嘉二十八年臧質與拓跋燾書，卷九五索虜傳載元嘉二十七年北伐詔，是時「出上蔡」者乃梁坦，通鑑從宋略，是也。以下「到坦之」數出，亦「梁坦」之訛。然由通鑑考異，宋書原作「到坦之」，故補「到坦之出」四字。

〔三〕勞楊氏鄭德玄張和各起義以應坦之　孫虨考論卷四：「勞楊氏，以文義定之，蓋鄭德玄、張和二人所籍郡縣也。而自昔無勞郡，楊氏雖漢縣名，又屬鉅鹿，不在河南。竊謂時坦之等進向大索，鄭與張起義以應，則必滎陽民也，史文三字並誤作『勞楊氏』也。（中略）鄭、張，滎陽著姓。」

〔四〕虜永昌王宜勤庫仁真救虎牢　「宜勤」，疑即「直勤」之誤。本書卷九五索虜傳又誤作「宜勤」。「直勤」或作「直懃」，又見本書索虜傳，亦即「特勤」之異譯。「庫仁真」，原作「仁庫真」，據本書索虜傳改正。

〔五〕於尉武津逢康祖　「尉武」，原作「尉氏」，據本書卷五文帝紀、卷五〇劉康祖傳、卷七四魯爽傳、卷九五索虜傳、南史卷一七劉康祖傳、通鑑卷一二五宋紀元嘉二十七年改。通鑑考異：「宋略及南平王鑠傳皆作『尉氏』。按康祖傳云去壽陽裁數十里，然則非尉氏也。今從康祖及索虜傳作『尉武』。」

〔六〕其年七月鑠所生吴淑儀薨鑠歸京師　本書卷一五禮志二云：「元嘉二十九年，南平王鑠所生母吳淑儀薨。」按下文云：「時江夏王義恭領南兗州刺史，鎮盱眙。丁母憂，還京師。」據本書卷六一武三王江夏文獻王義恭傳，義恭丁母憂還京師在元嘉二十九年，即鑠母吳淑儀之薨亦在二十九年，本書禮志二所載是。

〔七〕時江夏王義恭領南兗州刺史鎮盱眙　「南」字原闕，據本書卷五文帝紀補。按本書卷三五州郡志一：「元嘉二十八年，南兗州徙治盱眙。」

〔八〕護軍常侍如故　上云爲撫軍將軍，不云爲護軍，蓋「護軍」爲「撫軍」之訛。

〔九〕以鑠爲使持節都督南兗徐兗青冀幽六州諸軍事征北將軍開府儀同三司南兗州刺史　「南兗徐兗青冀幽六州」，本書卷九九二凶元凶劭傳作「南兗兗青徐冀五州」。「征北將軍」，原作「征虜將軍」，據本書二凶傳改正。按若稱征虜，則爲降號。

〔一〇〕敬淵初封南安縣侯　「南安」，原作「安南」，據殿本乙正。本書卷二六天文志四：「廬陵王敬先、南平王敬猷、南安侯敬淵並賜死。」按荆州南平郡有南安縣。

〔一一〕立晉平王休祐第七子宣曜爲南平王繼鑠　按本卷晉平刺王休祐傳，休祐第六子宣曜，「出繼南平穆王鑠封，被廢還本」，第七子曰宣景。

〔一二〕世祖先嘗以一手板與宏　「一」，原作一字空格，據南監本、殿本、局本、南史卷一四宋宗室及諸王下宋文帝諸子建平宣簡王宏傳、册府卷二八五補。

〔一三〕還加中軍將軍　「中軍」，原作「冠軍」，據南史卷一四宋宗室及諸王下宋文帝諸子建平宣簡王宏傳改。按冠軍，小號，宏前已爲鎮軍，中鎮撫三號比四鎮，由鎮軍加號爲中軍，資序正合。又本書卷六孝武帝紀亦載宏其時加「中軍將軍」。

〔一四〕泰始六年　本書卷八明帝紀記此事在泰始七年。

〔一五〕都督荆湘雍益梁寧南北秦八州諸軍事左將軍荆州刺史持節如故　「左將軍」，疑當作「右將軍」。文選卷二七江文通望荆山李善注引沈約宋書云：「建平王景素爲右將軍、荆州刺史。」南齊書卷二七劉懷珍傳：「建平王景素爲荆州，仍徙右軍司馬。」江文通集有建平王讓右將軍荆州刺史表、到主簿日事詣右軍建平王二文。可證景素刺荆時爲右將軍。

〔一六〕及事平進號征北將軍　「征北」，原作「鎮北」。按本書卷九後廢帝紀、建康實録卷一四，景素進號鎮北將軍在元徽元年八月，時在休範亂前；而進號征北將軍則在元徽二年七月，在休範亂平之後。南齊書卷三九劉瓛傳附劉璡傳，云璡爲「建平王景素征北主簿」，南齊書卷四三何昌㝢傳云「建平王景素爲征北南徐州，昌㝢又爲府主簿」，皆景素是時爲征北將軍之證。今改正。

〔一七〕建安王休祐諸子並廢徙無在朝者　據本書帝紀及本卷，休祐未嘗封建安王。按文帝第十二子休仁封建安王，泰始七年被殺後降封始安王，其子伯融、伯猷廢徙丹楊縣；休祐始封山陽王，改封晉平王，泰始七年被殺後，其子宣翊等並徙晉平郡。疑「建安王」後佚「休仁晉平王」五字。

〔一八〕前軍韓道清　通鑑卷一三四宋紀元徽四年作「前軍將軍韓道清」，疑是。

〔一九〕殷瀰等固爭不能得　「得」字原闕，據通鑑卷一三四宋紀元徽四年補。

〔二〇〕莫不注仰於王　「注」，原作「住」，據南監本、殿本、局本、册府卷八七五改。

〔二一〕亦追王淩之冤　「王淩」，原作「王陵」，據殿本、局本改。按晉書卷三武帝紀，泰始元年十二月追赦王淩。

〔二二〕終始慆德　「慆」，原作「蹈」，據北監本、汲本、殿本、局本、册府卷八七五改。

〔二三〕拜昶爲刺史　「拜」，原作「郡」，據册府卷二七八改。

〔二四〕義陽與太宰謀反　「與」字原闕，據魏書卷五九劉昶傳、南史卷一四宋宗室及諸王下宋文帝諸子晉熙王昶傳、通鑑卷一三〇宋紀泰始元年補。

〔二五〕泰始六年以第六皇子燮字仲綏繼昶改昶封爲晉熙王　按據本書卷八明帝紀、通鑑卷一三二宋紀，義陽王昶改封晉熙王在泰始三年，皇子燮繼昶封在泰始六年。

〔二六〕降封陰安縣公　「陰安縣公」，原作「隆安縣侯」，據南齊書卷二高帝紀下、南史卷一四宋宗室及諸王下宋文帝諸子晉熙王昶傳改。按時無隆安縣。宋僑置陰安於今安徽桐城東南。本書卷三六州郡志二，南豫州晉熙郡領陰安縣。又南史卷四齊本紀上高帝紀云：「宋諸王皆降爲公。」

〔二七〕留爲散騎常侍護軍將軍　「爲」字原闕，據册府卷二七九補。

〔二八〕時廷尉劉曚妾孕　「廷尉劉曚」，本書卷七前廢帝紀、册府卷一九七、卷二〇七作「少府劉勝」，南史卷二宋本紀中前廢帝紀、通鑑考異卷五引宋略作「少府劉曚」，南史卷一四宋宗室及諸王下宋文帝諸子建安王休仁傳作「廷尉劉蒙」。

〔二九〕時南平廬陵敬先兄弟爲廢帝所害　殿本作「時南平廬陵敬猷兄弟爲廢帝所害」，南史卷一四宋宗室及諸王下宋文帝諸子建安王休仁傳作「時南平王敬猷廬陵王敬先兄弟被害」。按南平王鑠三子，長子敬猷，嗣封南平王，次子敬淵，封南安縣侯，三子敬先，出嗣廬陵王紹。若三子並言封爵，則當云「南平、南安、廬陵兄弟」。若但舉南平、廬陵二王，則當如南史云「南平王敬猷、廬陵王敬先兄弟」。今廬陵舉名，南平不舉名，又奪南安縣侯敬淵，疑文有脫訛。

〔三〇〕初行與蘇侯神結爲兄弟以求神助　南史卷一四宋宗室及諸王下宋文帝諸子建安王休仁傳作「明帝初與蘇侯神結爲兄弟以祈福助」。

〔三一〕泰始初　「泰始」，原作「泰初」，據汲本、局本、南史卷一四宋宗室及諸王下宋文帝諸子建安王休仁傳改。

〔三二〕皆往東府詣休仁所親信　「詣」字原闕，據南史卷一四宋宗室及諸王下宋文帝諸子建安王休仁傳補。

〔三三〕時年二十九　「二十九」，原作「三十九」。孫虨考論卷四：「當作『二十九』。」按上文云：「元嘉二十九年，年十歲，立爲建安王。」今由元嘉二十九年年十歲計之，泰始七年休仁卒時適爲二十九歲。孫説是，今據改。

〔三四〕休祐致殞倉卒　「休祐」，原作「休仁」，張森楷校勘記、孫虨考論卷四並云「休仁」當作「休祐」。按下云「晉平國太妃妾邢不能追慙子惡」，邢美人生晉平王休祐，則作「休祐」是，今改正。

〔三五〕襲封始安王　「始安王」，原作「始興王」，據本書卷九後廢帝紀改。按張森楷校勘記：「『始興』當作『始安』，休仁降封始安縣王，非始興也。」

〔三六〕孝建二年　「二年」，原作「三年」，據本書卷六孝武帝紀、南史卷一四宋宗室及諸王下宋文帝諸子晉平剌王休祐傳、册府卷二六四改。

〔三七〕又改都督江郢雍湘五州江州刺史　五州止四州，奪去一州，或「五」是「四」之誤。

〔三八〕又改都督江南豫司州南豫州刺史　休祐既爲南豫州刺史，則當云「又改都督南豫江司州」。

〔三九〕左右苑景達善彈棊　「苑景達」，南史卷一四宋宗室及諸王下宋文帝諸子晉平剌王休祐傳、御覽卷七五五引沈約宋書、册府卷二九七、卷二九九、卷八六九作「范景達」。

〔四〇〕以第五皇子智井爲東平王　「智井」，原作「智丹」，據南監本、局本、本書卷八明帝紀、卷九〇明四王傳、南史卷一四宋宗室及諸王下宋文帝諸子臨慶沖王休倩傳改。

〔四一〕四年出爲都督徐州諸軍事徐州刺史　「徐州刺史」之「徐州」二字原闕。孫虨考論卷四云：「脱『徐州』二字。」按前未言休若任刺史，孫説是，今據補。

〔四二〕明年徵爲散騎常侍左中郎將吴興太守　「左中郎將」，原作「左右郎將」，孫彪考論卷三：「當是左中郎將。」按孫説是，今改正。

〔四三〕出爲使持節都督會稽東陽永嘉臨海新安五郡諸軍事領安東將軍會稽太守率衆東討　休若爲會稽太守率衆東討事，本書卷八明帝紀、通鑑卷一三一宋紀皆記在泰始二年春正月。又「安東將軍」，本書卷八明帝紀、南史卷三宋本紀下作「鎮東將軍」。按本書卷四五劉懷慎傳附劉亮傳云：「太宗泰始初，爲巴陵王休若鎮東中兵參軍，北伐南討，功冠諸將。」卷八四孔覬傳云：「以延熙爲巴陵王休若鎮東長史。」皆休若時爲鎮東將軍之證。疑「安東」乃「鎮東」之訛。

〔四四〕遷雍梁南北秦四州荆州之竟陵隨二郡諸軍事寧蠻校尉雍州刺史　上文云休若於泰始元年爲「都督會稽東陽永嘉臨海新安五郡諸軍事」，據本書文例，疑「遷」下脱「都督」二字。據本書卷六孝武帝紀、卷七前廢帝紀、卷八明帝紀、卷三六州郡志二、卷三七州郡志三，是時竟陵屬郢州，隨郡屬雍州。

〔四五〕將軍如故　「將軍」二字原闕。孫彪考論卷四：「謂仍爲左將軍如故也。脱『將軍』二字。」按孫説是，今據補。

〔四六〕六年荆州刺史晉平王休祐入以休若監荆州事進號征南將軍湘州刺史仍爲都督荆湘雍益梁寧南北秦八州諸軍事征西將軍荆州刺史持節如故　按本書卷八明帝紀載休若爲征南將軍、湘州刺史在泰始五年六月，晉平王休祐入爲南徐州刺史及休若改爲征西將軍、荆州刺史在泰始五年閏十一月。

〔四七〕尋加散騎常侍又進號征西大將軍開府儀同三司　本書卷八明帝紀、南史卷三宋本紀下明帝紀記休若進號征西大將軍、開府儀同三司在泰始七年二月。

〔四八〕京邑譌言休若有至貴之表　「休若」二字，原作「云」一字，據南監本、殿本、局本、南史卷一四宋宗室及諸王下宋文帝諸子巴陵哀王休若傳改正。

〔四九〕汝可密白荀太妃令知　「荀太妃」，原作「苟太妃」，據北監本、汲本、殿本、局本改。按上文云「荀美人生桂陽王休範」。